LA SCIENCE
DES
INGENIEURS
DANS LA CONDUITE DES TRAVAUX
DE FORTIFICATION
ET D'ARCHITECTURE CIVILE

Par Mr Belidor, Commissaire Ordinaire de l'Artillerie, Professeur Royal des Mathématiques aux Ecoles du même Corps, membre des Academies Royales des Sciences d'Angleterre & de Prusse, Correspondant de celle de Paris.

SECONDE PARTIE.

A PARIS, RUE S. JACQUES.
Chez Claude Jombert, au coin de la ruë des Mathurins, à l'Image Nôtre-Dame.

M. D. CC. XXIX.
Avec Approbations & Privilege du Roy.

LA SCIENCE DES INGENIEURS
DANS LA CONDUITE DES TRAVAUX DE FORTIFICATION.

LIVRE QUATRIE'ME.
Qui traite de la Construction des Edifices militaires & civiles.

'O N vient d'enseigner dans le Livre précedent la Construction des gros Ouvrages de Fortification, avec tous les détails ausquels il falloit avoir égard, on trouvera dans celui-ci les Edifices qui se font aux Places de Guerre, leur proprieté, la maniere de les bâtir solidement, & une suite de nouveaux détails qui plairont peut-être à ceux qui ont interêt de se les rendre familiers : & comme l'experience dans l'art de bâtir, est la regle que l'on peut suivre avec plus d'assurance, principalement quand on n'a qu'à imiter les ouvrages, qui ont déja été executés avec suc-

A

cés. J'ai crû que le parti le plus sûr étoit de raporter exactement, les plans, profils & élevations, des édifices les plus aprouvés, qui ont été faits dans les places neuves: car comme ceux qui en ont donné les projets, peuvent passer avec raison pour les maîtres de l'art, il est à presumer qu'ils ont fait ce qui se pouvoit de mieux, & qu'on ne peut s'écarter en suivant leurs modelles, laissant à la prudence de ceux qui les feront construire, de faire les changemens qu'ils jugeront à propos.

Comme la Maçonnerie à été expliquée assez amplement dans le troisiéme Livre, je ne m'y arrêterai guere dans celui-ci, parce que l'on trouvera dans le sixiéme, des devis qui ne laisseront rien à desirer pour la construction des ouvrages, qui demandent d'être travaillés avec soin, & je ferai ensorte que toutes les matieres soient si bien liées, que sans faire des repetitions inutiles, l'on puisse trouver dans une partie, ce qui semble manquer à l'autre; n'ayant pas fait mention jusqu'ici, des qualités du bois qui s'emploie dans la charpente, des précautions qu'il faut prendre pour le mettre en œuvre, & comme on peut en estimer la force ou la resistance; je commencerai d'abord par examiner toutes ces choses, ensuite j'en userai de même pour le fer; puisque ces deux matieres après la maçonnerie, sont ce qu'il y a de plus essentiel dans la construction des édifices: enfin je finirai ce quatriéme Livre par les maximes generales que l'on doit suivre dans l'Architecture civile, pour de-là passer au cinquiéme, où l'on trouvera tout ce qui peut apartenir à la decoration des mêmes édifices, afin d'être également instruit du solide & de l'agreable.

CHAPITRE PREMIER.

Des qualités du bois qui entre dans la charpente.

LE meilleur bois qu'on puisse employer dans les édifices, est celui de chêne; parce qu'étant fort dur, il resiste mieux que tout autre au fardeau, & se conserve plus long-tems en bon état, n'étant point si sujet à se pourrir par l'humidité; il se conserve même dans l'eau des tems infinis, où il acquiert une si grande dureté qu'il n'est presque pas possible de le travailler avec les outils; c'est ce que l'on a remarqué plusieurs fois, aux pilots que l'on

LIVRE IV. DES EDIFICES MILITAIRES. 3

a trouvé sous de vieilles demolitions des ouvrages bâtis par les Romains.

Autrefois l'on se servoit de chatenier, dans les édifices considerables, parce que l'on ignoroit la bonté du chêne ; mais l'on est revenu de cette erreur, depuis environ 150. ans, parce que le chatenier est sujet à se fendre, & à se pourrir, quand il est assis dans la maçonnerie, comme il arrive aux extremitez des poutres, qui sont dans les pignons, ce qui oblige par la suite à en mettre des nouvelles ; au lieu que celles de chêne se conservent en bon état, des sept ou huit cens ans, quand on a pris avant de les couper dans les forêts, toutes les précautions, dont nous parlerons dans la suite.

L'orme est aussi un bon bois ; mais on s'en sert rarement pour la charpente, parce que n'étant pas commun, on aime mieux le garder pour d'autres usages ; on en fait des verrains, des moyeux, des jantes de roües, soit de moulin ou de voiture, parce qu'il se travaille bien, étant liant & point sujet à s'éclater, ce qui fait qu'on l'employe preferablement à tout autre, dans l'artillerie, pour la construction des afuts.

Le sapin est aussi d'usage dans les édifices, quand on est à portée d'en avoir à juste prix, pour des solivaux & des planchers, on en distingue de deux sortes, le sapin ordinaire & le sapin rouge, ce dernier est le meilleur, parce qu'il ne se casse pas si aisément que l'autre ; on s'en sert assés souvent pour des palplanches, dans la construction des Ecluses, & pour les petits grillages qui sont au-dessus des fascinages des jettées, se conservant bien dans l'eau, cependant il n'est pas trop bon pour les bâtimens, parce qu'il est sujet à s'échaufer, & à engendrer des vers qui le gâtent.

Je passe sous silence, plusieurs autres especes de bois, dont on ne se sert point ordinairement pour la charpente, soit que les uns n'y conviennent point à cause de leurs mauvaises qualités, ou que les autres soient rares, & d'un prix qui les fait reserver pour des meubles ou d'autres emplois qui n'ont point de raport à mon sujet.

Les arbres de quelque espece qu'ils soient, participent toûjours de la nature du terrain ou ils sont crûs, ceux qui viennent dans un lieu aride, pierreux ou sablonneux, sont ordinairement durs & d'un fort bon emploi, au contraire s'ils sont venus dans un lieu bas & aquatique, ils ne sont pas d'une aussi bonne qualité, étant plus tendres, & moins propres à soutenir de grands fardeaux ; mais en recompense ils se travaillent mieux pour les ouvrages de menuiserie, au lieu que les autres par leur dureté, sont rebelles aux outils ;

A ij

ceux qui viennent du côté du midi, font meilleurs que ceux du côté du couchant; le foleil contribuant beaucoup à les rendre plus durs, plus hauts & plus gros; d'ailleurs ils n'ont que très peu d'aubier, qui eft une partie de l'arbre immediatement fous l'écorce, plus tendre que le refte, qu'on peut regarder comme la matiere dont l'arbre s'eft augmenté depuis peu de tems, parce que tous les ans, la feve commence au printems à former un nouvel aubier, qui va toûjours en croiffant jufqu'à la chûte des feuilles, & fe durcit enfuite pendant l'hiver, pour fe joindre au corps de l'arbre, parce qu'alors le froid fait referrer les pores, qui ne recevant plus le fuc qui s'y introduifoit, l'arbre refte comme s'il étoit mort; mais quand la terre vient à s'échaufer au printems, la nature forme encore un nouvel aubier, & tous les ans il arrive la même chofe, jufqu'à ce qu'il commence à déperir par la vieilleffe.

Il eft encore à remarquer, que les arbres qui croiffent éloignés les uns des autres, & qui font battus par les vents, comme font ceux qui viennent fur la rive ou le bord des forêts, font ordinairement plus durs & plus forts que les autres, qui viennent dans des lieux ferrés, où les vents ne penetrent point, les premiers reffemblans aux hommes qui fe fortifient par l'exercice & le travail; quant à la qualité des arbres en general, les meilleurs font ceux qui font bien fains, qui ont un droit fil, qui ne font point roullés, rabougris, ni geliffes, & qui n'ont ni fentes ni gerfures.

L'on peut abattre le chêne depuis 60. jufqu'à 200. ans, parce que devant qu'il ait 60. ans il eft trop jeune, & n'a point affés de force, & qu'après 200. ans, il deperit & ne fe conferve pas fi long-tems étant employé; l'âge le plus convenable pour le couper dans toute fa force, eft autour de 100. ans.

On dit communement que le bois croît pendant 100. ans, s'entretient 100. ans, & enfuite eft 100. ans à deperir; il eft vrai qu'au bout de 200. ans, un arbre deperit; mais c'eft une erreur de croire qu'après 100. ans, il refte 100. autres années dans une efpece d'inaction, puifque tandis qu'on s'imagine qu'il ne fait que s'entretenir, il augmente en groffeur jufqu'à 160. & 180. ans, comme il eft aifé de s'en apercevoir quand il eft abattu; il eft bien vrai qu'après 100. ans un arbre n'augmente plus guere en hauteur; mais cela ne l'empêche pas de groffir, puifqu'il prend encore de la nourriture; car tout bois qui porte des feuilles, a de la féve, & tout ce qui a de la féve doit profiter, au lieu que fi la croiffance d'un arbre ne duroit que pendant un fiécle, il ne marqueroit plus après ce tems aucune nouvelle augmentation, ce qui eft contraire à l'experience.

Livre IV. des Edifices Militaires. 5

Si l'on veut savoir quel âge a un bois taillis ou futaye, on n'a qu'à le couper par le pied, & on apercevra un nombre de circonferences presque consentriques, qui vont comme en progression depuis le centre de l'arbre jusqu'à l'écorce, qui marquent assez distinctement le nombre des croissances, & par consequent celui des années.

Le tems le plus propre pour abattre les arbres, est depuis le mois d'Octobre jusqu'au commencement de Mars ; parce qu'alors la séve n'est guere en action, & les pores sont plus reserrés. L'on observe aussi d'en faire la coupe dans le dernier quartier de la lune, parce qu'on prétend qu'il y a plus ou moins d'humidité dans les pores, selon que la lune croît ou decline ; la maniere de les couper quand on veut prendre toutes les mesures necessaires, est de les cerner par le pied, jusqu'à la moitié du cœur, & les laisser ainsi quelque tems, afin que la séve coulant par cette entaille au travers de l'aubier, ne se corrompe point dans le bois.

Comme tous les jours on achette des bois abattus, il faut pour ne pas y être trompé, les sonder auparavant, afin que s'ils pêchent en quelque chose, on puisse au moins en faire l'usage qui leur est le plus naturel ; pour cela on répand dans un des bouts de l'arbre, un peu d'huile d'olive bien chaude, pour connoître ce qu'il est ; car s'il est venu dans un fonds marecageux, le sel de l'arbre étant acre, l'huile gresillera en la jettant ; s'il est venu dans un terrain doux, & qu'il ait été coupé en tems de séve, l'huile ne s'imbibera pas entierement par tout, il en restera vers les bords ; au contraire s'il est crû dans un lieu sec, & qu'il ait été coupé dans le tems que la séve est amortie, l'huile s'y imbibera toute entiere, & se séchera sur le champ : prevenu de cela, il faudra prendre garde de ne point employer celui qui sera crû dans un lieu marecageux, aux endroits humides ou exposés à la pluye, parce qu'il s'y pourriroit en peu de tems ; il est également dangereux de le mettre où il regne un grand soleil ; car la chaleur surprenant l'humidité dont il est rempli, l'ouvre & le fait fendre, comme on le remarque tous les jours, non seulement aux ouvrages de charpente, qui sont exposés à l'air, mais même à ceux qui sont à couvert. Quand on en veut témoigner quelque mécontentement aux Entrepreneurs ou aux Charpentiers, ils répondent que c'est un effet de la force du bois ; & soit par ignorance ou par malice, ils se tirent d'affaire avec ce sot raisonnement. Cependant comme l'on est souvent contraint d'employer des bois de bonne & mauvaise qualité ; il faudra choisir le meilleur, c'est-à-dire, le moins humi-

A iij

de, pour le placer dans les lieux les plus confiderables de l'édifice, & l'autre aux endroits de peu de confequence, faifant attention que les gros bois étant vitieux, font plus fujets à fe fendre & à éclater que les plus menus; il eft à propos de ne faire les poutres qu'avec ce qu'on aura de meilleur, afin que par la fuite, fi on eft contraint de renouveller quelque piece de charpente, on ne foit pas obligé à une grande dépenfe, & à un travail confiderable.

Il arrive fouvent qu'une piece de bois après avoir été équarrie, paroît bien faine, tandis que le cœur en eft gâté; pour ne pas y être trompé, il faut faire donner des coups de marteau à l'un des bouts, & porter l'oreille à l'autre, fi on entend un bruit fourd & caffé, c'eft une marque que la piece eft gâtée, au contraire fi le fon eft clair, c'eft une preuve qu'elle eft bonne.

J'ai encore à faire remarquer, que quand on peut garder à couvert quelque tems, les bois avant de les debiter, ils en font d'un bien meilleur ufage, parce que s'ils font crus dans un endroit humide, ils font moins fujets à fe dejetter & à fe fendre; ainfi je voudrois qu'on les gardât au moins deux ans, pour qu'ils ayent le tems de s'affermir & de fe confolider: s'il s'agit des ouvrages de menuiferie, il faudra les garder bien davantage; puifque quand on ne les employeroit qu'au bout de cinq ou fix ans, l'ouvrage n'en feroit que meilleur.

Une précaution encore très neceffaire dans l'ufage journalier des bois, eft de ne les employer qu'après en avoir detaché l'aubier; car pour peu qu'il en refte dans les flages, après même qu'ils ont été équarris, il eft certain qu'il en occafionnera la pourriture ou qu'il s'y engendrera des vers.

D'habiles gens prétendent, que les vers qui s'engendrent dans le bois, ne viennent point de la fubftance du bois même; mais que ce font des œufs que les vers depofent dans la terre, que la féve introduit dans les pores, où venant à éclore après un certain tems, produifent les vers que l'on y voit, quand il eft fec: le rapport qu'il y a de cette hypothefe, avec ce que l'on obferve tous les jours, la rend affés plaufible; car les bois qui font fujets à être vermoulus, commencent à fe gâter par l'aubier, quand on y en a laiffé en les équarriffant, & plus l'aubier eft confiderable, & plus les vers y croiffent en abondance; & comme les bois qui ont beaucoup d'aubier, viennent ordinairement dans des lieux humides, où les vers font en plus grand nombre que dans le terrain fec; il n'eft donc pas furprenant qu'ils foient plus fujets à cet inconvenient que les autres.

D'autres attribuent cette croissance des vers dans le bois, à une cause differente : les mouches disent-ils font des œufs, ces œufs produisent des vers, qui se nourrissent & croissent. Or les mouches piquent le fruit qui leur convient, & y deposent un œuf, qui forme le ver dont le fruit est mangé ; ainsi ne peut il pas arriver qu'elles fassent la même chose dans les arbres, & dans le bois tendre, comme est celui qui croit dans les lieux humides, & dont l'aubier est aisé à penetrer.

Le bois quoique bon, se gâte quelquefois, lors qu'étant roulé il à été mis en œuvre, ce qui se connoît par les rognes ou mousses qu'il jette en dehors, qui ressemblent assés à des champignons ou à des mousserons.

Quand il est échauffé, il est encore sujet à un autre défaut, qui est de se couvrir par la suite de petites taches blanches, noires & rousses, ce qui le fait paroître pourri ; mais ce qu'il y a de surprenant, c'est qu'un bois tel sain qu'il soit, apliqué contre un autre qui a les défauts dont nous venons de parler, participe lui-même de ces défauts au bout d'un certain tems ; c'est pourquoi il faut prendre garde dans l'employ qu'on en fera, qu'il ne touche rien qui puisse l'endommager, faire même ensorte que les pieces considerables comme les poutres, ne touchent jamais le mortier ni le platre, parce que ces matieres les échauffent ; il seroit même à propos de laisser quelques petits trous dans les murs, à l'extremité des poutres, afin que l'air du dehors puisse les rafraichir.

CHAPITRE SECOND.

Où l'on fait voir la maniere de calculer, ou d'estimer la force des principales pieces de Charpente, qui s'employent dans les Bâtimens.

Depuis que j'ai commencé à m'apliquer à l'Architecture, la maçonnerie & la charpente m'ont toûjours paru dignes d'une étude particuliere ; & après m'être satisfait sur la mécanique de la maçonnerie, j'ai consideré qu'on n'avoit aucune regle pour déterminer la resistance des pieces de charpente, qui sont sujettes à être chargées par des fardeaux considerables, & que par consequent on ignoroit le poids que pouvoient porter les planchers des Arsenaux, ceux des Magasins pour les vivres, &c. pour ne pas aprehender de les rompre : puis qu'excepté Mr. Parent, qui a parlé de la resistance des bois, dans les Memoires de l'Academie Royale des Sciences, (mais d'une maniere un peu trop elegante pour être entendu de tout le monde,) je ne sache personne qui en ait écrit; car je compte pour rien les proportions que quelques Architectes ont données, pour les poutres & solives selon leur portée, ayant pour maxime de ne rien admettre, qui ne soit demontré ou au moins expliqué par un raisonnement, qui fasse valoir ce qu'on propose. Il seroit bien à souhaiter qu'on eût toûjours eu cette delicatesse dans l'Architecture, elle seroit aujourd'hui à un point de perfection, auquel selon toute aparence, elle n'arrivera pas si-tôt, si on ne s'y prend pas autrement que l'on n'a fait jusqu'ici, je veux dire tant qu'elle sera abandonnée au caprice de quiconque veut s'en mêler.

Comme il étoit necessaire de joindre à la theorie, des experiences sur la force des bois qui sont le plus en usage dans les bâtimens; j'en ai fait un grand nombre dont je raporterai le détail, parce qu'ensuite elles nous serviront à établir des regles generales, qu'il sera aisé d'apliquer dans toute sorte de cas; mais avant d'en venir là, il est à propos d'insinuer quelques principes dont il est necessaire qu'on soit prevenû.

Principes sur la resistance du bois en general.

PLANCH. 12.
FIG. I.

On supose qu'on a une planche EDFG, posée de cant sur un point d'apui K, qui répond au milieu A, de la logueur, que cette planche est extrêmement mince, afin de faire abstraction de son épaisseur, & qu'à chacune de ses extrêmités DE, & FG, il y a une puissance qui agit de haut en bas pour la rompre : cela posé il est constant que dès que les deux puissances apuyeront également, la planche commencera un peu à se courber, parce que les fibres du milieu s'alongeront, les uns plus les autres moins, & seront tendus dans la proportion de leur distance du point d'apui. Or si l'on conçoit la ligne BA, ou CA, divisée en un grand nombre de parties égales, & que chaque point de division réponde à

Voyez le Cours de Mathematiq. art. 240.

un fibre; tous ces fibres seront en progression arithmetique, puisqu'ils composent ensemble les élemens d'un triangle : d'un autre côté nous avons deux leviers recourbés CAG, & BAE, qui ont le même point d'apui K, & s'il y a une puissance apliquée à chaque extrêmité des bras AE, & AG, comme nous l'avons suposé, on pourra dire alors que les bras AB, & AC, répondent au fibre, ou premier lien BC, de même que les bras HA, & IA, répondent

Livre IV. des Edifices Militaires. 9

dent au fibre *HI*, & ainsi de tous les autres qui auront des bras de leviers, plus ou moins grands, selon qu'ils seront éloignés du point d'apui; d'où il s'ensuit que les bras de leviers sont en progression arithmetique, de même que les fibres qui leur répondent, & que les progressions de part & d'autre vont se terminer à zero au point *A*; l'on peut donc dire à cause des triangles semblables, que le produit du bras de levier *AB*, par le fibre *BC*, sera celui du bras de levier *AH*, par le fibre *HI*, comme le quarré de *AB*, est au quarré de *AH*, & que par consequent l'effort de tous les fibres, relativement à leurs bras de leviers, diminuent en venant vers le point d'apui, dans la raison des quarrés, des termes d'une progression arithmetique; ainsi l'effort de tous les fibres étant répandu dans le triangle *ABC*, ne sera que le tiers de ce qu'il seroit, s'il étoit réuni aux extrêmités *B*, & *C*, des bras de leviers *AB*, & *AC*; puisque la somme de tous les quarrés de la progression, ne vaut que le tiers du produit du plus grand quarré, par la grandeur qui exprime la quantité des mêmes quarrés; c'est pourquoi dans la suite on pourra sans difficulté, suposer que la force de tous les fibres, est réunie à l'extrêmité du bras de levier, qui répond à la puissance resistante, quand au lieu d'admettre cette puissance telle qu'elle est effectivement, on n'en suposera que le tiers. V. le C. art. 366.

Presentement pour juger de la force du bois, commençons par examiner ce qui lui arrive quand il vient à se rompre; ainsi imaginons que l'on a posé une poutre ou solive *AC*, sur deux apuis, il est constant que si on la charge dans son milieu d'un poids considerable, la face superieure sortira de l'allignement horisontal, pour former un angle qui sera d'abord un peu curviligne, & qui deviendra toûjours plus sensible, à mesure que le poids exercera davantage sa pesanteur, jusqu'à ce que les deux moitiés *BA*, & *BC*, se separeront dans le moment que la solive se rompra. Or remarqués qu'au commencement les fibres qui sont le long de la ligne *EF*, dans la face superieure, paroîtront se serrer, pendant que ceux qui sont oposés dans la face inferieure, s'alongeront & commenceront à se separer: ainsi quand la force qui les unissoit devient inferieure à la puissance qui agit, ils rompent tous presque dans le même instant, mais avant cela ils se sont trouvés d'autant plus tendus les uns que les autres, qu'ils étoient plus éloignés de la ligne *EF*, que l'on peut regarder comme le point d'apui, commun aux deux leviers recourbés *HEA*, & *GEC*, car tout ce que nous avons vû ci-devant se retrouve dans la deuxiéme figure; la difference est seulement, que la solive ayant une épaisseur déter- Fig. 2.

B

minée *EF*, tous les fibres que le poids aura à vaincre, feront exprimés enfemble par la fuperficie du plan *GEFI*, où fi l'on veut par la bafe de la poutre, & alors tous ces fibres pourront être regardés comme une quantité de plans extrêmement minces, pofés les uns fur les autres, dont la largeur eft toûjours égale à *EF*, & comme la refiftance de chacun dépend encore de l'éloignement où il fera du point d'apui, par raport au bras de levier qui lui répond; il s'enfuit que pour reduire tous ces plans ou fibres a n'avoir qu'un bras de levier commun, il faudra que ce bras de levier ne foit que le tiers de la ligne *EG*, ou bien fi l'on veut les réunir le long de la ligne *GI*, ou feulement au point *G*, extrêmité du bras de levier *EG*, il faudra ne prendre que le tiers du plan *GBHI*; on peut donc dire que la refiftance de cette folive peut être exprimée par le produit de la ligne *EG*, & du tiers de la bafe *GEFI*.

Pour raporter cette theorie à quelque notion connuë, remarqués que plus une piece de bois a de longueut, plus la puiffance a de facilité à la rompre; la raifon eft fans doute qu'ayant un plus grand bras de levier, cette puiffance doit avoir neceffairement plus d'avantage, fi on n'a rien changé aux dimenfions de la bafe, car fi le plan *CEFI* demeure le même, la refiftance ou la force de la folive fera toûjours exprimée par le même produit, au lieu que fi on double la longueur de la folive, il ne faudra à la puiffance que la moitié de la force dont elle avoit befoin auparavant pour la rompre.

Fig. 3. & 4.

Si fans toucher à la longueur de la folive, ni à l'épaiffeur horifontale *GI*, ou doubloit la hauteur *EG*, fa refiftance feroit quadruple de ce qu'elle étoit auparavant, puifque le bras de levier *EG*, fe trouveroit doublé auffi bien que le nombre de fibres, c'eft-à-dire, le plan *GEFI*, d'où il s'enfuit, que de deux folives ou deux poutres d'un même bois, d'égale longueur & épaiffeur; la premiere aura quatre fois plus de force que la feconde, fi la hauteur verticale de la premiere eft double de celle de la feconde, & qu'en general la refiftance des poutres d'une même longueur, font dans la raifon des produits du tiers de leur bafe par leur hauteur verticale: mais comme ces deux produits auront toûjours le même raport, foit qu'on les laiffe tels qu'ils font, ou qu'on les multiplie l'un & l'autre par trois, il eft bien plus commode de dire, qu'ayant deux poutres de même longueur *AB*, & *EF*, leur refiftance fera dans la raifon du produit de leurs plans *CD*, & *GH*, par leur épaiffeur verticale *CB*, & *GF*, ou ce qui vaut mieux encore, *comme le produit du quarré de la hauteur verticale CB, de l'une multipliée par*

LIVRE IV. DES EDIFICES MILITAIRES.

son épaisseur BD, est au produit du quarré de la hauteur verticale GF, de l'autre par son epaisseur horisontale FH. Il faut s'attacher à bien entendre cette derniere maniere, de considerer le raport de la resistance des poutres ou solives, parce que c'est la seule dont nous ferons mention par la suite, comme la plus simple & la plus claire.

Mais si on avoit deux poutres comme IK, & NO, dont les longueurs fussent inégales, aussi bien que les dimensions de leurs bases & qu'on voulut savoir la force de ces poutres posées sur les côtés LM, & PQ, il faut multiplier le quarré de la hauteur KL, de la premiere, par la largeur LM, de sa base, & diviser le produit par la longueur IK; de même on multipliera le quarré de la hauteur verticale OP, de la seconde poutre, par l'épaisseur PQ, de sa base, & l'on divisera le produit par la longueur NO; si l'on compare ensuite ces deux quotiens, leur raport sera égal à celui de la force ou de la resistance des deux poutres, de sorte que si par exemple la hauteur KL, étoit de 12. pouces, la largeur LM, de 8. & la longueur IK, de 36. pieds, multipliant le quarré de 12. qui est 144. par 8. le produit sera 1152. qui étant divisé par 36. il vient 32. de même supposant OP, de 14. pouces, PQ, de 10. & la longueur NO, de 24. pieds, le quarré de OP, sera de 196. & son produit par PQ, 1960. qui étant divisé par 24. donne 81. deux tiers; ainsi la force de la poutre IK, sera à celle de la poutre NO, comme 32. est a 81. deux tiers; la raison de cette regle se fait assés sentir, sans qu'il soit besoin que je l'explique, puisqu'il saute aux yeux, que plus une poutre est longue, moins elle a de force; & que par consequent si l'on prend la longueur pour diviser la quantité qui exprime sa résistance, c'est-à-dire le produit du quarré de sa hauteur, par la longueur de sa base, le quotien sera d'autant plus petit que le diviseur sera grand.

FIG. 5. & 6.

Etant prévenu que l'épaisseur verticale d'une poutre, exprime le bras de levier qui répond à la puissance resistante, l'on voit que plus cette hauteur sera grande, plus la poutre aura de force, & par consequent une même poutre posée de cant, je veux dire sur le plus petit côté de sa base, resistera d'avantage que posée sur le plat, dans la raison que la premiere situation lui donnera une plus grande hauteur que la seconde; par exemple, une poutre qui auroit 8. pieds sur 16. aura deux fois plus de force posée de cant, que si elle étoit posée de plat, ainsi deux poutres d'une longueur égale & dont les bases seroient aussi égales, peuvent avoir des resistances differentes à l'infini, puisque si l'on supose la hauteur de la base de l'une infiniment grande, & sa largeur infiniment petite, tandis que les dimensions de la base de l'autre poutre demeure-

B ij

roient les mêmes ; la refiftance de la premiere pofée de cant, feroit infiniment plus grande que celle de la feconde, quoique leur folidité ou leur maffe fût égale : mais comme ces fortes de fupofitions ne peuvent avoir lieu dans la pratique, parce qu'il faut pour la liaifon d'un bâtiment, que les poutres ayent une certaine affiéte, & une hauteur renfermée dans un jufte milieu, il fuffit de favoir qu'après avoir donné à une poutre une affiéte convenable, on ne fauroit lui donner trop d'épaiffeur verticale pour la rendre capable de porter de grand fardeaux.

Dans ce que nous venons de dire, on a fupofé que les poutres avoient des bafes rectangulaires ; mais fi ces bafes étoient circulaires, les mêmes chofes n'en fubfifteroient pas moins, les diametres des cercles repréfenteront toûjours les bras de leviers, qui répondent aux puiffances refiftantes, & leur fuperficie le plan des fibres que les puiffances agiffantes auront à vaincre.

Les Entrepreneurs & les Marchands de Bois étant payés au cent de folives, font enforte d'en multiplier le nombre le plus qu'il leur eft poffible ; c'eft pourquoi ils débitent les poutres & les autres groffes piéces quarrément parce que le quarré eft le plus grand de tous les rectangles qu'on peut infcrire dans le cercle d'un arbre, cependant felon ce qu'on vient de voir, une poutre qui auroit 10 fur 14, eft préferable à une autre d'une même longueur qui auroit 12 fur 12, la premiere contenant moins de folives que la feconde, & en même tems plus forte, le raport de leur prix étant comme 140 à 144, tandis que celui de leur force eft comme 245 à 216, qui font deux avantages confidérables : & l'experience qui prévient affés fouvent la Théorie, a fait apercevoir depuis long-tems que les dimenfions qu'il convenoit mieux de donner à la bafe d'une poutre, devoient être dans le raport de 5 à 7, ou ce qui revient à peu-près au même, faire enforte que le quarré de la hauteur verticale foit double du quarré de l'épaiffeur horifontale, puifque le quarré de 7 qui eft 49 eft à une unité près, double du quarré de 5 qui eft 25. Auffi Mr Parent a démontré que la bafe de la plus forte poutre qu'on pouvoit tirer du cercle d'un arbre, étoit effectivement celle dont le quarré du plus grand côté feroit double du quarré du plus petit, & en fuivant fon principe, voici une maniere bien aifée de tracer dans le cercle d'un arbre la bafe qu'il faut donner à la plus forte poutre qu'on peut tirer du même arbre.

FIG. 9. Il faut divifer le diamêtre AB, de l'arbre en trois parties égales aux points C & D, abaiffer la perpendiculaire DE, au-deffous du diamêtre & élever la perpendiculaire CF au-deffus, & tracer le rec-

Livre IV. des Edifices Militaires.

tangle $AEBF$, qui fera celui que l'on demande, puifqu'il eft aifé de prouver que le quarré du côté FB eft double du quarré de l'autre côté FA, comme on le va voir.

Si l'on nomme a; chaque partie égale du diamêtre, CB fera $2a$; & comme le rectangle de AC, par CB, eft égal au quarré de CF, ce quarré vaudra donc $2aa$, par conféquent l'on aura $\overline{AC}^2 + \overline{CF}^2$, $(aa + 2aa) = \overline{AF}^2 (3aa)$ de même l'on aura encore $\overline{CB}^2 + \overline{CF}^2$, $(4aa + 2aa) = \overline{FB}^2 (6aa)$ qui montre que le quarré FB, eft double du quarré de FA. Les poutres étant les piéces les plus effentielles de la charpente, je m'y arrêterai préferablement aux autres, & comme il arrive prefque toûjours que leurs extrêmités font engagées dans l'épaiffeur des murs & non pas fimplement pofées fur des apuis, comme on l'a vû ci-devant, il eft neceffaire de s'attacher à ce qui eft le plus d'ufage & par confequent à ce qui peut arriver aux poutres lorfqu'étant employées dans des bâtimens, on les charge de quelque poids confiderable ; mais afin de rendre ce que j'ai à dire plus intelligible, je commencerai à confiderer une folive ou une poutre pofée horifontalement de façon qu'une de fes extrêmités foit engagée dans un mur & que l'autre porte à faux, c'eft-à-dire, refte en l'air fans être foutenuë, ainfi voyés la muraille AB, dont l'épaiffeur fera par exemple de deux pieds & demi on fupofe que l'extrêmité d'une poutre eft engagée dans cette muraille & bien ferrée de tout côté, enforte que la partie EK qui eft en dehors fe foûtiendroit d'elle même horifontalement fi aucune force étrangere n'y touchoit, (parce que l'on fait abftraction de fon propre poids.) Cependant fi à l'extrêmité K on fufpendoit un poids M affés confiderable pour faire plier la poutre, d'abord elle commencera à fe courber & fera effort à l'autre extrêmité pour fortir du mur ; mais comme elle y eft fi bien arrêtée que le bout enfermé ne peut abfolument bouger, toute la violence que l'on fera à cette poutre fe terminera à l'endroit $DCHF'$, de la furface, les fibres qui touchent la ligne HC, s'allongeront à mefure que l'on augmentera la péfanteur du poids M, & il y aura un inftant où ceux qui font hors du mur, fe détacheront d'avec ceux qui font dedans, & alors l'équilibre étant rompu, le poids M', emportera la poutre, & pendant que cet effort fe fera, la ligne FD, qui repréfente le bord du trou de la muraille foûtiendra toute l'action du poids & fera par conféquent le point d'apui lequel répond à un lévier recourbé EDL qui fera fi l'on veut formé par deux plans $GEDF$ & $FDLN$. Or comme le plan $DEGF$, comprend tous les

Fig. 11.

B iij

fibres qui doivent être rompus, fi l'on fupofe comme ci-devant que leur réfiftance foit réünie le long de la ligne *EG* & même au point *E*, l'on pourra concevoir que la puiffance réfiftante; c'eft-à-dire la force du bois eft apliquée à l'extrêmité du bras *DE* du lévier *EDL*, tandis que la puiffance agiffante eft à l'autre extrêmité *L*, du bras *DL*, & que par confequent ceci retombe dans tout ce que nous avons dit au fujet d'une poutre qui ayant fes extrêmités pofées fur deux apuis, tend à être rompuë dans le milieu par l'action d'un poids qui feroit pofé deffus ou fufpendu.

FIG. 7. Si l'on imagine prefentement une poutre engagée par fes extrêmités, dans deux murs *AB* & *CD*, qu'on fupofe paralelles, je dis que fi l'on charge le milieu de cette poutre d'un poids confiderable, elle fe caffera en trois endroits, dans le milieu & aux deux extrêmités, ce qui ne peut arriver autrement, fi l'on fait attention que quand la poutre commence à faire un angle dans le milieu, elle ne peut quitter la ligne horifontale *EF*, fans que chaque extrêmité ne faffe effort pour fe rompre; car tout ce que nous avons aperçû dans la 2e & la 11e Figure, fe trouve réüni ici, puifque pour la rupture qui doit fe faire dans le milieu, nous avons les deux léviers recourbés *IGM* & *HGP*, & pour celle des extrêmités l'on a auffi les deux autres léviers *PQH* & *MNI*, par confequent le poids qui feroit dans le milieu exercera l'action de fa péfanteur en trois endroits à la fois; puifque d'abord les fibres qui uniffoient les points *H* & *I*, étoient tendus auffi fort que ceux qui uniffoient d'une part les points *M* & *F*, & de l'autre les points *E* & *P*; ainfi quand ceux du milieu commencent à fe rompre, il s'en détache à chaque extrêmité un même nombre & dans le même tems. On peut donc conclure qu'une poutre dont les extrêmités font bien engagées & ferrées dans des murs, étant chargée d'un poids confiderable dans fon milieu, ce poids excerce un tiers de fa péfanteur à chaque endroit qui tend à fe caffer, & que par confequent on ne fauroit trop prendre de précautions dans la Conftruction des bâtimens pour bien engager & ferrer les extrêmités des poutres, parce qu'elles en font beaucoup plus fortes & qu'on prévient par là les accidens qui arrivent fouvent faute de bien connoître la confequence des fuites dans lefquelles on ne manque pas de tomber quand on travaille fans raifonner.

L'on dira peut être qu'on a peine à s'imaginer qu'une poutre qui eft retenuë par les deux bouts, comme elles le font ordinairement, puiffe fe rompre à l'endroit des apuis, puifque cela eft contraire à l'experience qui montre que cette rupture fe fait toûjours dans le milieu. Il eft vrai que cela arrive fouvent; mais c'eft par une caufe qui n'a rien de commun avec ce que l'on vient d'infinuer, puifque fi l'on y fait attention, l'on verra que quand les poutres fe courbent dans le milieu, ou font prêtes à fe rompre, leur extrêmités font forties de leur fituation naturelle, c'eft-à-dire qu'elles ont un peu chariées, ce qui provient d'ordinaire de ce que la maçonnerie qui eft au-deffus s'eft degradée, ne ferre pas la poutre & leur laiffe affés de jeu pour n'être pas contre-pefée par le poids qui la maintenoit fixe, ou bien on employe des poutres trop courtes qui n'étant engagées dans le mur que de 5 ou 6 pouces, il n'y en a point une affés grande partie d'embraffée pour qu'elle pût être ferrée comme il faut & c'eft en quelque maniere pour ce fujet qu'on les retient toûjours par des ancres; mais qui font foibles ou mal acrochées & qui ne peuvent jamais faire le même effet que fi la poutre repofoit fur toute l'épaiffeur du mur, parce que ces ancres fe plient & fuivent la poutre dans la fituation qu'elle eft contrainte de prendre.

 Les principes que je viens d'établir quoique très-évidens, feront fans doute reçûs encore avec plus de confiance, fi je montre que les experiences que j'ai faites fur la force du bois, font parfaitement d'accord avec nôtre théorie; & ce qui m'a le plus fatisfait dans ces experiences, c'eft de voir qu'elles fe rencontroient affés bien avec celles de Mr Parent; mais fur lefquelles je n'ai pas voulu compter que je ne viffe par moi-même ce qui en étoit, or pour qu'on puiffe en tirer toute l'utilité qu'on a lieu d'en efperer on en va voir le détail dans le Chapitre fuivant, qui pourroit être juftifié par 20 ou 25 Officiers d'Artillerie de l'Ecole de la Fere, qui fe font rendus à l'Arfenal de la même Place pour fe convaincre de ce qu'ils m'avoient entendu dire fur la force du bois dans l'Ecole de Mathematique.

CHAPITRE TROISIE'ME.

Où l'on raporte plufieurs experiences faites fur la force du bois, que l'on applique enfuite à l'ufage qu'on en peut faire dans la Conftruction des Edifices.

POUR executer les mêmes experiences de differente maniere, j'ai fait faire un nombre de petites Solives bien équarries & toutes de bois de chêne paffablement bon, plus fec que vert, à peu-près de même qualité & coupées de façon que le fil du bois se trouvat toûjours dans le même sens par raport à la situation où il devoit être posé.

On s'est servi de deux chevalets pour tenir lieu d'apui, & l'on en a percé la tête afin d'y passer des valets de fer pour serrer les Solives par les deux bouts quand on le jugeroit à propos, & comme dans un Arsenal tel que celui de la Fere, il y a un grand nombre de poids de toute sorte de pésanteur & des machines pour les élever, j'ai été à portée de faire plusieurs de mes experiences en assés grand volume pour pouvoir servir de base aux consequences que j'en tirerai à la fin de ce Chapitre. Comme il est difficile de rencontrer du bois dont les morceaux quoique tirés d'une même piece soient assés égaux en toutes choses pour qu'il ne se rencontre pas de difference qui rendroit la plûpart des experiences équivoques si on n'y prenoit garde, j'ai repeté chaque experience trois fois avec des pieces de mêmes dimensions, ensuite j'ai ajoûté ensemble les poids que chacune a portée, & le tiers de la somme m'a donné un nombre qui peut exprimer la force moyenne, & c'est ce nombre que l'on trouve à côté de l'accolade de chaque experience.

Il est bon que j'avertisse que quand je dirai qu'une Solive a tant de longueur, on doit entendre que cette longueur est comprise entre les deux apuis, puisqu'il n'est pas necessaire de faire mention des trois ou quatre pouces qu'on a donné de plus à leur bouts pour reposer sur les apuis. J'ajoûterai aussi qu'on n'a point eû égard à la pésanteur des Solives, & que dans l'aplication que nous ferons de ces experiences aux poutres, on fera aussi abstraction de leur poids pour rendre les calculs moins composés.

Premiere Experience.

Une Solive de 18 pouces de longueur & d'un pouce en quarré posé sur deux apuis, sans être serrée par ses extrêmités, a porté dans son milieu un moment avant de se casser . . 400 liv.
Une seconde semblablement posée. . 415 } 406
Une troisiéme semblable en tout aux précedentes. 405

Cette experience s'accorde assés bien avec la douziéme raportée par Mr Parent dans les Memoires de l'Academie Royale des Sciences de l'année 1707. où il dit qu'une piece de bois de chêne de 24 pouces de longueur sur un pouce en quarré a porté 300 liv. dans son milieu un moment avant de se rompre, & comme la nôtre de 18 pouces avoit pour longeur les trois quarts de celle

de

de Mr Parent, elle devoit porter 100 liv. de plus, auſſi ne s'eſt elle rompuë que par l'action d'un poids d'environ 400 liv.

Seconde Experience.

Une Solive de 18 pouces de longueur ſur un pouce en quarré ſerrée par ſes deux extrêmités a porté avant de ſe rompre. 600 liv.
Une ſeconde de même ſerrée par ſes extrêmités. 600
Une troiſiéme telle que les précedentes & poſée de même. 624
} 608

Comme dans cette ſeconde experience, chaque Solive a été arrêtée par les deux bouts, la queſtion étoit de ſavoir ſi effectivement elles romperoient en trois endroits, j'ai été ſurpris de voir que la premiere qui a caſſé avec le poids de 600 liv. n'étoit rompuë que dans le milieu, les deux bouts ne s'étant qu'un peu courbés ; mais ayant aperçû que les valets qui ſerroient cette Solive avoient tant ſoit peu obéï ne pouvant ſoûtenir un ſi grand poids ; j'ai fait retenir celle que l'on a miſe en ſecond lieu, par deux valets à chaque extrêmité, au lieu d'un, & après avoir été chargée juſqu'à la peſanteur de 609 liv. elle s'eſt rompuë net dans le milieu & aux extrêmités, les deux morceaux du milieu étant tombés à terre dans le même tems que le poids, la troiſiéme Solive s'eſt auſſi caſſée de même & pluſieurs autres enſuite, qu'on a ſeulement rompu par curioſité.

Cette experience prouve évidemment, qu'une poutre arrêtée & bien ſerrée par les deux bouts, eſt capable de porter un poids beaucoup plus grand que celle qui n'eſt poſée que ſur deux apuis ; la difference étant comme 3. eſt à 2. c'eſt-à-dire, que la poutre ſerrée par les deux bouts eſt plus forte d'un tiers que celle qui ne l'eſt pas.

Ces deux experiences ſe raportent auſſi à la ſeconde & à la troiſiéme de Mr Parent, qui dit qu'ayant une piece de bois de chêne longue de 11 pouces ſur 5 à 6 lignes de baſe poſée de cant ſur deux apuis ſans être ſerrée par les extrêmités a porté 34 liv. & demi avant l'inſtant de ſa rupture, & qu'une autre piece toute ſemblable à celle-ci ; mais ſerrée par les deux bouts a porté 51 liv. ce qui donne auſſi le raport de 3 à 2, dont je viens de parler, la 7e & la 8e experience cet Auteur prouvent encore la même choſe.

Troiſiéme Experience.

Une Solive de 18 pouces de longueur & de deux pouces ſur un pouce d'équarriſſage poſée à plat ſans être arrêtée par ſes ex-

trêmités a porté. . . . . . 810 ⎫ liv.
   Une semblable posée de même. . . 795 ⎬ 805
   Une troisiéme posée encore de même. . 812 ⎭

Ayant vû dans la premiere experience qu'une Solive de 18 pouces de longueur sur un pouce en quarré posée sur deux apuis sans être serrée a porté 400 liv. la raison veut qu'une autre Solive de même longueur & même hauteur posée aussi de même, mais qui auroit le double en largeur, porte un poids double ; aussi avons nous 805 liv. pour la force moyenne au lieu de 800, qui est une difference qui ne mérite pas d'attention.

Quatriéme Experience.

Une Solive de même dimension que dans la troisiéme experience ; mais posée de cant sans être arrêtée par les deux bouts, a porté. . . . . . 1570 ⎫ liv.
   Une seconde semblable & posée de même. . 1580 ⎬ 1580
   Une troisieme. . . . . 1590 ⎭

Cette experience prouve que deux poutres de même longueur & dont la largeur des bases est égale, ont leur force dans la raison des quarrés de leur hauteur, puisque la force moyenne d'une Solive qui a une hauteur double de celle de la premiere experience, & dont tout le reste est égal, est de 1580, qui est un nombre à peu près quadruple de 400. Elle montre aussi que la force d'une poutre posée de plat est à celle qu'elle auroit posée de cant, comme le plus petit côté de la base est au plus grand.

Cinquiéme Experience.

Une Solive de trois pieds de longueur & d'un pouce en quarré n'étant point serrée par ses deux extrémités, a porté. 185 ⎫ liv.
   Une seconde semblable & posée de même. . 195 ⎬ 187
   Une troisiéme. . . . . 180 ⎭

Cette experience montre sensiblement que de deux poutres qui ont leurs bases égales & posées sur le même côté, la plus longue a moins de force que la plus courte dans la raison qu'elle a plus de longueur ; car dans la premiere experience une poutre de 18 pouces de longueur & d'un pouce en quarré, a porté 400 liv. tandis que la force moyenne d'une autre Solive de 36 pouces de longueur & de même base n'a été qu'à 187 au lieu de 200 qu'elle auroit dû porter ; cette difference vient apparemment de ce que

LIVRE IV. DES EDIFICES MILITAIRES. 19
le bois n'étoit pas tout-à-fait si bon que celui de la premiere experience.

Sixiéme Experience.

Une Solive de trois pieds de longueur & d'un pouce en quarré arrêtée par les deux bouts, a porté. . . . 285 ⎤ liv.
Une seconde posée de même. . . . . 280 ⎬ 283
Une troisiéme. . . . . . . 285 ⎦

Les Solives de cette experience se sont rompuës en trois endroits comme dans la seconde, & leur force moyenne n'a été qu'à 283 au lieu de 300 pour être dans le même raport avec la seconde experience; mais il n'est presque pas possible que les experiences puissent donner juste ce que l'on devroit en attendre par raport à celles qui ont été faites les premieres, cependant l'on peut encore remarquer ici que la force moyenne des Solives de la 6ᵉ experience est à celle des Solives de la 5ᵉ, à peu près comme 3 à 2, puisqu'il ne s'en faut que trois unités que ce raport soit exact, par consequent c'est un surcroît de preuve que les poutres qui ne sont posées seulement que sur deux apuis ont moins de force d'un tiers que celles qui sont serrées par les bouts.

Septiéme Experience.

Une Solive de trois pieds de long sur deux pouces en quarré non arrêtée par les deux bouts, a porté. . . 1550 ⎤ liv.
Une seconde semblable & posée de même. . 1620 ⎬ 1585
Une troisieme. . . . . . . 1250 ⎦

La premiere & la seconde Solive de cette experience ont porté à peu près le poids qui devoit exprimer leur force par raport à la premiere & à la cinquiéme experience, cependant la premiere Solive a porté 50 liv. de moins & la seconde 20 liv. de plus, puisque le poids devoit être de 1600 liv. quant à la troisieme Solive il s'en faut beaucoup qu'elle ait eû toute sa force, puisqu'elle n'a porté que 1250 liv. il est vrai qu'elle a paru défectueuse avant même d'en avoir fait usage, & on n'a pas été surpris de ce qui est arrivé. Cependant comme il ne restoit point de bois debité selon ces dimensions-là, j'ai suposé pour trouver la force moyenne que la troisiéme Solive avoit porté la moitié de la somme des poids de la premiere & de la seconde.

C ij

Huitiéme Experience.

Une Solive de trois pieds de long fur 20 à 28 lignes de bafes, pofée de cant a porté. . . . . . 1665 ⎫ liv.
Une feconde femblable pofée de même. . 1675 ⎬ 1660
Une troifieme. . . . . . 1640 ⎭

J'ai eu deffein par cette experience de voir de combien à peu-près une Solive qui auroit les dimenfions de fa bafe dans le raport de 5 à 7, auroit plus de force qu'une autre dont la bafe feroit quarrée, comme dans la feptiéme experience, & j'ai été convaincu de ce que nous avons infinué cy-devant, puifque la force moyenne des Solives de la feptiéme experience, n'eft que de 1585 liv. tandis que celle des Solives de la derniere eft de 1660 qui eft une difference de 75, cela ne donne pas au jufte le raport de 245 à 216, dont nous avons fait mention dans le Chapitre précedent; mais fuffit pour la juftification de la Théorie.

Je n'ai point fait d'experiences fur les folives arrêtées par un bout feulement, parce qu'il m'a paru qu'elles auroient été inutiles; celles que je viens de raporter étant fuffifantes pour établir les regles dont il va être queftion: je n'en ai pas fait non plus avec d'autres bois que celui de chêne; mais comme Mr. Parent en a fait non feulement fur le chêne, mais auffi fur le fapin; il ne fera pas inutile que je dife, qu'il s'eft aperçu que la force moyenne du fapin étoit à celle du chêne, comme 119. eft à 100. ou environ comme 6. eft à 5. d'où l'on peut conclure que quand une certaine folive de chêne portera 500. livres avant l'inftant de fe rompre, une autre de fapin toute femblable à celle-ci en portera 600. c'eft-à-dire un cinquiéme en fus de plus que le chêne, par confequent quand il s'agira du bois de fapin, il fera aifé de calculer fa force par la connoiffance que les experiences precedentes nous ont données de celles du chêne.

Etant prévenu par la feconde experience, qu'une folive de 18. pouces de longueur & d'un pouce en quarré, ferrée par les deux bouts, peut porter 600. livres avant l'inftant de fa rupture, il s'enfuit qu'une autre auffi d'un pouce en quarré, & qui auroit 3. pieds ou 36. pouces de longueur, & ferrée par fes deux extrêmités, ne portera que 300, ce qui eft confirmé par la fixiéme experience: or puifque la force de deux folives de même longueur, eft dans le raport du quarré de la hauteur de chacune, multiplié par la largeur de la bafe; fi de ces deux folives la bafe de l'une a un pouce

LIVRE IV. DES EDIFICES MILITAIRES. 21

en quarré, & la base de l'autre 6. pouces aussi en quarré, leur force sera dans le raport des cubes des côtés de leur bases, par conséquent comme un est à 216. ainsi la solive d'un pouce en quarré & de 3. pieds de longueur portant 300. livres, arrêtée par les deux bouts, celle qui auroit 3. pieds en longueur & 6. pouces en quarré portera donc 64800. mais comme cette derniere solive est très commode, pour servir de modéle dans la maniere de connoître la force du bois, nous nous en servirons préferablement à toute autre, pour les operations suivantes; c'est-à-dire, que nous regarderons comme indubitable, qu'une solive de 3. pieds de longueur & de 6. pouces en quarré, porte dans son milieu 64800 avant l'instant de se rompre, lors qu'elle est parfaitement serrée par les deux bouts.

Presentement si l'on avoit une poutre de 30. pieds de longueur entre ses deux apuis, & de 12. pouces en quarré, dont les extrêmités seroient bien engagées & serrées dans deux murs, & qu'on voulut savoir qu'elle est la charge que peut porter cette poutre dans son milieu, avant l'instant de se rompre; il faut commencer par diviser 216. par 3. c'est-à-dire, le cube de la hauteur de la solive, qui doit servir de modele par sa longueur, & le quotient sera 72. qui doit servir de premier terme à une regle de proportion, dont le second sera le poids que peut porter cette solive, c'est-à-dire, 64800. pour avoir le troisiéme terme; il faut quarrer la hauteur de la poutre dont il est question, multiplier ce quarré par la largeur de la base, diviser ensuite le produit qui est ici 1728. par la longueur de la poutre, qu'on supose être de 30. pieds, & en prendre le quotient; faisant la regle comme à l'ordinaire, le quatriéme terme donnera le poids que doit porter la poutre; qui se trouvera de 51840. on aura de même la force de toute autre poutre, dont les dimensions seroient telles qu'on voudra.

Si la poutre dont on demande la force, n'étoit point serrée par ses deux bouts, mais seulement posée sur deux apuis, on pourra faire la même regle que ci-dessus, & prendre les deux tiers du poids que le calcul aura donné, puisque l'on sait qu'une poutre dans cette situation, porte un tiers moins que la précedente.

Nous avons suposé jusqu'ici, que le poids étoit toûjours posé dans le milieu; cependant comme il peut se rencontrer dans d'autres endroits, voici une maniere de connoître la charge que portera une poutre, à tel point qu'on vondra de sa longueur, pour qu'elle resiste autant qu'elle le feroit si elle étoit chargée dans le milieu.

C iij

FIG. 12.   Supofant une poutre *AB*, de 24. pieds de longueur, & de 10. pouces fur 14. d'équariffage pofée de cant, & ferrée par fes deux bouts; on demande quel poids elle peut porter aux deux tiers de fa longueur, avant l'inftant de fe rompre; pour cela il faut commencer par chercher la pefanteur du poids *E*, qu'elle portera dans fon milieu, & on trouvera qu'il eft de 73500. livres: or fi on fe rapelle que l'action de ce poids eft partagée en trois, dont un tiers agit à l'extrêmité *A*, un autre à l'extrêmité *B*, & le troifiéme dans le milieu *D*, l'on verra qu'afin que la poutre foit chargée aux deux tiers *C*, comme elle le feroit dans le milieu, avec le poids de 73500. il faut que chaque bout foit tiré de la même façon, c'eft pourquoi je multiplie 24500. qui eft le tiers du poids *E*, par 12. qui eft la longueur du bras de levier *AD*, ou *BD*, qui répond aux extrêmités, & divife le produit par les deux tiers de la longueur de la poutre, qui expriment alors le bras de levier *CB*, qui répond au bout *B*, & le quotient 18375. eft la partie du poids qui doit agir à l'extrêmité *C* de ce levier, pour faire le même effet que le tiers du poids *E*, fait en *D* pour avoir la partie du poids qui doit tirer l'autre bout *A*, de la même façon que l'eft le précedent, je multiplie encore 24500. par 12. & divife le produit par l'autre tiers *AC*, de la longueur de la poutre, c'eft-à-dire, par 8. pour avoir 36750. qui eft ce que l'on demande; enfin comme les deux bouts ne pouvoient être rompus ci-devant que par l'action du tiers qui agit dans le milieu, il faut donc fupofer que la poutre eft encore chargée au point *C*, du poids de 24500. ainfi ajoûtant ce nombre avec les deux précedens, c'eft-à-dire, avec 18375. & 36750. l'on aura 79625. pour la valeur du poids *G*, que la poutre peut porter à l'endroit *C* pour être chargée de la même façon qu'elle le feroit fi elle avoit porté dans fon milieu le poids *E* de 73500. qui n'eft ici qu'imaginaire, puifqu'il en faut faire abftraction, & ne confiderer la poutre chargée que du feul poids *G*.

Si on vouloit charger une poutre de plufieurs poids, pofés à differens endroits de fa longueur, & qu'on defirat favoir quel rapport il y a de cette charge avec celle que la poutre peut porter avant l'inftant de fe rompre, il faudra commencer par chercher quel eft le poids que cette poutre peut porter dans le milieu, enfuite fupofer qu'on a réuni tous les poids dont il eft queftion dans le même milieu, alors on pourra comparer ce poids avec celui que la poutre eft capable de foûtenir, & l'on verra s'il eft plus grand ou plus petit, pour juger du parti qu'il faudra prendre.

Comme il ne conviendroit pas de charger les poutres de tout

LIVRE IV. DES EDIFICES MILITAIRES. 23

le poids qu'elles peuvent porter avant l'inſtant de ſe rompre, puis qu'elles ſe romproient effectivement, & ne pourroient plus être d'uſage; je croi que pour agir en toute ſureté & ne les point forcer, on ne doit les charger au plus dans le milieu, qui eſt l'endroit le plus foible, qu'environ de la moitié du poids ſous lequel elles pourroient être rompuës; ainſi ayant trouvé par le calcul précedent, qu'une poutre qui auroit 24. pieds de long, ſur 10. à 14. pouces d'équariſſage & poſée de cant, peut ſoûtenir dans le milieu de ſa longueur, un poids de 73500. on ne doit charger cette poutre au plus que de 36750. on peut d'autant mieux compter ſur cette regle, qu'il n'arrive jamais que le poids dont on charge les planchers que ſoutiennent les poutres, ſoit parfaitement réuni dans le milieu, comme s'il y étoit ſuſpendu à l'aide de quelque cordage, puiſque les corps peſans ont toûjours un certain volume qui occupe une partie de la longueur de la poutre, & diminuë par conſequent du bras de levier, ce qui fait qu'elles reſiſtent avec plus d'avantage, & ſe reſſentent moins du fardeau qu'elles portent.

Nous ſupoſons ici que les poutres portent tout le poids dont les planchers peuvent être chargés; car quand même le poids ſeroit ſur les ſolives entre deux poutres, ces ſolives étant apuyées ſur les poutres, c'eſt toûjours ſur elles que ſe termine toute la charge, auſſi quand les planchers viennent à manquer ce n'eſt jamais que par-là & rarement par les ſolives, parce qu'elles n'ont pas beaucoup de portée; mais s'il falloit avoir égard à leur force, on pourra connoître la réſiſtance dont elles ſeront capables comme on a fait pour les poutres, avec cette attention cependant qu'on doit les regarder comme des pieces poſées ſur deux apuys ſans y être ſerrées par les extremités, & que par conſequent elles ont un tiers moins de force à proportion que les poutres.

N'ayant parlé juſqu'ici que des poutres dont les dimenſions étoient connuës, il nous reſte à examiner comme on peut trouver quelle doit être la groſſeur d'un arbre dont on voudroit tirer une poutre qui fut la plus forte de toutes celles que peut fournir le même arbre & qui ſoit en même tems capable de porter dans ſon milieu un poids donné. Il eſt conſtant qu'ayant deux arbres dont les diamétres AB & GH, ſont inégaux, que voulant en tirer les deux plus fortes poutres qu'ils peuvent donner, ces poutres auront des baſes ſemblables, puiſque les rectangles FE & KI, auront été tracés de la même maniere. Or ſi les poutres ont des longueurs égales, leurs forces ſeront comme les parallelipipedes, compris ſous le quarré du côté FB, & le

FIG. 9. & 10.

côté FA, est au parallelipipede, compris sous le quarré du côté KH, & la ligne KG; mais GI, étant à GK, :: AE, AF, il s'ensuit que ces parallelipipedes seront semblables, & dans la raison des cubes de leurs côtés homologues FB, & KH, ou bien dans la raison des cubes des diamêtres ou diagonales AB, & GH, à cause des triangles semblables AFB, & GKH, par conséquent l'on pourra prendre les cubes des diamêtres, au lieu des parallelipipedes pour exprimer la force des deux poutres, en suposant toûjours que leurs longueurs sont égales; mais si elles étoient différentes, on connoîtra encore le rapport de leur force, en divisant le cube de chaque diamêtre par la longueur de la poutre qui luy répond.

Si l'on supose presentement qu'on a tiré du cercle FE une poutre dont on connoît la longueur, la base FE & le poids que cette poutre peut porter avant l'instant de se rompre, & qu'on veuille savoir quel doit être le diamêtre de l'arbre d'où l'on veut tirer une autre poutre dont la base soit semblable à la precedente, ensorte que cette poutre soit capable de porter un poids donné, il faut chercher par l'Algebre, une formule qui nous enseigne la maniere dont il faudra s'y prendre.

Fig. 6.

Prenant la poutre NP pour celle qui doit servir de modele. Nous nommerons la diagonale OQ, a; sa longueur NO, b; & le poids qu'elle peut porter m; de même nous nommerons x, la diagonale de la base que l'on cherche d, la longueur de la poutre qui apartient à cette base, & n; le poids donné; & alors on aura $m, n :: \frac{a^3}{b}, \frac{x^3}{d}$; c'est-à-dire que le poids que peut porter la poutre NP, est au poids que doit porter la poutre dont on demande la base, comme le cube de la diagonale NQ, divisé par la longueur NO, est au cube du diamêtre du cercle que l'on demande divisé par la longueur de la poutre qui répond à ce diamêtre. Or si de cette proportion on en forme une équation on aura $\frac{na^3}{b} = \frac{mx^3}{d}$ qui étant divisée par m, & multipliée par d, afin de dégager l'inconnuë il vient $\frac{dna^3}{bm} = x^3$ dont extrayant la racine cube, l'on a $\sqrt[3]{\frac{dna^3}{bm}} = x$, qui donne la valeur de l'inconnuë, que l'on trouvera en suivant ce qu'enseignent les lettres qui composent le premier membre, comme nous allons le détailler.

Suposant que la poutre NP, qui doit servir de modele soit de 24 pieds de longueur, sa hauteur OP de 14 pouces, & la largeur PQ de 10, le quarré de 14 étant à peu-près double de celui de 10,

le

LIVRE IV. DES EDIFICES MILITAIRES. 25

le rectangle RP, pourra être considéré comme semblable à celui que nous cherchons, & comme l'on a le rectangle OPQ, il sera aisé d'avoir la diagonale OQ, qu'on trouvera d'environ de 17 pouces 3 lignes, qui est la valeur de a; ainsi cubant ce nombre l'on aura $5132 = a^3$, $24 = b$, & comme nous avons vû ci-devant qu'une poutre telle que celle-ci, pouvoit porter dans son milieu 73500 liv. avant l'instant de se rompre lorsqu'elle étoit bien serrée par ses extrêmités, on aura donc $73500 = m$, par conséquent la valeur des trois quantités qui apartiennent à la poutre qui doit servir de modele, & si la poutre dont on cherche la base a 30 pieds de longueur, on aura $30 = d$, & il ne restera plus qu'à savoir quel est le poids qu'on veut faire porter à cette poutre & de quelle façon on veut qu'elle le porte ; car ou l'action de ce poids sera en équilibre avec la résistance de la poutre & même un peu plus fort que cette résistance pour causer la rupture, ou bien la résistance de la poutre sera tellement au-dessus du poids, qu'on n'aura pas lieu d'aprehender qu'elle casse, qui est le cas qui convient à l'usage, puisqu'on ne fait pas des poutres pour les rompre, & comme j'ai dit ailleurs qu'il ne falloit les charger que de la moitié du poids qu'elles pouvoient porter avant l'instant de se rompre, il faut donc pour suivre ce principe faire comme si la poutre dont on cherche la base, devoit porter un poids double de celui qu'elle portera en effet, parce qu'alors sa résistance sera double de l'effort qu'elle aura à soûtenir, c'est pourquoi voulant qu'elle puisse porter 100000 l. nous suposerons qu'elle peut en porter 200000, ainsi on aura $200000 = n$, qui est la valeur de la derniere lettre qui nous restoit à connoitre.

Pour suivre ce qu'enseigne la formule $\sqrt[3]{\frac{dna^3}{bm}} = x$, on commencera par multiplier la valeur de d & de n, l'une par l'autre qui donneront 6000000 qu'il faut multiplier par la valeur de a^3, l'on aura $30792000000 = dna^3$, qu'il faut diviser par la valeur de bm; c'est-à-dire par le produit de 24 & de 73500 qui est 1764000, & le quotient donnera $17455 = \frac{dna^3}{bm}$ dont il faut extraire la racine cube qui sera à peu-près de 25 pouces 6 lignes pour la valeur de x; c'est-à-dire pour le diametre de l'arbre d'où l'on veut tirer la poutre que l'on demande.

Si l'on vouloit savoir en nombre quelle est la valeur des deux côtés GI & IH, de la base de la poutre qu'on doit tirer du cercle KI, dont le diametre GH, est de 25 pouces & demi, remarqués que le quarré du côté GI, étant double de celui du côté IH, le premier

D

fera les deux tiers du quarré du diametre GH, & le second le tiers même, ainsi quarrant 25 & demi si l'on prend à part le tiers & les deux tiers du produit, & qu'on extraye la racine quarrée de chacune de ces quantités, elles donneront à peu-près 14 pouces 8 lignes, & 20 pouces 8 lignes pour la valeur des côtés GI & IH, c'est-à-dire pour les dimensions de l'équarrissage.

Il est bon de dire que toutes les fois que nous avons parlé du cercle d'un arbre, nous avons toûjours entendu la partie interieure de l'arbre qui n'a ni aubier ni écorce, mais qui est dure & de bonne consistance; & que quand il étoit question d'en tirer une poutre, on commençoit à tracer avec le compas un cercle dont le centre étoit celui de l'arbre même, & dont le rayon alloit se terminer un peu au-dessous de l'écorce, & que c'étoit le diametre de ce cercle là qu'il falloit diviser en trois parties égales, pour tracer la base de la poutre que l'on demande, de même après avoir trouvé le diametre d'un arbre duquel on veut tirer une poutre, comme dans l'opération précédente, il faut toûjours suposer que l'arbre doit avoir au moins un diametre de 3 pouces plus grand que celui qu'on aura trouvé afin d'avoir égard au déchet.

Voici encore un cas que je ne passerai pas sous silence, esperant qu'il servira dans les occasions qui peuvent se presenter.

La longueur d'une poutre étant donnée, & le côté sur lequel elle doit être posée, on demande quelle doit être son épaisseur verticale, pour être capable de porter dans son milieu un poids donné.

Pour cela nous suposerons que la poutre qui doit servir de modele, a pour base un quarré, dont le côté sera nommé a, la longueur de la poutre b; & le poids qu'elle peut porter avant l'instant de se rompre, m; que la longueur de la poutre qui fait le sujet de la question, est nommée d; le côté de la base que l'on connoît, c; celui que l'on cherche, x; & le poids que cette poutre doit porter, n; cela posé, si on multiplie le quarré de la hauteur verticale de chaque poutre par son épaisseur, & que l'on divise chaque produit par la longueur des poutres ausquelles elles appartiennent, on pourra avec les deux quotiens & les poids que ces poutres peuvent porter avant l'instant de se rompre, former cette proportion, $m, n :: \frac{a^3}{b}, \frac{cxx}{d}$ qui donne $\frac{na^3}{b} = \frac{mcxx}{d}$ & multipliant cette équation par d, & la divisant ensuite par mc, l'on aura après avoir extrait la racine quarrée de chaque membre, $\sqrt[2]{\frac{dna^3}{bcm}} = x$, qui est une formule, dont voici l'application.

LIVRE IV. DES EDIFICES MILITAIRES. 27

Prenant pour modele la folive de 3 pieds de longueur fur 6 pouces en quarré, qui porte un poids de 64500 liv. l'on aura $a^3 = 216$, $6 = 3$, $m = 64500$. Si prefentement la poutre, dont il eft queftion, a 24 pieds de longueur, que le côté fur lequel elle doit être pofée foit de 12 pouces, & que le poids qu'elle doit porter pour n'être pas en danger de fe rompre, foit de 70000. il faut doubler ce poids, pour les raifons que j'ai dit ci-devant, & alors il fera confideré comme étant de 140000. Ainfi nous aurons donc $d = 24$, $c = 12$, & $n = 140000$; c'eft pourquoi il n'eft plus queftion que de fuivre ce qu'enfeigne la formule, c'eft-à-dire multiplier les valeurs de d & de n l'une par l'autre, & le produit 3360000. par la valeur de a^3, c'eft-à-dire par 216 pour avoir 725760000. $= dna^3$ qu'il faut divifer par le produit des trois nombres qui expriment la valeur de b, c, m lequel donnera 2322000. $= b$, c, m; & le quotient fera 312, dont il faut extraire la racine quarrée qu'on trouvera de 17 pouces, 7 lignes, 11 points pour la hauteur verticale de la poutre.

Si la hauteur verticale étoit donnée, & qu'on voulût trouver l'épaiffeur horifontale, nommant cette épaiffeur x; & l'autre c; & tout le refte avec les mêmes lettres, alors la formule fe changeroit en celle-ci $\frac{dna_3}{bmcc} = x$.

Enfin fi les deux dimenfions de l'équarriffage étoient données, & qu'on voulût fçavoir quelle doit être la longueur d'une poutre pour caffer fous l'éfort du poids n; nommant c, la hauteur verticale, f l'épaiffeur horifontale; nous fervant toujours du même modele, nous aurons encore m, n, : : $\frac{a^3}{b}$, $\frac{ccf}{x}$ d'où l'on tire cette formule, après avoir dégagée l'inconnuë $\frac{bccfm}{na_3} = x$.

Comme de toutes les fituations qu'on peut donner à une piéce de bois par rapport à fa longueur, il n'y en a point où elle ait moins de force, que quand elle eft pofée horifontalement, il eft à propos d'examiner ce qui arrive quand elle eft pofée obliquement.

Si l'on confidere la poutre *AB* pofée fur deux apuis, dont l'un eft FIG. 8. beaucoup plus élevé que l'autre, il eft conftant que le poids *D* qui feroit fufpendu dans le milieu de fa longueur, n'agiffant point felon une direction perpendiculaire au bras de levier, fera d'autant moins d'effort pour rompre cette poutre, que l'angle *CFG* formé par l'obliquité de la poutre, & la ligne horifontale *FG* aprochera davantage de valoir un droit, jufques-là que fi la poutre étoit perpendiculaire à l'horifon, c'eft-à-dire que l'angle *CFG* fût effectivement droit,

D ij

le poids *D* ne feroit plus aucun effet, parce que fa direction & celle du levier fe trouveroient dans une même ligne. Mais fi la poutre eft feulement inclinée, comme nous la fupofons ici, alors on n'a qu'à faire le paralellogramme rectangle *EFCH*, & l'action du poids fur la poutre pofée horifontalement fera à celle du même poids, quand cette poutre eft oblique, comme la diagonale *EC* eft au côté *EF*, ou, ce qui revient au même, comme le finus de l'angle *CFE*, eft au finus de l'angle *FCE*; de forte que fi l'on vouloit que cette poutre fût changée dans la fituation oblique de la même façon qu'elle le feroit fi elle étoit horifontale, pour être rompuë dans l'un & l'autre cas, l'on voit que quand il faudra dans la fituation horifontale un poids exprimé par le côté *FE*, ou par le finus de l'angle *FCE*, celui pour la fituation oblique doit être exprimé par la diagonale *EC*; par confequent lorfque l'angle *FCE* devient fi petit, que les deux lignes *CE* & *CA* fe trouvent confonduës, ce qui arrive quand la poutre eft perpendiculaire à l'horifon, la ligne *CE* n'étant plus déterminée, le poids que peut porter la poutre devient inexprimable.

Bullet en parlant de la charpente dans fon Architecture pratique, dit que la force d'une piéce de bois qui eft inclinée, augmente dans la raifon de l'ouverture des angles que cette piéce forme avec la ligne horifontale, & comme bien des gens ajoûtent foi à tout ce que raporte un Auteur qui a quelque réputation, je croi qu'il eft à propos d'expofer ici mot pour mot le fentiment de celui que je viens de citer, afin de faire enfuite quelques remarques qui ne feront peut-être pas inutiles.

„ A l'égard de la groffeur des bois, dit-il, l'on peut favoir que
„ ceux que l'on employe aux combles, n'ont pas befoin d'être fi
„ gros par rapport à leur longueur, que ceux qu'on employe aux
„ planchers, car ceux-ci font pofés de niveau, & fouffrent beau-
„ coup davantage que ceux des combles qui font inclinés, & on
„ ne doit pas douter qu'une piece de bois pofée de bout, ne por-
„ te fans comparaifon plus dans une même groffeur & longueur,
„ que fi elle étoit pofée de niveau; enforte qui fupofant qu'une
„ piece de bois puiffe porter, par exemple, 1000 étant pofée de
„ niveau, & qu'étant pofée de bout elle porte 3000, fi on l'in-
„ cline d'un demi-angle droit, elle doit porter 2000, & ainfi des
„ autres angles plus ou moins inclinés à proportion.

Tout le monde penfe avec Bullet, qu'il ne faut pas donner tant de groffeur aux chevrons d'un comble, qu'aux folives d'un plancher, non feulement par raport à la fituation avantageufe des premiers, mais auffi parce que les chevrons ne portent jamais d'autre

poids que celui de la couverture, au lieu que les folives independamment des planchers qu'elles foutiennent, doivent être auſſi capables de porter la pefanteur de tous les corps étrangers dont on
voudroit les charger, felon l'ufage des lieux où elles font employées ; mais à l'égard du bois pofé obliquement, je ne vois point
fur quel fondement il dit, qu'une piece qui feroit inclinée fous un
angle de 45 degrés, portera un poids moyen arithmetique, entre celui qu'elle porteroit fi elle étoit horifontale, & entre l'autre
qu'elle foutiendroit fi elle étoit de bout, car l'on peut bien connoître ce que peut porter cette piece quand elle fera horifontale,
en fuivant les regles précedentes; mais il n'eſt pas poſſible de déterminer ce qu'elle portera étant de bout, le poids dans cette derniere fituation ne pouvant être exprimé, par confequent il n'eſt
pas poſſible de trouver des termes moyens : ce n'eſt pas que je
veuille dire qu'une piece de bois pofée de bout, foit capable de
porter un fardeau immenfe, je fais bien que quand elle aura une
certaine hauteur, elle pourra plier & même fe rompre ; mais quand
cela arrive ce n'eſt pas l'effet d'une caufe fufceptible d'aucune regle,
c'eſt que le poids ne porte pas à plomb, & pouffe obliquement, ou
que le bois lui même n'eſt pas bien perpendiculaire, ou ce qui paroît le plus vraifemblable encore ; c'eſt que le fil peut en être oblique, & par confequent tende à fe caffer du côté le plus foible;
mais comme il fuffit de favoir ce qu'une piece de charpente peut
porter étant horifontale, pour juger de ce qu'elle portera quand elle
fera mife dans une fituation oblique; l'on voit felon ce que j'ai
dit ci-devant, que cette force n'augmente point dans la raifon de
l'ouverture des angles, mais felon que le finus total fe trouve plus
grand que les finus des complemens des angles, formés par la lig-
gne horifontale & la piece.

„ Un peu après cet auteur continuë en ces termes : il y auroit
„ beaucoup de chofes à dire fur la groffeur que les bois doivent
„ avoir, par raport à leur longueur & à leur ufage, quand même
„ on les fupoferoit generalement tous de même qualité, ce qui ar-
„ rive rarement ; cette queſtion ne peut pas être refoluë par les
„ regles de geometrie, parce que la connoiffance de la bonne &
„ mauvaife qualité des bois apartient à la Phifique ; ainfi il faut fe
„ contenter de l'experience, avec laquelle on peut donner quel-
„ ques regles, pour les differentes groffeurs des poutres, par rap-
„ port à leur longueur, fupofant neanmoins que la charge n'en foit
„ pas exceffive, comme quand on fait porter plufieurs cloifons &
„ planchers l'un fur l'autre à une même poutre, ce que j'ai vû en

D iij

„ plufieurs endroits, & ce qu'il faut abfolument éviter. Voici une
„ table pour avoir la groffeur des poutres fuivant leur longueur,
„ donnée de 3 pieds en 3 pieds, depuis 12 jufqu'à 42 pieds, laquel-
„ le table a été faite par une regle fondée fur l'experience, dont
„ chacun pourra fe fervir comme il jugera à propos pour fon utilité.

Longueur des poutres.   leur largeur.   leur hauteur.

une poutre de 12 pieds aura	10 pouces fur	12 pouces.
15	11	13
18	12	15
21	13	16
24	13 $\frac{1}{2}$	18
27	15	19
30	16	21
33	17	22
36	18	23
39	19	24
42	20	25

Il a raifon de dire, qu'il arrive rarement qu'on rencontre des bois de même qualité ; mais c'eft à tort qu'il croit que les regles de la geometrie ne peuvent être d'aucune utilité, pour proportionner leur groffeur à leur longueur ; quand on fera abftraction de la difference de leur force naturelle, puifque je ne crois pas qu'on puiffe y arriver par d'autres voyes, car independamment des experiences qu'on a rapportées ci-devant, il fuffira que l'ufage nous ait apris que des poutres, des folives, des chevrons &c. d'une certaine longueur & d'une groffeur déterminée, ayent toûjours bien réuffi, pour qu'on puiffe après cela, trouver les bafes qu'il convient de donner à ces mêmes pieces, fi on étoit dans la neceffité de les employer beaucoup plus longues, & alors la pratique feule ne fuffit pas pour juger exactement de la groffeur des bois ; c'eft pourquoi je ne vois pas qu'on puiffe fe fervir furement de la table qu'il donne, ne rendant aucune raifon de la maniere dont elle a été calculée ; j'ai même voulu voir fi les poutres qui y font raportées, répondoient tant foit peu aux regles qui devoient leur convenir, mais je n'ai rien aperceu qui en aprochât. Si j'ai fait mention du livre de Bullet, ce n'a été que pour faire fentir aux perfonnes qui veulent s'apliquer à l'art de bâtir, combien il eft important qu'ils ayent quelques principes de theorie, qui puiffent les guider dans la pratique.

Livre IV. des Edifices Militaires. 31

Voilà ce que je m'étois proposé de dire ; sur la maniere de connoître la force des bois, qui sont en usage dans les bâtimens : j'avois fort envie de ne pas m'en tenir là , & de faire d'autres aplications des principes de la mécanique à la charpente, pour montrer qu'elle est la disposition la plus avantageuse, qui convient de donner à l'assemblage des pieces de toute sorte d'ouvrages en général, pour être capables de resister le plus qu'il est possible, aux poussées qu'ils auroient à soûtenir, avec un certain nombre de solives déterminé, necessaire seulement pour l'execution de ce que l'on a en vuë, car on ne peut douter que dans les fermes qui soûtiennent les combles, celles qui sont employées pour les jettées qui se font dans la mer, les chevalets des ponts, les portes des écluses &c. il n'y ait des puissances qui agissent & qui resistent selon certaine direction, & par consequent des leviers de différente espece, & que tout cela ne fasse un mécanisme, dont la connoissance ne peut être que très utile , que j'aurois volontiers developé , si je m'étois trouvé plus de loisir que je n'en ai presentement ; car ayant commencé à écrire quelques chapitres sur ce sujet , je me suis aperçu que pour les traiter comme il faut, je serois obligé d'embrasser un ouvrage qui deviendroit fort étendu , mais que je me propose pourtant de réprendre dans se second Volume.

CHAPITRE QUATRIEME.

Des bonnes & mauvaises qualités du Fer.

LE grand usage que l'on fait du fer dans les travaux du genie & de l'artillerie, en rend la connoissance si necessaire, que j'ai crû ne pouvoir me dispenser de raporter ici, toutes les observations qui pouvoient contribuer à en faire un bon choix ; pour cela j'ai eu recours à ce que l'experience a apris à ceux qui travaillent continuellement dans les Forges des Arsenaux du Roy, & comme je ne connois point d'auteur qui traite mieux cette matiere que Monsieur Felibien, dans ses Memoires d'Architecture, j'ai profité aussi des instructions qu'il donne.

Pour juger de la qualité du fer, il faut savoir de qu'elle Forge il vient, si la mine d'où il est tiré est douce ou cassante ; & pour connoître ces mines, voici ce que l'on a remarqué sur celles qui fournissent du fer en France.

Le meilleur fer que nous ayons, est celui qui se tire des mines de *Berry*; il y a quelques années que l'on en a travaillé une grande quantité à l'Arsenal de la Ferre; les ouvriers l'ont trouvé si excellent, qu'ils ne pouvoient lui donner assez d'éloge. Le fer de *Bourgogne* est aussi fort bon, cette Province en fournit pour la construction des Vaisseaux & Galeres qui se font à Toulon & à Marseille; on le tire particulierement des Forges de *Pesmes* & de *Morambert*, parce qu'il est fort doux & aisé à employer.

Le fer de *Senonge* & celui de *Vibray*, proche Monmiral au Mans est asséz estimé, parce qu'il se forge bien étant doux & pliant.

L'on ne fait pas grand cas du fer de *Normandie* non plus que celui de *Champagne* & de *Thierrage*, parce qu'il est fort cassant & d'une très mauvaise qualité.

Le fer de *Roche* est bon, s'employant bien en toute sorte d'ouvrage, de même que celui qui vient des mines de *Nivernois*; ce dernier étant fort doux, propre à faire des épées & des canons de fusils, il est même d'une qualité qui aproche fort de l'acier.

Celui qu'on tire de *Signy le petit*, est dur & cassant, mal aisé à forger, le grain en est gros & clair, par consequent d'une mauvaise qualité, aussi ne l'employe t'on guere que pour les bombes & les boulets.

Le fer d'*Espagne* est très doux, de maniere qu'on le forge à froid comme l'argent, il y a des Forges entre St. Sebastien & le Passage, dont le fer a cette qualité.

J'ai vû d'habiles gens, partagés sur le fer de *Suede* & d'*Allemagne* les uns en faisant beaucoup de cas, & les autres ne l'estimant guere; au reste il est fort bon quand il est corroyé avec d'autre fer pour des outils tranchans.

J'ai dit que le fer de *Berry* étoit de très bonne qualité; mais il est à propos d'observer qu'il s'en trouve de deux especes, l'un & l'autre se debitent en barre, toute la difference est, que l'un est de fer battu, & l'autre se tire comme le Vitrier tire le plomb, & par là on le fait aussi mince & aussi large que l'on veut; mais ce qu'il y a de particulier, c'est que celui qui est ainsi tiré est d'une qualité incomparablement meilleure que l'autre qui est battu, étant plus nerveux, l'on n'y voit presque point de grain, & on a de la peine à le casser à froid; aparamment que le rouleau contribuë beaucoup à lui donner cette qualité.

Comme il se rencontre du fer bon & mauvais, quoi qu'il vienne de la même Forge, & quelquefois de la même Gueuse, il faut pour en être plus sûr, en prendre une barre: si l'on voit qu'il y ait

de

LIVRE IV. DES EDIFICES MILITAIRES. 33

de petites veines noires qui s'étendent au long, & qu'on n'y aperçoive point de gerfures, ou de coupures qui aillent en travers, & que cette barre soit pliante sous le marteau, c'est une marque que le fer est bon, au lieu que s'il y avoit des gerfures & que la barre fût roide, c'est une preuve évidente que le fer est *Rouverain*, c'est-à-dire cassant à chaud, & qu'il est difficile à forger.

On connnoîtra encore si le fer est doux, à la couleur qu'il aura en dedans après l'avoir cassé, car s'il est noir, c'est signe qu'il est bon, & malleable à froid & à la lime; mais aussi il est sujet à être cendreux, c'est-à-dire qu'il ne devient pas plus clair après qu'il est poli, principalement s'il s'y rencontre des taches grises comme de la cendre, car c'est ce qui le rend difficile à polir, & à mettre en bon lustre, ce qui n'arrive pas à toutes les barres, mais à la plûpart; aussi cette sorte de fer est moins sujette à se roüiller, parce qu'il tient un peu de la nature du plomb.

Il y a d'autres barres dont le fer à la casse, paroît gris, noir & tirant sur le blanc; il est beaucoup plus dur & plus roide que le précedent lors qu'on le plie; il est très propre à être employé aux gros ouvrages dans les bâtimens; mais pour la lime, il est mal aisé à cause qu'il s'y rencontre des grains qu'on ne peut emporter facilement.

Celui qui étant cassé, a le grain mêlé de blanc, de gris ou de noir, est souvent le meilleur; soit pour la forge ou la lime, & pour se bien polir.

Il y a d'autres barres qui ont le grain petit comme de l'acier, & dont le fer est pliant à froid, il est mal aisé à limer, & gresille lors qu'il commence à être chaud, de sorte qu'il est difficile à employer, à la forge & à la lime, attendu qu'il ne se soude pas facilement, & qu'à la lime il a des grains; il est bon pour ceux qui font de gros ouvrages.

Il y en a encore d'autres dont le grain est gros & clair à la casse, comme de l'étain de glace, ce fer est de mauvaise qualité, car il est cassant à froid & tendre au feu, ne pouvant souffrir une grande chaleur sans se brûler, parce qu'il est fort poreux, aisé à se rouiller & à se manger.

Le fer qu'on apelle *Rouverain*, se connoît comme je viens de dire, lors qu'il y a des gerfures ou des coupures, qui vont au travers des barres, il est d'ordinaire pliant & malleable à froid, si en le forgeant il sent le soulfre, & qu'en le frapant il en sorte de petites éteincelles, c'est une marque qu'il est cassant à chaud; aussi lors qu'il vient en sa mauvaise couleur, qui est d'ordinaire un peu plus

E

blanche que couleur de cerife, il caffe quelquefois tout au travers de la piece; fi on le frape & qu'on le ploye, il deviendra tout pailleux.

Les ouvriers & ceux qui ont accoûtumé de faire travailler, connoiffent bien la qualité du fer en le forgeant, car s'il eft doux fous le marteau, il fera caffant à froid, au lieu que s'il eft ferme, c'eft figne qu'il fera ployant à froid.

Comme il fe rencontre des occafions, où il eft neceffaire de favoir les differentes efpeces de fer que l'on tire des Forges, voici les dimenfions de celui qui fe debite le plus communement chez les Marchands, il ne s'en rencontre guere d'autres, à moins qu'il ne foit de commande.

Le fer *plat* a 9 a dix pieds de long, & quelquefois plus, fur 2 pouces & demi de large, & 4 lignes où environ d'épaiffeur, il s'en trouve même de 12 & 13 pieds de long, fur 3 pouces & demi & 4 pouces de large.

Le fer qu'on nomme *quarré*, eft en barre de diverfe longueur, & a depuis un jufqu'a 2 pouces ou environ en quarré.

Le *quarré batard* a 9 pieds de long, & 16 à 18. lignes en quarré.

Le fer *Cornette* a 8 ou 9 pieds de long, 3 pouces de large, & 4 a 5 lignes d'épaiffeur.

Le fer *Rond* a 6 a 7 pieds de long, fur 9 lignes de diamétre.

Le fer de *Carillon* eft un petit fer qui na que 8 a 9 lignes de groffeur.

Celui de *Courçon* eft par gros morceaux de 2, 3 & 4 pieds de long.

La *Taule* eft en feuilles, & de plufieurs largeurs & hauteurs.

Il y a outre cela le petit fer en *botte*, qui fert pour faire les vergettes des vitres & autres ouvrages.

Je ne dis rien du fer coulé, ou qu'il faut forger exprès pour des machines, parce que les aplications qu'on en feroit ici feroient hors de propos.

CHAPITRE CINQUIE'ME.

Des Portes que l'on fait aux Villes de Guerre.

AVANT qu'on ne fortifiât les Places comme on le fait depuis un siécle, on avoit recours à mille inventions pour garentir les Portes des surprises, on pratiquoit à droit & à gauche du passage des especes de Corridors ou Places d'Armes garnis de Creneaux qui servoient à passer par les armes ceux qui après avoir enfoncé la premiere Porte avec le petard ou le Canon se trouvoient arrêtés par la herse ou autre barriere, & afin d'enfiler & voir de revers, on faisoit quelquefois le passage de biais, ce qui le rendoit si obscur à cause que l'entrée & la sortie n'étoient point directement oposées, qu'il ressembloit à un coupe-gorge. Aujourd'hui que la force des Places consiste dans les Ouvrages détachés, on fait les Portes beaucoup plus simples. On se contente de les couvrir par une demi-Lune lorsqu'elles sont construites dans le milieu des courtines & d'en deffendre l'entrée par les flancs des Bastions voisins, & pour en juger d'un coup d'œil, il suffira de considerer les planches 13 & 14, qui comprennent les Plans, Profils & Elevations d'une Porte avec toutes les dimensions de ses parties que l'on a cottées exprès pour n'avoir pas recours à l'échelle, ainsi sans entrer dans un grand détail je dirai seulement que les ouvertures des Portes entre les piés-droits doivent avoir 9 à 10 pieds sur 13 à 14 de hauteur, que le passage est accompagné de Pilastres de distance en distance pour porter les arcs-doubleaux de la Voûte, que ces Pilastres ont 2 pieds & demi de largeur sur 4 ou 5 pouces de saillie, qu'on pratique entre deux des niches ménagées dans l'épaisseur des piés-droits qui servent à retirer les gens de pied quand le passage est embarassé par quelque Voiture. A l'égard de l'épaisseur des piés-droits, je croi qu'il est inutile d'en parler, puisque si l'on est bien prévenu de ce qui a été enseigné sur la poussée des terres & celle des Voûtes, l'on pourra sans difficulté trouver l'épaisseur qu'il faut leur donner, selon la grandeur & la figure de la Voûte; & ayant dit aussi dans le troisiéme Livre, les précautions qu'il falloit prendre pour garentir les Voûtes des injures du tems, on ne doit point ignorer non plus ce qu'il faudra faire si une partie du passage n'étoit point couverte par un Bâtiment qui regnat d'un bout à l'autre, comme

PLANCH. 13 & 14.

E ij

cela se rencontre ordinairement, ainsi qu'on le peut voir dans le Profil de la Porte dont nous parlons, où l'on remarquera que le passage du Rempart au-dessus de la Voûte n'est pas entièrement couvert, n'y ayant que deux petits bâtimens, dont l'un fait face à la Campagne & l'autre à la Ville, le premier sert pour loger l'orgue qui est une Porte à coulisse qui se léve & se baisse perpendiculairement par le moyen d'un tour qu'on lâche de façon que l'orgue peut tomber tout d'un coup; cette Porte sert à couper le passage aux Ennemis en cas de quelque surprise en tems de Siége, si le Pont-Levis venoit a être rompu par le Canon; l'autre bâtiment qui est du côté de la Ville, est destiné à loger un Capitaine des Portes ou un Ayde-Major de la Place.

Pour veiller à la sûreté des Portes l'on fait deux Corps de Garde, l'un pour l'Officier & l'autre pour les Soldats, & on pratique entre deux un vestibule au-dessus duquel est le bâtiment dont nous venons de parler, & à côté de ces Corps de Gardes l'on fait deux Escaliers de Pierre de Taille pour monter au Rempart.

Le Corps de Garde de l'Officier ne devant pas être à beaucoup près si grand que celui des Soldats, on construit à côté une prison & alors la façade des deux Corps de Garde se trouve de même grandeur; ce qui offre avec celle du bâtiment superieur une décoration assés belle, comme on le peut voir sur la Planche 13. & même sur la 15. qui comprend encore une autre Porte de Ville à peu-près semblable à la précedente: J'ai raporté ces deux Portes exprès afin de donner quelque exemple de la maniere dont il faut détailler les desseins que représentent les Plans, Profils & Elevations des projets ou des réparations des Edifices dont les Ingenieurs sont chargés, puisque c'est en copiant de semblables morceaux que les jeunes gens peuvent se mettre dans l'habitude d'en faire d'autres. Pour avoir une plus grande intelligence de la Construction de la premiere Porte, il faut lire l'article qui répond à la 30e page du sixiéme Livre.

Comme dans les Places considérables, il y a plusieurs postes depuis la Porte jusqu'à la derniere barriere, on y fait des Corps de Gardes qui sont à peu-près semblables à celui qui est sur la Planche 15 dont il suffit de considerer le Plan & l'Elevation pour juger de sa distribution. On remarquera seulement qu'on a pratiqué un poêle à la façon d'Allemagne, qui se trouvant entre le Corps de Garde de l'Officier & celui des Soldats peut les échauffer tous deux.

L'on fait des façades d'Architecture en dehors des Portes pour les orner, au sujet desquelles je ne dirai pas grand chose présentement, parce que les proportions de leurs ornemens dépendent des

LIVRE IV. DES EDIFICES MILITAIRES. 37

régles que l'on trouvera dans le cinquiéme Livre : celle qui eſt ſur la Planche 13. me plairoit aſſés, elle a quelque choſe de grand quoique ſimple & ruſtique & n'eſt que d'une dépenſe médiocre. Celle de la Planche 15. n'eſt pas ſi belle, auſſi la ſupoſe-t'-on faite pour un endroit où on ne jugeroit pas à propos de donner dans le magnifique. On en peut voir encore quatre autres beaucoup plus élegantes ſur les Planches 16 & 17. que je donne à deſſein de montrer que la belle décoration n'eſt pas incompatible avec les Fortifications : elles ont eû l'aprobation des plus habiles Architectes, on les trouvera peut-être trop riches pour être employés à des Villes de Guerre ; mais je pourrois dire que la dépenſe n'a jamais effrayé nos Roys ; puiſqu'à Lille & à Maubeuge, & à pluſieurs autres Places, on y voit des Portes qui ſont au moins auſſi magnifiques que celles-ci. PLANCH. 16 & 17.

Les Portes ſe ferment ordinairement par un Pont qu'on peut lever & baiſſer de pluſieurs manieres, la plus ancienne & qui eſt encore en uſage en bien des endroits eſt celle qui ſe fait avec une baſcule qui eſt compoſée de pluſieurs piéces de Charpente & principalement de deux flêches, aux extrêmités deſquelles il y a des chaînes qui ſont attachées au tablier du Pont pour lui donner le mouvement, comme on le peut voir dans la deuxiéme Figure de la Planche 18. on n'en fait plus ainſi aux Places neuves, parce que les flêches font voir de loin quand le Pont eſt levé ou baiſſé & que le Canon de l'ennemi peut facilement les rompre, par conſéquent faire baiſſer le Pont ſans que ceux de la Place puiſſent l'empêcher : un autre défaut, c'eſt qu'on eſt obligé de couper les plus beaux ornemens du frontiſpice de la Porte pour loger les flêches, comme on le peut remarquer à la façade dont nous parlons. PLANCH. 18. FIG. 2.

L'on s'eſt ſervi dans quelqu'endroit d'un autre ſorte de Pont-Levis dont les flêches ne paroiſſent point en dehors de la Place, tel eſt celui qui eſt repréſenté dans le premier Profil, qui montre que la flêche BD, tourne ſur ſes tourillons à l'endroit C, de maniere que la chaîne AB, étant d'un côté bien arrêtée au tablier A du Pont & de l'autre à l'extrêmité B de la flêche, on tire la chaîne DE pour baiſſer la baſcule, tandis que l'extrêmité B décrit l'arc BG, l'extrêmité A du Pont décrit l'arc AF ; ce Pont auroit ſon mérite, ſi pour loger les flêches, il ne falloit un trop grand eſpace qui rétraiſſit beaucoup le paſſage du Rempart au-deſſus de la Porte, ce qui peut gêner le charroy du Canon & les autres ſervices du Rempart ; d'ailleurs on ne peut Voûter le deſſus de la Porte à moins qu'on ne faſſe une Voûte extrêmement élevée qui ne conviendroit point, parce

E iij

que le bâtiment de deſſus ſeroit trop en vûë auſſi-bien que la façade. Cependant c'eſt une neceſſité que le paſſage des Portes ſoit couvert à l'épreuve de la bombe pour prévenir les accidens qui pourroient arriver en tems de Siége, puiſqu'il n'en faudroit qu'une pour y cauſer un grand déſordre.

PLANCH. 13.
Le Profil qui eſt ſur la planche 13, repreſente une fermeture de Portes meilleure que la précédente; à l'extrêmité *I* du tablier, eſt une chaîne *IG* de chaque côté, qui étant attachée par l'un de ſes bouts, l'autre va paſſer ſur deux poulies *G* & *F* & eſt arrêtée enſuite à l'endroit *K* de la Porte *HK*, qui eſt ſuſpenduë en l'air quand le Pont eſt baiſſé, & ſe ferme quand le Pont eſt levé en tournant ſur des tourrillons *H* : car tandis que le Pont en ſe levant décrit l'arc *IG*, la Porte décrit l'arc *KL*, ce qui ſe fait en tirant la chaîne *KE* vers *L*, & pour juger encore mieux comme ſe ferme cette Porte, il n'y a qu'à jetter les yeux ſur le Profil qui eſt coupé ſur la largeur *CD*, on y verra les poulies *Mm*, & la diſpoſition de leur crapaudines; j'ajoûterai qu'on pratique un Guichet dans la Porte, afin que lorſqu'elle eſt baiſſée on puiſſe aller fermer les verroux de la baſcule.

Comme il y a long-tems qu'on s'eſt aperçû que les Ponts-Levis à flêches étoient ſujets à pluſieurs inconveniens, on les a fait à baſcule comme on le voit dans le profil qui eſt ſur la Planche 15; ce Pont eſt compoſé de pluſieurs poutrelles, comme *IF*, qui ont environ 28 pieds de longueur. Une partie de ces poutrelles étant recouverte de madriers, compoſent par leur aſſemblage le tablier *HF*, & le reſte comme *HI*, (qui eſt ce que l'on nomme *baſcule*) ſert de contre-poids pour donner le mouvement au Pont par le moyen des tourrillons qui ſont à l'extrêmité d'une barre de fer, qui étant entretenuë avec les poutrelles, traverſe toute la largeur de la Porte à l'endroit du ſole, cette baſcule eſt logée dans une cave que l'on nomme auſſi *Cage de la baſcule* qui eſt couverte par un Pont dormant compoſé de poutrelles & de madriers. Quand on met le Pont-Levis en mouvement, la baſcule décrit l'arc *IK*, tandis que le tablier décrit l'autre *FG* pour deſcendre dans la cave; on fait un eſcalier pratiqué dans l'un des piés-droits, comme il eſt figuré au Plan de la Porte qui répond au profil dont nous parlons.

On ne fait plus preſentement de ces ſortes de Ponts, parce qu'à le bien prendre ils ſont encore plus défectueux que les autres à flêches; car la cage eſt d'une grande dépenſe, & affoiblit beaucoup le mur de face, ils ſont ſujets à des réparations continuelles & difficiles à manœuvrer. Un autre inconvenient; c'eſt que la cage qu'il

LIVRE IV. DES EDIFICES MILITAIRES. 39

faut faire pour loger la bascule ne peut avoir lieu qu'aux Places dont les Fossés sont à sec; car s'ils étoient inondés, il faudroit que le rez-de-Chaussée de la Porte, fut au moins de 15 pieds au-dessus du niveau des plus hautes eaux, autrement elle pénétreroit dans la cave, en dégraderoit la maçonnerie & causeroit une grande difficulté de hausser & baisser le Pont, surtout en hyver où venant à se geler, la bascule pourroit se trouver prise.

On présenta en 1708. à *M. le Pelletier de Sousy*, pour lors Directeur General des Fortifications de France, un modele de Pont-Levis fort ingenieux qui a été executé à *Givet* en 1716.

Si l'on jette les yeux sur le troisiéme dessein de la Planche 18, l'on verra que le tablier B, se léve par le moyen de deux flêches qui ont 12 ou 13 pieds de longueur, sur 10 à 11 pouces de grosseur au milieu, revenant à 8 & 9 par les bouts, elles sont traversées par le milieu d'un axe de fer d'environ deux pouces quarrés, & de 16 à 18 pouces de longueur: les deux bouts qui excedent la flêche sont arrondis sur 3 à 4 pouces de longueur & tournent sur deux crapaudines, dont l'une est posée au milieu du tableau de la Porte au point G, & l'autre faite en S, passe au-devant de la flêche comme le marque le profil au même point G, laquelle est attachée par un Goujon de fer à chacune de ses extrêmités & scellée en plomb dans la partie du tableau la plus avancée, ces Goujons sont faits en vis par leur extrêmité pour recevoir un écroue semblable à ceux que l'on met aux essieux des Carrosses, afin de pouvoir démonter les flêches lorsqu'il faut les renouveller.

PLANCH. 18. FIG. 3.

Les deux flêches sont liées au tablier du pont B, & à la bascule H, par deux barreaux de fer arrondis, ou à pans qui ont leur mouvement à chaque extrêmité dans des oeuillets, ou par des doubles charnieres, de sorte que tirant la chaîne I, à mesure que la bascule descend & tourne sur les tourillons K, le pont monte jusqu'à ce que tout ait pris une situation verticale. Quoique ce mouvement soit plus composé que celui des bascules ordinaires, il n'a pas laissé de fort bien réussir à *Givet* & à *Toul*, où on la mis en œuvre; mais ce pont que l'on nomme *Ziczague*, n'est pas d'une invention nouvelle, comme on l'a voulu insinuer à Mr. Pelletier; il s'en trouve de semblables en plusieurs Villes d'Allemagne, qui y on été construits depuis long-tems, entr'autres à *Hambourg* & à *Lubec*.

Nouvelle maniere de Pont-Levis.

Après avoir examiné les differentes sortes de Ponts qu'on a PLANCH. 20.

imaginé pour fermer les Portes des Villes, j'ai cherché si je ne trou=
verois pas quelque moyen plus simple que ceux que je viens de rapporter, car à mon sens ce n'est point assés de faire la description
des choses qui sont en usage : ceux qui se mêlent d'écrire sont
dans une espece d'obligation de travailler à les perfectionner, autrement les arts ne font point de progrés; les livres se multiplient
sans que ceux qui les lisent en deviennent plus éclairés. Pour entendre parfaitement le Pont que j'ai imaginé, il est à propos que j'expose le raisonnement que je me suis fait à moi-même, le voici.

Voyez la Figure qui est au bas de la Plan-che 20.

L'on supose que AB est un levier sans pesanteur, dans le milieu
duquel on a suspendu un poids D, qu'on regardera comme réuni au point C, qu'une des extrêmités B peut tourner au tour d'un
point fixe; qu'à l'autre extrêmité A, l'on a attaché une corde qui
va passer sur deux poulies E & F, pour soutenir un poids G, qui
est en équilibre avec celui du levier, enfin que la verticale BE, est
égale à la longueur BA.

Pour que le poids G soit en équilibre avec celui qui répond au
point C; il faut selon les principes de la méchanique, que la pésanteur de l'un soit à celle de l'autre, dans la raison réciproque
des perpendiculaires, tirées du point d'apui B, sur les lignes de di-
rections AE & CD, ainsi le poids G doit être au poids C, comme
BC est à BI, c'est-à-dire, comme le côté d'un quarré est à sa diagonalle, par consequent l'on pourra quand on le jugera à propos,
à la place des poids G & C, prendre les lignes BC & BI, puis qu'elles sont dans le même raport. Or si l'on donnoit au levier AB une
situation oblique KB, il est constant que l'équilibre seroit rompuë, puisque le poids D n'agissant plus selon une direction perpendiculaire au levier KB, ne fera pas tant d'effort qu'auparavant,
pour contrebalancer l'action du poids G, c'est pourquoi ce dernier descendra le long de la verticale FH avec précipitation, tant
que le point K soit parvenu en E; ce qui ne peut arriver autrement, à moins que le poids G en descendant, ne rencontre des
obstacles qui diminuent l'action de sa pesanteur absoluë, si ces obstacles étoient causés par des plans inclinés, dont les differentes
inclinaisons fussent proportionnées aux sinus des angles, comme
MLB qui deviennent toûjours plus petits, à mesure que le levier
aproche de la verticale; il est certain que ces plans inclinés,
causeront l'équilibre du poids D avec le poids G, dans quelque
situation que soit le levier, mais pour que cela arrive, il faut que
les plans changent à tout moment, & que chacun en particulier
comprene un espace infiniment petit, d'où il s'ensuit qu'ils formeront

ront tous ensemble une courbe *YSVX*, & ainsi la question se reduit à savoir, comme il faut construire cette courbe, pour que les deux poids soient toûjours en équilibre, dans toutes les situations où se peut trouver le levier, en venant de *A* en *E*.

Remarquez que quand l'extremité *A* du levier *BA*, décrira le quart de cercle *ANE* en venant joindre le point *E*, l'extrêmité *C* de la ligne *BC*, décrira le quart de cercle *CQ*; or quand le point *A* sera parvenu en *K* & en *N*, le poids *C* sera parvenu en *L* & en *O*, & monté d'une hauteur exprimée par les perpendiculaires *LM* & *OP*, qui sont les sinus des angles formés par le levier & le rayon *AB*; on peut donc dire que tous les sinus du quart de cercle *CQ*, en commançant depuis le plus petit, exprimeront de suite le chemin que le poids *C* fera dans le tems que l'extrêmité *A* du levier, parcourera les points du quart de cercle *ANE* ; mais il suffit pour que les deux poids *L* & *G* soient en équilbre, dans la situation où est le levier *KB*, que l'élevation *ML* du premier, soit à la descente verticale *YR* du second, en raison reciproque de la pesanteur absoluë de ces deux poids, * & comme la même chose doit arriver dans toutes les autres situations du levier & du poids *G*, puisque leur mouvement dépend toûjours l'un de l'autre ; quand le poids *C* sera en *O*, & le poids *G* en *V*, l'on aura encore que le poids *G* est au poids *O*, comme l'élevation *OP* est à la descente verticale *YT*, & si à la place des poids *C* & *G*, on prend les lignes *BI* & *BC*, qui sont en même raison, on pourra connoître le raport de tous les sinus, comme *LM* & *OP*, avec les verticales *YR* & *YT*; d'un autre côté il sera aisé de déterminer les perpendiculaires *RS* & *TV*, pour avoir les points *S* & *V* de la courbe ; puisque la distance du centre de la poulie *F* à chaque point *S* & *V*, sera toûjours égale à la difference de la longueur, de la corde comprise depuis *A* jusqu'en *G*, aux parties *KEF* & *NEF*, qui diminuent toûjours à mesure que le levier aproche de la verticale, ainsi nous avons tout ce qu'il faut pour construire la courbe qui sera geometrique, puisque nous n'employons dans sa construction que des grandeurs, dont la relation est connuë : & comme ce sont les sinus qui designent le raport de ces grandeurs, il ma paru que pour donner un nom à la courbe, qui fût tirée de sa generation même ; il étoit naturel de l'appeller *la Sinusoide*.

* Voyez le C. de M. art. 799. & 300.

Construction de la Sinusoide.

Il faut d'abord diviser le quart de cercle *CQ*, en un grand nombre de parties égales, par chaque point de division comme *L* & *O*, abaisser les perpendiculaires *LM*, *OP* &c. sur le demi diamétre *CB*, tirer les rayons *BK*, *BN* &c. aussi bien que les lignes *KE*, *NE* &c. ensuite chercher aux lignes *BC*, *BI*, & au sinus *LM*, (que nous regarderons comme le plus petit de tous), une quatriéme proportionnelle que l'on portera sur la verticale *FH*, en commençant du point *Y*, qui répond immédiatement au-dessous du poids *G*, & supposant que *YR* soit égale à la quatriéme proportionnelle qu'on vient de trouver, on élevera au point *R* la perpendiculaire *RS* indéfinie ; on cherchera de même aux lignes *BC*, *BI* & au sinus *OP*, (que nous suposons suivre immédiatement le plus petit *LM*,) une quatriéme proportionnelle qu'on portera depuis *Y* jusqu'en *T*, & on élevera encore la perpendiculaire *TV*.

Le triangle *CBI* étant rectangle & izocelle, il sera bien aisé de trouver toutes les quatriémes proportionnelles dont nous avons besoin ; car si l'on prend chaque sinus comme *LM* ou *OP*, pour le côté d'un quarré, la diagonalle de ce quarré sera quatriéme proportionnelle aux lignes *BC*, *BI*, & au sinus qu'on aura pris pour côté du quarré, ce qui est bien évident à cause des triangles semblables.

Après qu'on aura toutes les perpendiculaires, comme *R*, *S*, *T*, *V*, &c. on tirera une ligne *d e*, égale à la Longueur de la corde *AEFG*, l'on prendra dans cette ligne (en commençant de l'extrémité *d*,) la partie *df*, égale à la distance du centre de la poulie *F* au poids *G*, c'est-à-dire, égale à cette partie de la corde qui est paralele à la verticale *FH*, quand le levier *AB* est horisontal ; on prendra la différence de la ligne *KE*, qui répond au rayon de la premiere division à la ligne *AE*, & on portera cette différence depuis *f* jusqu'en *h*, alors on prendra la longueur *d h* avec un compas, pour décrire un arc qui aura pour centre celui de la poulie *F*, & cet arc venant couper la perpendiculaire *RS*, donnera le point *S* qui est un de ceux de la courbe, par le moyen duquel on aura l'ordonnée *S a* & son abcisse *Y a*, de même prenant la différence des lignes *NE* & *AE* pour la porter de *f* en *j* ; si l'on ouvre le compas de l'intervalle *d j*, & que du centre *F* de la poulie, on décrive un arc qui vienne couper la perpendiculaire *TV*, on aura un autre point *V* de la courbe, qui donnera l'ordonnée *V b* & l'abcisse *BIY* ; enfin le point *N* étant parvenu en *E*, toute la ligne *AE* pourra être prise pour sa différence avec zero, & le portant depuis *F* jusqu'en *K*, ouvrant le compas de l'intervalle *d K*, on décrira du centre ordinaire, un arc qui venant rencontrer la derniere perpendiculaire *h X*, donnera le point *X* qui sera celui de la courbe, où va se ter-

LIVRE IV. DES EDIFICES MILITAIRES. 43

miner le poids G, quand le levier AB est vertical.

Je crois qu'il n'est pas besoin de dire que pour tracer la courbe avec beaucoup de justesse, il faut prendre les sinus bien près les uns des autres, afin d'avoir un grand nombre de points comme S, V &c. Il est à propos de remarquer que la plus grande ordonnée ZX, ou YH, de la courbe, est égale à la perpendiculaire BI, c'est-à-dire au côté du quarré, dont la diagonalle seroit de même longueur que le levier AB, car comme la ligne YH sera la plus grande de toutes les quatriémes proportionnelles, qu'on aura été obligé de chercher pour tracer la courbe, on ne l'aura trouvé que lors que le levier AB sera vertical, & alors comme il formera un angle droit avec l'horisontal, le sinus de cet angle sera égal au rayon BQ, par consequent l'on aura BC, BI :: BQ, YH; mais comme dans cette proportion les deux antecedens BC & BQ sont égaux, étant rayon d'un même cercle, les deux consequent BI & YH le seront donc aussi.

Par cette remarque on pourra toûjours (connoissant la longueur du lévier AB,) savoir à quel point de la verticale FH ira se terminer la base HX de la Sinusoide, quand on aura déterminé la position du point Y, où cette courbe doit prendre son origine.

L'on remarquera encore que tout ce qu'on vient de dire peut s'apliquer aux Ponts-Levis; car le lévier AB peut être pris pour le profil du tablier qui tourne autour de ses tourillons B, & dont la pésanteur est réünie au centre de gravité C, ainsi il ne s'agit plus que d'executer tout ce qui doit en faciliter le mouvement, & c'est ce que l'on va voir dans l'aplication suivante.

Aplication de la Sinusoide aux Ponts-Levis qui servent à fermer l'entrée des Villes.

Ayant déterminé la largeur IK de la porte, qui est comme nous l'avons dit de 9 pieds ou 9 pieds & demi, il faut à droit & à gauche reculer les piés-droits de la Voûte d'environ 4 pieds au-delà des tableaux IG & KG, afin de pratiquer deux niches pour y loger les coulisses BF, le long desquelles doivent rouller les poids qui serviront à donner le mouvement au Pont que nous nommerons par la suite *poids de bascule*. L'élevation d'une des coullisses est représentée au profil de la porte où l'on voit que la courbe STE, n'est autre chose que la *Sinusoide* executée en Maçonnerie. Ce profil montre aussi que le poids de bascule D, est attaché à une chaîne qui passe sur deux poulies B & A, pour aller joindre le chevet C, du Pont.

F ij

Car l'on doit concevoir que derriere les tableaux de la Porte, on a ménagé des fentes dans la maçonnerie pour y placer les poulies, afin que la chaîne qui doit donner le mouvement au Pont, puisse aller & venir librement; c'est pourquoi l'on supose que cette chaîne est ronde. On remarquera aussi que le chevet doit être plus long que le Pont n'est large, afin que les chaînes qui sont à ses extrêmités se trouvent vis-à-vis des poulies.

Si les poids de bascule sont en équilibre avec le Pont, il est certain que par la propriété de la Sinusoide à quelque point qu'on voudra du quart de cercle CR, le Pont restera toûjours immobile en allant de C en R, sans que les poids l'entraînent, puisqu'ils demeureront eux-mêmes en repos aux endroits des coulisses où ils se trouveront, par conséquent il suffira que l'on aide tant soit peu les poids à vaincre le frotement pour que le Pont se léve, sans être obligé d'employer une force considérable pour lui faire décrire le quart de cercle CR, ce qui se fera d'un mouvement uniforme sans ébranlement ni secousse, de même quand on voudra le baisser, on n'aura qu'à pousser le tablier pour le faire descendre, ensuite passer dessus pour l'aller arrêter sur le dernier chevalet du Pont dormant avec les verroux.

Comme mon dessein n'est pas que l'on touche aux poids de bascule, par la difficulté qu'on auroit d'y atteindre, il n'y a pas de moyen plus simple pour obliger ces poids de descendre, que d'accrocher deux chaînes au Pont environ à 3 pieds en deça du chevet, dont chacune ira passer sur une poulie située au milieu des tableaux de la porte & élevée de 9 pieds au-dessus du rez-de-Chaussée; de sorte que quand on voudra fermer la porte, il suffira qu'il y ait un homme qui tire chaque chaîne pour lever le Pont, dont le mouvement est si naturel qu'il seroit inutile d'en parler davantage, ainsi je passe à plusieurs détails qu'il est necessaire d'expliquer afin de savoir comme on pourra connoître la pésanteur des poids de la bascule, leur grosseur, la grandeur des coulisses & les autres circonstances essentielles à l'intelligence de ce Pont.

La premiere chose qu'il faut savoir; c'est qu'un pied cube de bois de chêne pése 60 liv. & qu'un pied cube de fer en pése 580; ainsi examinant quelles sont les dimensions des piéces qui doivent composer la charpente du Pont, il sera aisé de connoître combien il y entre de pieds cubes de bois, par conséquent combien cette charpente doit péser. Si l'on fait le chevet plus long qu'à l'ordinaire afin que les chaînes qui doivent être attachées à ses extrêmités se trouvent directement vis-à-vis les poulies, il faudra lui donner 14 pieds de longueur fur 10 à 10 pouces, pour que cette piéce qui a un grand effort à foûtenir quand on met le Pont en mouvement, ne foit point en danger de fe rompre par la fuite.

La piéce des tourillons fe fait toûjours de 10 pieds de longueur fur 10 à 10 pouces de groffeur, il y a fix foliveaux de 12 pieds de long fur 5 à 6 pouces de groffeur fervant à porter le plancher du Pont qui eft compofé de madriers de deux pouces d'épaiffeur, & qui couvre un efpace de 12 pieds de longueur fur 10 de largeur, & tout cela enfemble compofe la charpente du tablier qui monte à 51 pieds 8 pouces 4 lignes cubes, qui étant multiplié par 60, donne 3102 l. pour la péfanteur de la charpente, furquoi il eft à remarquer que le chevet ayant plus de péfanteur que la piéce des tourillons, les extrêmités du Pont ne font point égales, ainfi on ne peut pas regarder 3102 liv. comme un poids qui puiffe être réüni au centre de gravité du Pont; c'eft-à-dire dans le milieu de fa longueur. Il faut donc voir à quoi peut aller cette différence qui fera facile à connoître; car le chevet contient 9 pieds 8 pouces 8 lignes cubes, & la piéce des tourillons ne contient que 6 pieds 11 pouces 8 lignes; par conféquent la différence eft de 2 pieds 9 pouces, dont la péfanteur monte à 165 liv. or ces 165. étant à l'extrêmité du lévier, font deux fois plus d'effet par raport au point d'apui, que s'ils étoient dans le milieu du même lévier, c'eft pourquoi il faut augmenter 3102 liv. de 165 liv. & alors la péfanteur de la charpente réünie au centre de gravité, fera de 3267 liv.

Pour conferver le plancher des Ponts Levis, on le recouvre de barres de fer de 7 pieds de longueur pofées tant plain que vuide, elles ont un peu plus de deux pouces de largeur, & il y en entre ordinairement 32, & comme chacune eft attachée avec 4 crampons, au lieu de 7 pieds de longueur, nous leur en fupoferons 7 & demi, afin d'y comprendre les crampons, ainfi ces 32 barres feront enfemble 240 pieds de long, à quoi il faut encore en ajoûter 6 autres de chacune 6 pieds de long qui fe mettent au-deffous du tablier pour lier le chevet & la piéce des tourillons avec les poutrelles, ce qui fait en tout 276 pieds; & le poids d'un pied de ces fortes de barres étant de 3 liv. elles péferont donc enfemble 828 liv. qui étant ajoûtés avec le poids de la charpente, l'on aura 4095 liv. pour la péfanteur totale du Pont réüni au centre de gravité.

Prefentement il fera aifé de connoître la péfanteur des poids de bafcule; car l'on fait que la péfanteur du Pont eft à celle des poids de bafcule dans l'état d'équilibre, comme la diagonale d'un quarré, eft au côté du même quarré, où ce qui revient au même, comme le finus de l'angle droit est à celui de 45 degrés, ainsi on dira si 100000 donnent 70710, que donneront 4095 liv. péfanteur du Pont pour celle des poids, que l'on trouvera de 2895 liv. dont la moitié qui est 1447, fera la péfanteur que doit avoir chaque poids; mais comme pour avoir égard au frotement, il vaut mieux les faire plus péfans que trop légers, à caufe qu'on ne peut pas les augmenter, au lieu qu'il n'y a point d'inconvenient de furcharger le Pont s'il fe trouvoit au-deffous de l'équilibre, il eft à propos en faveur de toutes ces confidérations, d'augmenter chaque poids de 100 liv. c'eft-à-dire de les faire de 1547 liv. au lieu de 1447. Je n'ai pas dit que les poids de bafcule devoient être cilindrique; car l'on s'imagine bien qu'on ne peut leur donner une figure qui convienne mieux pour rouler facilement le long des couliffes, il s'agit donc de favoir qu'elle fera la valeur de l'axe de ces cilindres, ou celle du diamêtre de leur bafe qui eft la même chofe; car je fupofe ces deux lignes égales afin que les poids ayent moins de volume.

Sachant qu'un pied cube de fer péfe 580 liv. commençons par chercher quel eft la péfanteur du cilindre qui feroit infcrit dans un pied cube : pour cela il faut remarquer que ces deux folides ayant la même hauteur, feront en même raifon que leur bafe, par conféquent comme le quarré du diamêtre d'un cercle eft à la fuperficie du même cercle, ou fi l'on veut comme 14 eft à 11; il faut donc dire comme 14 eft à 11, ainfi 580 péfanteur d'un pied cube de fer, eft à celle du cilindre infcrit, qu'on trouvera d'environ 456 liv.

Les cilindres femblables étant dans la raifon des cubes de leur axe on pourra dire fi un cilindre de 456 liv. dont le diamêtre de la bafe & l'axe font chacun d'un pied, donne 1728 pouces pour le cube de fon axe; combien donnera 1547 liv. péfanteur d'un autre cilindre femblable au précedent pour le cube de fon axe, on trouvera 5862 pouces, dont extrayant la racine cube, elle fera de 18 pouces qui eft la valeur de l'axe que l'on demande; il n'y a donc pas de difficulté à avoir les poids de bafcule dans la jufte proportion qui leur convient, puifqu'on n'a qu'à demander aux Forges où l'on coule le fer, deux poids péfants chacun 1547 liv. dès qu'on leur donnera pour bafe un cercle de 18 pouces de diamêtre, & pour axe une ligne égale à ce diamêtre.

J'ajoûterai que ces poids doivent être percés dans le milieu par un trou d'un pouce en quarré afin qu'on puiffe y paffer un effieu qui ferve à entretenir la chape qui doit en faciliter le mouvement le long des couliffes. Cette chape eft figurée fur la planche où elle accompagne le poids qui eft déffigné par la lettre V, fi je dis qu'il faut faire

Livre IV. des Edifices Militaires. 47

cette essieu quarré plûtôt que rond, c'est qu'il me semble que pour diminuer le frotement, il vaut mieux que les extrémités de l'essieu étant arrondies, tournent avec le poids dans la chape, que si le poids tournoit autour de l'essieu.

Les coulisses seront construites de pierres de taille les plus dures que l'on pourra trouver, leur longueur doit être de 4 pieds & demi ou 5 pieds & leur largeur de 18 pouces sur autant d'épaisseur, les coulisses y seront creusées d'environ 6 ou 7 pouces de profondeur terminées par 2 bordures de 8 pouces d'épaisseur, pour entretenir le poids & les obliger à faire toûjours le même chemin.

Dans le fond de chaque coulisse on y mettra deux barres de fer plattes qui feront la même courbure que la Sinusoide ; c'est sur ces barres que rouleront les poids afin de diminuer le frotement qui sera bien moins considérable que si la surface des cilindres touchoit partout en roulant ; d'ailleurs ces barres serviront encore à empêcher que le frotement n'use la pierre, & pour que les poids ne la touchent en aucun endroit, il est également nécessaire d'apliquer des bandes de fer contre les bords des coulisses, le long desquelles les deux cercles ou bases de chaque cilindre puissent glisser sans jamais s'accrocher, & il suffira qu'entre l'un & l'autre il y ait 2 ou 3 lignes de jeu afin que le poids roule toûjours dans le même espace sans qu'il puisse s'écarter d'aucun côté. Supofant donc que les barres qui seront apliquées contre les bordures ayent chacune 3 lignes d'épaisseur cela fera 6 lignes pour les deux, lesquelles étant ajoutées avec l'axe du poids de bascule ; c'est-à-dire avec 18 pouces, ou si l'on veut avec 18 pouces 4 lignes, en y comprenant 4 lignes qu'il faudra donner pour le jeu des poids, on aura 18 pouces 10 lignes, qui est exactement la largeur que les coulisses doivent avoir, ainsi de quelque pésanteur que soient les poids, dès qu'on en connoîtra l'axe on saura au juste (en prenant garde à toutes ces petites circonstances) la largeur dans œuvre qu'il faudra donner aux coulisses.

Donnant 18 pouces 10 lignes de largeur aux coulisses & 8 pouces d'épaisseur à chaque bordure, cela fait environ 3 pieds en tout, qui étant pris sur la longueur de 4 pieds & demi ou 5 pieds que doivent avoir les pierres qui serviront à la construction des coulisses, il restera un bout d'un pied & demi ou deux pieds, qui doit être engagé avec la maçonnerie des piés-droits contre lesquels les coulisses seront adossées, cette précaution étant nécessaire pour rendre l'ouvrage plus solide. Il conviendroit même d'avoir des pierres de deux sortes de longueur, les unes de 5 pieds, les autres de 5 & demi, afin de les engager alternativement de 2 pieds & de 2 pieds

& demi, à l'égard des autres bouts qui paroîtront en dehors, il faut qu'ils soient bien maçonnés les uns contre les autres & cramponés avec des crampons de fer coulés en plomb, observant de poser des crochets de 2 pieds en 2 pieds dans les joints des pierres au-dessus des bordures de chaque coulisse, ensorte que ces crochets se répondent, afin que quand il y aura quelque réparation à faire aux coulisses, aux poids de bascule, aux chaînes, ou aux poulies, on puisse en posant des planches sur ces crochets, donner la facilité aux ouvriers de monter & de descendre le long des coulisses.

Pour construire les coulisses de maniere qu'elles forment une courbure qui soit exactement celle de la Sinusoide, j'ajoûterai qu'il faut tracer cette courbe en grand & en faire 2 épures ou patrons, avec des planches dont l'un répresente la convexité de la Sinusoide; & l'autre sa concavité, ce dernier est absolument necessaire aux ouvriers pour les conduire dans la coupe des pierres, & pour les aider à les mettre en œuvre dans leur véritable situation.

Il est nécessaire que les niches soient fermées par des cloisons de madriers afin que personne n'y touche, il suffira seulement d'y pratiquer une petite porte pour y entrer quand on le jugera à propos, ainsi le passage de la porte sera comme à l'ordinaire sans qu'on voye rien de tout ce qui contribuëra à donner le mouvement au Pont.

Je crois en avoir dit assés pour rendre sensible l'execution du Pont que je viens de décrire, je laisse aux habiles gens qui voudront le mettre en usage d'y faire les changemens qu'ils jugeront à propos; mais comme tout ce qui a un air de nouveauté, ne manque pas de rencontrer des censeurs qui se font un plaisir de trouver des difficultés par tout dans les choses même les plus naturelles, on saura que peu de tems après avoir imaginé ce Pont, je l'ai fait executer à un Château dans le voisinage de la Fere, & que j'y ay suivi à peu de chose près tout ce qui vient d'être détaillé.

PLANCH. 19.

On fait aussi des Ponts-Levis aux ouvrages de dehors, comme demi-Lunes, ouvrages à corne, &c. pour en fermer l'entrée, on les leve par le moyen des bascules à flèches, parce que n'étant pas nécessaire de couvrir avec des frontons les portes de ces sortes de passages, on n'aprehende point d'en couper l'Architecture, il suffit que l'entrée soit décorée par des Pilastres couronnés d'un entablement, comme on le peut voir dans les 3 premieres Figures de la Planche 19. qui conviennent fort quand les ouvrages détachés sont revêtus de maçonnerie jusqu'au parapet; mais quand ils ne le sont qu'à demi, alors il est assés inutile d'y faire aucune décoration, on peut se contenter de faire porter la bascule par un chassis qui doit

être

LIVRE IV. DES EDIFICES MILITAIRES. 49

être situé sur la berme, comme je l'ai exprimé dans la quatriéme & cinquiéme Figure de la même Planche que je ne m'amuserai point à expliquer, parce qu'elle ne contient rien qui ne soit facile à concevoir.

CHAPITRE SIXIE'ME.

Des Ponts dormans qui servent à faciliter l'entrée des Villes de Guerre.

LEs Ponts dormants que l'on fait pour passer les Fossés des Fortifications, sont toûjours de charpente, & élevés sur plusieurs chevalets qui sont posés sur des *Piles* de Maçonnerie *A*, dont la hauteur se régle sur la profondeur du Fossé, quelquefois dans les lieux marécageux, où on ne peut fonder des piles de Maçonnerie sans beaucoup de difficulté & de grandes dépenses, on se contente de planter des files de pieux d'une longueur suffisante, pour qu'une partie étant enfoncée à refus de mouton, l'autre qui reste en dehors soit assés élevée pour recevoir les chapeaux qui doivent être à peu près au niveau du rez-de-Chaussée.

Quand on n'a point de bois d'une assés belle longueur, on enfonce autant de files de pilots qu'on le juge necessaire, par raport au nombre des travées que doit avoir le Pont : ces pilots sont arrasés au niveau du fonds du Fossé par des tenons qui s'emmanchent dans le sole des chevalets. C'est ainsi que j'ai vû construire à St Venant en 1709. celui qui est sur le grand Fossé de la Porte d'Aire.

PLANCHE 20.

Le Pont dont il est question presentement, est composé de plusieurs travées & chevalets dont on ne détermine point ici la quantité, parce que cela dépend de la longueur du Fossé où il doit être exécuté ; chaque *Solle B*, qui ne porte point de bascule a 22 pieds de longueur sur 10 à 12 de grosseur, celui *C*, qui porte le chassis de la bascule a 25 pieds de longueur sur 12 à 12 pouces de grosseur, sur chacun de ces soles qui ne portent point de bascule, sont assemblés à tenons & mortoises 5 *Poteaux D*, avec deux *Liens boutans H*, terminés d'un *Chapeau E*.

Les poteaux ont 11 à 12 pouces de grosseur sur differentes longueurs suivant les endroits où ils sont employés.

Le chevalet qui porte la bascule du Pont-Levis, est construit de même avec cette difference qu'il y a deux poteaux de plus, & que les

G

chapeaux ont 25 pieds de longueur sur 13 à 14 pouces de grosseur.

Sur tous les chapeaux E, il y a d'un chevalet à l'autre, cinq cours de *longerons* F, de 11 à 12 pouces de grosseur espacés entr'eux de distance égale formant en tout une largeur de 14 pieds & sont recouverts d'un *Plancher* de madriers I, de 4 pouces d'épaisseur chevillés sur chaque longerons, d'une broche de fer de 8 à 9 pouces de longueur ébarbellée par les angles.

Sur ce premier plancher l'on en pose un second de 8 pieds de largeur seulement & de 3 pouces d'épaisseur qu'on apelle *redoublement*, sur lequel l'on attache quelque fois des barres de fer plattes autant plain que vuide, & de même longueur que les madriers.

L'on n'employe plus guére de redoublement ni de barres de fer pour conserver les Ponts dormans, on les couvre d'un pavé plus élevé dans le milieu qu'aux extrémités pour l'écoulement des eaux, & alors l'on pose le long des poteaux montans des *gardes-pavé*, de 9 à 11 pouces d'équarrissage. Il est certain que ce pavé rend le Pont d'une bien plus longue durée, les réparations n'en étant pas si fréquentes qu'aux autres.

A l'extrêmité de la largeur du pemier plancher, & sur les chapeaux E, l'on assemble à tenons & mortoises, les *Poteaux montans* G, des gardes-foux de 7 pieds & demi de longueur compris les tenons sur 8 à 8 pouces de grosseur, terminés par une tête arrondie où à pan avec une gorge & un quart de rond au-dessous comme il est figuré au dessein, ces poteaux sont affermis chacun d'un *lien pendant* M, de 6 pieds de longueur sur 12 à 6 pouces d'épaisseur, *chamfrinés* à un pied au-dessus du chapeau par un talon renversé, qui réduit la partie supérieure à 8 pouces de largeur pour affleurer le poteau des gardes-foux, ces poteaux sont liés ensemble par deux *cours de lisses*, L & K, dont la premiere L est appellée *lisse d'apuy*.

Le chassis de la bascule est composé de deux *poteaux montans* N, de 8 *liens enguette* O, d'un *chapeau* P, de 4 *liens ceintrés* Q, de deux *liens heurtoirs* R, & de 2 *semeles* S, les poteaux montans N, ont 14 pieds de longueur sur 13 à 14 pouces de grosseur élevés à plomb emmortoisés dans le *chapeau* E, sur lequel ils sont assemblés par les 4 *liens enquette* O, & arcboutés par les 4 autres qui sont assemblés dans les *semeles* S, ces 8 *liens enguette* ont 10 sur 12 d'épaisseur, & de differentes longueurs suivant les endroits où ils sont employés, il faut seulement remarquer qu'ils doivent faire avec le chapeau & la semelle où ils sont assemblés un angle d'environ 60 dégrés.

La bascule est composée de deux *flèches* T, d'une *culasse* V, de deux

LIVRE IV. DES EDIFICES MILITAIRES. 51

entre-toifes X & Y, dont la derniere Y, s'apelle *entre-toife* des *tourillons*, & qui doit être comme la culasse assemblée dans les flêches par un double tenon, l'on fortifie cet assemblage ordinairement par des Croix de St André Z, & d'autres liens, tant pour la solidité de l'ouvrage, que pour donner du poids à la bascule & faire un équilibre à peu-près égal au Pont-Levis, je dis à peu-près, parce qu'il faut que la bascule soit au moins de 200 liv. plus légere que le tablier.

Les flêches ont 14 à 16 pouces de grosseur à la culasse revenant à 10 à 12 aux extrêmités, dont la partie qui excede l'entre-toise des tourillons Y, est presque toûjours taillée à 8 pans, la culasse a aussi 14 à 16 pouces de grosseur, & les deux autres entre-toises X & Y, un peu moins; c'est-à-dire, qu'elles affleurent toûjours la grosseur des flêches, à l'égard des Croix de St André & des autres liens, ils sont d'un ou même de 2 pouces plus petits suivant que l'on a besoin de poids pour l'équilibre.

Le *tablier* des Ponts-Levis est ordinairement composé d'une piéce qui porte les *tourillons* de 10 pieds de longueur sur 10 à 10 pouces de grosseur, d'une autre *h*, apellée *chevet*, & de 6 *soliveaux j*, de 12 pieds de longueur sur 5 à 6 pouces de grosseur recouverts de madriers de 2 pouces & redoublés de barres de fer autant plain que vuide.

Il y a des Ingenieurs qui donnent quelques pouces moins en quarré au chevet qu'à la piéce des tourillons, & ne donnent pas tant de grosseur non plus au bout des soliveaux qui répondent au chevet, afin que le centre de gravité du tablier, n'étant point dans le milieu de sa longueur; mais plus près de la piéce des tourillons que du chevet, la bascule soit moins chargée & rende le mouvement du Pont plus doux, c'est en effet ce qui arrive quand on en use ainsi.

L'on fait à la tête des *Ponts dormans*, une barriere sur le penultiéme chevalet dont les poteaux sont comme ceux du châssis de la bascule des Ponts-Levis assemblés sur le chapeau du chevalet & affermis par deux *liens pendans a*, & deux autres liens *b*, plus quatre autres liens enguette sur l'interieur des poteaux semblables à ceux des bascules O, & qui ne sont pas figurés sur le dessein.

La barriere est assemblée à *claire voye* à 2 *vantaux*, chacun composé d'un *tournant c*, d'un *battant d*, & de 5 à 6 *épées* ou *barreaux e*, avec une *barre* & deux *traverses*, le tout de même hauteur, les tournans & battans *c* & *d*, ont 7 pieds de hauteur sur 5 à 7 pouces de grosseur, les barres & traverses ont les mêmes grosseurs, & les

G ij

barreaux f, tant de la barriere que des aîles, ont 3 à 4 pouces de groffeur pofés tant plain que vuide & entaillés moitié par moitié dans les barres & traverfes qui font affemblées à tenons & mortoifes dans les tournans & batans de la barriere.

Il fe fait auffi des barrieres pour fermer la fortie du chemin couvert des portes auffi-bien que les places d'Armes qui font répanduës dans les dehors, on en peut voir ici l'élevation. Cette barriere a 2 ventaux qui tournent fur des *pivots* & arrêtés par le haut avec des *collets* de fer aux poteaux qui fervent à l'entretenir, ces poteaux ont 9 pieds & demi de longueur, & 8 fur 6 pouces de groffeur tenus en raifon par un *patin* de 7 pieds de long & de 7 à 8 pouces de gros & affemblés par 2 *folles* de 8 à 9 pouces de groffeur dont l'un doit être enterré de 2 ou 3 pieds & l'autre pofé au niveau des paffages, les 2 venteaux de la barriere font entretenus par des *traverfes* & *contre fiches* de 6 fur 7 pouces de gros affemblés par entaille avec les barrieres par une profondeur de moitié par moitié, ces barreaux doivent avoir 5 fur 6 pouces de groffeur & apointés comme les palliffades.

Quand l'eau du foffé eft dormante, ou qu'elle n'a qu'un cours paifible, les ponts fe peuvent faire à peu près femblables aux précedens; mais s'il fe rencontroit une riviere à l'entrée de la place dont le courant fût rapide, il faudroit s'y prendre d'une façon toute differente, comme on le va voir.

Les ponts dormans de charpente, qui fervent au paffage des rivieres, font ordinairement conftruits comme celui qui eft répréfenté fur la Planche 21 ; mais de quelque façon que foit difpofé l'affemblage de la charpente, on les éleve auffi haut que la navigation le demande, quant à leur largeur, elle doit être proportionnée à la grandeur des routes, on les éleve fur plufieurs *palées*, compofées d'une ou deux files de pieux, & l'on a foin de faire une de leur travées affés large, pour que les plus grands bateaux puiffent y paffer librement.

PLANCHE 21.

Le nombre des pieux qui compofe chaque palée, eft reglé par la largeur du pont, & l'on obferve qu'ils ayent environ 3 pieds de diftance par en bas, qu'on réduit en haut à un pied & demi, où à deux pieds pour chaque vuide d'*entrevoux*, parce qu'ainfi on forme une maniere d'empatement qui refifte d'avantage aux efforts de l'eau, que fi tous les pieux étoient perpendiculaires.

Quand on ne fait les travées que d'un file de pieux feulement, cela ne doit fe pratiquer qu'aux ponts qui fervent à traverfer de petites rivieres ; car pour ceux qui font fur des rivieres fort

Livre IV. des Edifices Militaires.

larges, & dont le courant est rapide, les palées doivent être faites de 2 ou 3 rangs de files de pieux bien *coefés*, *liernés* & *moisés*, avec des *contrefiches* à deux rangs, pour les entretenir comme dans la planche 22.

La plûpart de ces palées sont pour l'ordinaire *contregardées* du côté *d'amont* par un *avant-bec* de pilotage en forme de *brise-glace*, qu'on revêtit de planches par dehors, depuis les plus basses eaux de la riviere, jusqu'aux plus hautes des inondations, afin que lors que le courant charie des glaces & des arbres, les uns & les autres ayent moins de prise sur le corps des palées, & qu'ils ne fassent que glisser.

Planch. 22.

Comme il peut arriver qu'en voulant planter des pieux pour former une palée, l'on rencontre du roc dans le lit de la riviere, positivement dans l'endroit où l'on en veut enfoncer, si l'on n'a pû faire des batardaux & les épuisemens, ensorte qu'il reste 5 ou 6 pieds d'eau, on sera sans doute embarassé dans un pareil cas, puisqu'il n'est pas possible que des hommes tout couverts d'eau, puissent faire un trou de 3 ou 4 pieds dans le roc, pour surmonter une pareille difficulté, il faut faire deux tonneaux ouverts par les deux bouts, dont l'un ait 9 pieds de diametre & l'autre 5, & que ces deux tonneaux soient deux pieds plus hauts que la profondeur de l'eau, l'on placera le plus grand dans la riviere à l'endroit où l'on veut percer, de maniere que le roc se trouve dans le milieu du tonneau, ensuite l'on enfoncera les douves de quelques pouces dans le lit de la riviere, & l'on chargera le dessus du tonneau de façon que le courant ne l'ébranle point, après l'on mettra le petit tonneau dans le milieu du grand, & l'on remplira de terre glaise l'espace qui est entre deux, que l'on battra avec la demoiselle, pour qu'elle fasse un bon massif; enfin l'on vuidera l'eau qui sera dans le petit tonneau, & l'on y introduira un ouvrier qui fera le trou qu'on s'étoit proposé.

Mais pour revenir à notre pont de charpente de la Planche 21, je crois qu'il est inutile de m'étendre sur l'assemblage des pieces dont il est composé; je raporterai seulement les dimensions de chacune, les plans, profils & élévations, donneront l'intelligence du reste.

Les *moises* sont de differentes longueurs, & de 8 à 9 pouces de grosseur.

Les *chapeaux* sont de 6 toises de longueur chacun, & de 18 à 20 pouces de grosseur.

Les semelles au-dessus des chapeaux, ont chacune 16 pieds de longueur & 15 pouces de grosseur.

G iij

Les *liens* sous les semelles, ont chacun 6 pieds de long, sur 10 à 12 pouces de grosseur.

Les *Poutrelles* des travées du pont, qui ne sont pas dans le grand courant, ont six toises 4 pieds de longueur, sur 14 à 15 pouces de grosseur, & celles du grand courant ont 7 toises 4 pieds & demi sur 15 à 16 pouces de grosseur.

Le plancher du pont a 5 toises 5 pieds de largeur, sur 3 pouces d'épaisseur.

Le redoublement du plancher entre les deux banquettes, a 3 toises de largeur, sur 2 pouces d'épaisseur.

Les *feuilles* des banquettes sont de toute la longueur du pont, & de 10 pouces de grosseur.

Les solivaux des banquettes ont 6 pieds de long, sur 8 pouces de grosseur.

Le plancher des banquettes a 6 pieds de largeur, sur 2 pouces d'épaisseur.

Les poteaux des garde-foux ont 6 pieds de long, sur 8 & 10 pouces de grosseur.

Les liens pendans ont 10 pieds de longueur, sur 10 pouces par le bout, & 20 sur le bout du chapeau.

Les *décharges* ou *jettées* ont chacune 20 pieds de longueur, sur 8 à 9 pouces de grosseur.

Les *garde-foux* ont 7 à 8 pouces de grosseur.

Quant aux brise-glaces, les pilots sont de differentes longueurs, sur 13 à 19 pouces de grosseur.

Les *moises* sont aussi de differentes longueurs, & ont 8 à 10 pouces de grosseur.

Il se fait des ponts tournans qui sont très commodes, pour faciliter le passage au-dessus des écluses, ou aux autres endroits d'une riviere ou canal, où il doit passer des batteaux ; je ne m'étois pas proposé de parler ici de ces sortes de ponts, parce qu'étant relatifs aux écluses, ils apartiennent plûtôt à l'Architecture Hydraulique, qu'à la matiere que je traite presentement ; mais comme sans y faire attention, on en a raporté deux desseins sur la Planche 21, je me trouve dans la necessité d'en donner l'explication, quoi qu'assés hors de propos par raport au plan que je me suis fait, de ne parler de chaque chose que dans l'endroit qui lui convient naturellement.

PLANCH. 21. Le plan *CI* du premier Pont, fait voir qu'il est coupé en deux également, afin que chaque moitié se puisse separer, & se rejoindre en tournant comme sur un pivot, une de ces moitiés est re-

LIVRE IV. DES EDIFICES MILITAIRES. 55

préfentée à jour; pour montrer l'affemblage de la charpente, & l'autre eſt recouverte de madriers; l'on obſervera que la jonction des deux moitiés ſe fait en portion de cercle à l'endroit *AA*, afin qu'étant arrêtée par des verroux, l'union en ſoit plus ferme: à l'égard de l'élevation elle n'a rien de particulier, ſinon que les gardes-foux ſont de fer, pour que le pont en paroiſſe plus leger.

L'autre deſſein repreſente encore un pont tournant, dont la jonction ſe fait obliquement à l'endroit *D*, le plan eſt à peu près de même que le précedent, il n'y a de difference que dans l'élevation, où les gardes-foux au lieu d'être de fer ſont de bois, d'un aſſemblage particulier, qu'il ſuffit d'examiner pour voir que l'on a eu en vûë de rendre ce pont beaucoup plus ſolide que l'autre, & comme une pareille conſtruction chargeroit beaucoup la *crapaudine*, on a crû que pour la ſoulager, il falloit faire des *roulettes* à l'entour, afin de faire tourner le pont aiſément, & qu'il demeure toûjours en équilibre, ſans pancher plus d'un côté que de l'autre; à l'égard des dimenſions du pont de la 22. Planche, je n'en parlerai pas, parce qu'il ſera aiſé de les déterminer, ſur ce que je viens de dire au ſujet de l'autre.

Comme tout ce qui peut faciliter la communiquation des ouvrages apartient à ce chapitre, je crois devoir ajoûter, que quand les foſſés d'une place ſont inondés, on fait des petits ponts à fleur d'eau, qui vont des poternes du corps de la place à la demi-Lune, ou à quelqu'autre ouvrage: on en fait auſſi de ſemblables le long des gorges, pour aller de la demi-Lune dans le chemin couvert, ou dans les contregardes, ainſi qu'on le peut voir dans la 25 Planche: l'on pratique pourtant quelquefois des poternes dans les faces, & en ce cas le pont qui communique aux autres ouvrages voiſins, répond à la poterne, & n'eſt plus à la gorge de la demi-Lune; c'eſt ainſi par exemple qu'au Neuf Briſack l'on communique des contregardes dans les tenailles, en paſſant par les poternes qui ſont aux flancs. PLANCH. 25.

Quand les foſſés ſont à ſec, on fait des *Caponieres* qui aſſeurent & couvrent parfaitement les communiquations; ces caponieres ne ſont autre choſe qu'un parapet fait en glacis à droit & à gauche du paſſage que l'on pratique dans le fond des foſſez, comme on le peut voir ſur la Planche que je viens de citer.

CHAPITRE SEPTIE'ME.

Des Corps de Gardes en general, des Guerites & Latrines.

INdépendamment des Corps de Gardes dont nous avons parlé pour veiller à la sûrété des Portes, il s'en fait encore d'autres dedans & dehors les Places, par exemple, quand les Portes sont trop éloignées les unes des autres pour que les corps de Gardes qui y sont puissent poster des Sentinelles à tous les endroits du Rempart où l'on juge à propos d'en poser, l'on en construit d'autres pour être à portée de faire les rondes & de veiller à ce qui se passe, si la Ville est traversée par quelque Riviere, & qu'il y ait par conséquent des Portes d'eau, l'on ne manque pas d'y en faire un. En un mot à tous les endroits où l'on a quelque raison d'y en établir, tel est celui de la place d'Armes & des autres répandus dans les grandes Villes pour maintenir le bon ordre & poser des Sentinelles aux Portes de ceux qui ont droit d'en avoir. Or comme ces Corps de Gardes ne comprennent rien de particulier dans leur construction, je ne m'arrêteray point à en raporter d'autres que celui qui est sur la planche 15. qui pourra servir de modéle en y faisant les changemens que l'on croira necessaires ; j'ajoûterai seulement qu'en construisant ceux des remparts, on fera bien d'y menager de petits entrepots pour renfermer des munitions, afin de les avoir à portée d'être distribuées aux détachemens qui sortent de la place, pour des escortes ou pour quelque expedition, & n'être point dans la peine d'ouvrir les magasins, souvent pour peu de chose ; ces entrepots sont fort commodes en tems de siége, pour le service du rempart & celui des dehors, il est vrai que dans la plûpart des grandes Villes, où l'enceinte est accompagnée de tours ou reduits, on y rencontre des endroits propres pour des entrepots ; mais je supose une place neuve où l'on seroit privé de ces sortes de commodités.

PLANCH. 15.

Je crois que l'on peut aussi comprendre sous le nom de corps de garde, les redoutes de maçonnerie qui se font dans les dehors des places, aux endroits où il est de consequence d'avoir des pôstes pour garder une Ecluse, un Batardeau, un Pont &c. puisque ces redoutes ne sont à le bien prendre que des corps de gardes rétranchés, quand elles sont près de la place, on en releve la garde tous

les

LIVRE IV. DES EDIFICES MILITAIRES.

des jours par de nouvelles troupes ; mais quand elles en font fort éloignées, on y établit une petite garnifon, & alors il faut qu'elles foient compofées de plufieurs étages, pour y diftribuer les logemens neceffaires aux Officiers & aux Soldats, & ne pouvant être que fort ferrés dans un auffi petit endroit, il faut faire enforte en les conftruifant, de ménager fi bien la grandeur des piéces, qu'on y puiffe avoir les commodités effentielles, par exemple, fi on peut faire un étage fouterrain, il faudra y pratiquer un magafin à poudre, un autre pour les vivres ; une cave & une citerne qui recevra les eaux de pluye, qui tomberont fur la plate forme, ou fur le toit, par le moyen des goutieres ; enfuite au-deffus de l'étage fouterrain, on en pourra faire deux ou trois autres pour loger les troupes, de la maniere qu'on les voit reprefentés fur la Planche 23, qui comprend les PLANCH. plans de deux redoutes differentes, les premier fecond & quatriéme 23. deffeins font des étages dont la troifiéme figure reprefente le profil, les cinquiéme fixiéme & feptiéme font fupofés apartenir à une autre redoute qui feroit à *machicoulis*, c'eft-à-dire, qui feroit faite de façon, que le dernier étage faifant faillie en dehors fur les deux autres inferieures, puiffe voir le pied du revêtement de la redoute, pour en deffendre l'accez, je n'en ai point raporté le profil, parce qu'il ne reftoit pas de place fur la Planche pour l'y tracer, mais on jugera fans peine dequoi il eft queftion ; ces redoutes font prefque toûjours entourées d'un rempart, qui a fon foffé comme on l'a fupofé ici, pour éviter les deffeins qu'il auroit fallu encore raporter, fi on avoit voulu détailler quelque chofe de plus que le corps de la redoute.

Les Guerites qui fe font fur le rempart, font ordinairement pla- PLANCH. cées aux angles des Baftions, demi-Lune & autres ouvrages deta- 24. chés, elles doivent être de plain pied au rempart, & quand elles font de maçonnerie, elles peuvent être rondes, pentagonalles, ou exagonalles, leur diamétre doit être en dedans, d'environ quatre pieds, & leur hauteur de fix à la naiffance de la calotte ; il faut qu'elles foient percées de quatre ou cinq petites fenetres ouvertes, de maniere que la fentinelle puiffe aifément découvrir le fond du foffé, le chemin couvert, & les autres dehors : les trois premieres figures de Guerites pourront fervir de modelles, felon qu'on les voudra plus ou moins orner ; les trois autres deffeins font des Guerites de charpente, pour faire aux angles des ouvrages qui ne font point revêtus, l'on y voit l'affemblage des pieces qui les compofent, felon l'ouverture des angles droits, obtus, ou aigus, quant aux autres Guerites que l'on place indifferemment ; on les fait toûjours

H

de figure quarrée, comme aux 7e. & 8e. desseins, qui s'expliquent assés d'eux mêmes.

Voyez les Latrines qui sont sur la Planche 33.

L'on fait quelquefois des latrines de charpente sur le rempart, au milieu des courtines, quand il n'y a point de poternes au-dessous, parce que s'il s'y en trouvoit, il faudroit prendre garde de ne point en salir la sortie, ainsi supposant que le corps de la place soit revêtu, il faut commencer par poser au niveau du terreplain du rempart, des poutrelles à deux pieds & demi l'une de l'autre, qui ayent environ 20 pieds de long, sur 10 à 12 pouces; ces poutrelles doivent saillir de 4 pieds au delà du talud du revêtement, ainsi leur longueur étant de 20 pieds, & le revêtement en ayant 6 de talud, la moitié portera sur le rempart, & l'autre moitié sera en saillie, afin de faire les Latrines de maniere que les ordures ne tombent point sur la muraille: pour les maintenir on y attachera avec des liens de fer, des poteaux pendans, qui seront retenus entre la muraille & les terres du rempart; & pour rendre le plancher plus solide, on peut au-dessous du cordon, encastrer dans la muraille d'autres poteaux pendans sous chaque poutrelle, afin de soûtenir le poids des Latrines, ou bien on pourra en construisant le revêtement, placer au-dessous des endroits où on doit poser les poutrelles des *Corbeaux* ou *Consoles* de pierre de taille, pour apuyer les liens, ce qui rendra l'ouvrage plus solide: quant à l'assemblage du reste de la charpente, il n'est pas besoin de l'expliquer puisque les plans & profils qui sont sur la 33 Planche, en facilitent assés l'intelligence, d'ailleurs ce sujet n'est pas si interessant pour mériter une plus longue explication, je l'aurois même suprimée, si dans un ouvrage comme celui-ci il ne falloit parler de tout.

Quand il se rencontre dans le voisinage des Cazernes, une riviere ou un ruisseau, il vaut beaucoup mieux en profiter pour y faire des Latrines, que de les placer sur le rempart, puisque tout bien consideré, elles presentent un coup d'œil fort desagreable; mais quand on n'a point cette commodité, je voudrois qu'on les fit sous le terre-plain du rempart, ou sous les escaliers par lesquels on y monte, en ce cas il faut que l'égout où se rassemblent les eaux des ruës, reçoive les ordures pour les conduire dans le fossé.

CHAPITRE HUITIE'ME.

De la distribution des Ruës dans les Villes de guerre.

Quand l'espace que l'on veut fortifier, n'est point occupé par quelque ancienne habitation; on ne doit rien negliger pour faire regner dans l'interieur de la place, le plus de regularité qu'il est possible, soit pour la distribution des ruës, celle des maisons de Bourgeois, l'emplacement des corps de garde, Cazernes, magasins à poudre, arsenaux, cantines, boulangeries & logemens d'état Major, afin que tous ces édifices répondent au reste de la place, de façon que chacun puisse être à portée de remplir son objet principal; & pour mieux juger de cette disposition, je donnerai pour modelle le plan des ruës du Neuf Brisack, comme le plus parfait que je connoisse. PLANC. 25.

Quand on peut disposer d'un grand terrain; il est à propos pour la commodité du public, de faire plusieurs places; mais si on en étoit empêché par une raison contraire, il faudroit au moins en faire une au centre, & lui donner une figure quarrée; sa grandeur doit être proportionnée à celle de l'enceinte, par consequent la quantité de troupes qui veilleront à sa conservation; car cette place devant servir à assembler la garnison, pour le service journalier, il faut qu'elle ait une capacité raisonnable. J'estime donc qu'à une fortification de six Bastions, sur la base de 180 toises, on pourra donner à la place d'armes 40 à 45 toises en quarré, à celle de 7 Bastions, 55 à 60, pour une à 8, 70 à 75, pour celle qui en auroit 9 ou 10, 80 à 85, enfin à celle qui en auroit 11 ou 12, 90 à 95; au reste il vaut mieux s'en raporter à la discretion des Ingenieurs, qui executent de pareils desseins, qu'à aucune regle particuliere.

On fait ordinairement une petite place d'armes devant chaque porte de la Ville, afin que les corps de garde qui y sont, ayent devant eux une espece d'esplanade, pour se garantir des surprises du dedans; d'ailleurs ces petites places font un bel effet, & sont fort commodes pour degager le passage, quand les voitures qui veulent sortir de la Ville, sont obligées d'attendre que celles qui sont sur les ponts soient entrées.

Quant aux ruës, il faut que les principales partent de la place d'armes, pour aller sur un même allignement aux portes de la Ville,

H ij

aux remparts, & principalement à la Citadelle, ou au reduit s'il y en a, afin qu'elles puissent être enfilées; on observera qu'elles soient perpendiculaires les unes aux autres autant qu'il est possible, pour que les encoignures des maisons soient à angle droit, on leur donne ordinairement six toises de large, afin que trois chariots puissent passer de front, & que s'il s'en rencontroit un d'arrêté de chaque côté de la ruë, un troisiéme pût passer entre-deux, de sorte qu'il reste assez d'espace pour les gens de pied & de cheval, pour les petites ruës, on se contente de leur donner 3 à 4 toises de largeur.

La distance d'une ruë à celle qui lui est paralelle, doit être telle, qu'entre l'une & l'autre, il y reste un espace pour deux maisons de Bourgeois, dont l'une regarde dans une ruë, & l'autre dans celle oposée, chacune de ces maisons doit avoir environ 5 à 6 toises de face, sur 7 à 8 d'enfoncement, avec une cour de pareille grandeur, pour que l'intervale d'une ruë à l'autre soit d'environ 32 ou 33 toises; dans cette largeur on peut aisément trouver l'étenduë qu'il faut pour les grandes maisons, qui auroient écuries & jardins.

Dans les Villes où il y a des ruës anciennes, on les laisse telles qu'elles sont, on se contente seulement de redresser ou d'élargir les plus essentielles, comme celles des entrées & sorties, on en fait de même à l'égard de la place d'armes, quand il ne s'en trouve point d'assés grande pour faire le service ordinaire.

Independamment du corps de garde de la place d'armes, & de ceux des portes, on en fait encore sur le rempart, pour avoir des postes qui soient à portée de veiller à la sureté du corps de la place, ils se font quelquefois au centre ou aux gorges des Bastions, quand il n'y a point de cavaliers ou de magasins à poudre, ou bien on les place dans le milieu des courtines, principalement quand il y a quelque porte d'eau, occasionnée par les rivieres.

Les Magasins à poudre devant être éloignés le plus qu'il est possible, des maisons des habitans, on ne peut guere mieux les placer, que dans le milieu des Bastions.

Comme l'Arsenal est un des Edifices militaires qui doit occuper le plus d'espace, il est assés difficile d'en déterminer l'emplacement parce que cela dépend de mille circonstances qu'on ne peut appercevoir que sur les lieux; mais on aura au moins attention de le détacher de tout autre Bâtiment tant pour la sureté des munitions que pour ne point participer aux incendies qui pourroient arriver dans son voisinage. Quand il passe une riviere dans la Ville, il est essentiel pour le bien du service, que l'Arsenal n'en soit point éloigné afin d'être plus a portée de former les convois qui pourront se faire par la navigation. Nous reprendrons cet article dans le Chapitre neuviéme.

Les Cazernes se placent ordinairement proche le Rempart, le long des Courtines, & c'est en effet la situation qui leur convient le mieux, parce qu'on y peut ménager un espace pour faire faire l'exercice, le Soldat est plus détaché de la Bourgeoisie, on peut faire plus secretement les détachemens qui doivent marcher pour quelque entreprise, au lieu que par tout ailleurs les mêmes avantages ne se rencontreroient peut-être pas sans difficulté.

Comme la Cantine & la Boulangerie regardent la subsistance de la Garnison, on doit les placer dans le voisinage des Cazernes & même dans l'endroit où il se rencontre près de là un Corps de Garde qui soit en état d'en imposer en cas de désordre.

Pour l'Hôpital il est presque inutile de dire qu'il est à propos de le placer dans un endroit écarté; mais sur toute chose proche une rivierre ou ruisseau s'il en passe dans la Ville.

A l'égard des logemens de l'état Major, il est naturel qu'ils répondent à la Place d'Armes, ceux des Capitaines des Portes se font ordinairement au-dessus des Portes mêmes, ces logemens peuvent aussi servir pour les Aydes-Majors de la Place.

Pour dire aussi un mot de l'emplacement de l'Eglise, il convient que quand il n'y a qu'une Paroisse comme cela est assés ordinaire dans les Villes neuves, qu'elle soit située sur la Place, afin qu'étant au centre de la Ville, les Habitans en soient également a portée.

A l'égard de la décoration, on ne doit rien négliger de ce qui peut flater le coup d'œil, afin qu'il regne partout un air de simetrie qui répande autant de grace dans l'interieur que la force & la solidité des Fortifications, donnera de majesté à l'exterieur.

Voilà en gros ce que je m'étois proposé d'insinuer dans ce Chapitre : tout ce qui en fait l'objet est de si petite conséquence que je ne crois pas devoir l'étendre davantage, puisqu'il ne faut que le sens commun pour voir la necessité de semblables distributions; mais ce qui demande plus de capacité & d'intelligence, c'est l'execution tant des Edifices dont je viens de parler, que de ceux dont on va voir les détails dans les Chapitres suivans.

CHAPITRE NEUVIEME.

Des Magasins à Poudre & Arsenaux pour les Munitions de Guerre.

ON ne faisoit pas autrefois de Magasins comme on l'a pratiqué dans ces derniers tems, on resserroit la Poudre dans des Tours attachées au corps de la Place, ce qui étoit sujet à de grands accidens, car quand le feu venoit a y prendre soit par hasard ou par le dessein concerté de quelque trahison, il se formoit une bréche dont l'ennemi pouvoit se prévaloir : comme cela est arrivé à Aire du tems que cette Place apartenoit à l'Espagne : les François qui en faisoient le Siége d'intelligence avec un habitant, trouverent moyen de mettre le feu aux Poudres qui étoient dans le soûterrain d'un Bastion, elles firent un si grand effet, qu'une partie du Rempart fut renversée dans le Fossé & un Cavalier qui occupoit le terre plain, partagé en deux monticules que l'on voit encore ; les Assiégeans s'étant presentés sur la contrescarpe pour monter à l'Assaut, la Garnison fut obligée de se rendre plûtôt qu'elle ne l'eût fait.

PLANCH. 26.
FIG. 1. & 2.

Quand on vit de quelle conséquence il étoit de séparer les Magasins de l'enceinte, on en bâtit de differente figure ; mais on fut longtems avant de rencontrer les justes proportions qu'il falloit leur donner, les plus ordinaires se faisoient comme celui qui est representé par le premier & le deuxiéme dessein de la Planche 26. où l'on voit qu'on les couvroit par plusieurs Voûtes d'arrête apuyées dans le milieu sur deux ou trois pilliers ; mais comme pour réünir ces Voûtes sous les mêmes pentes du toit, il falloit faire un massif considérable de Maçonnerie qui les chargeoit extraordinairement, on convint qu'il valloit beaucoup mieux les couvrir d'une seule Voûte que l'on fit d'abord en tiers-point, comme on le peut voir dans le cinquiéme & sixiéme dessein de la même Planche, l'on pratiquoit à la naissance de la Voûte un plancher pour faire un espece de Grenier afin d'y resserrer les Poudres qui ne pouvoient pas être contenuës au rez-de-Chaussée.

Mr de Vauban ayant remarqué dans plusieurs Siéges, que les Voûtes en tiers-point étoient trop foibles & que le Grenier ne faisoit que charger les piés-droits fort mal-à-propos, puisque la pru-

Livre IV. des Edifices Militaires. 63

dence ne vouloit pas qu'on avanturat tant de Poudre dans un même Magasin, étant plus convenable de la partager dans differens endroits, rejetta absolument toutes les constructions qui avoient été en usage jusqu'alors, & en proposa une nouvelle beaucoup plus parfaite, qui est celle qu'on voit répresentée par le premier & le second dessein de la 27 Planche, qui a toûjours été executée avec succès, quoiqu'on pourroit la rendre encore plus parfaite en y changeant quelque chose, comme je le ferai voir dans la suite. Planch. 27. Fig. 1. & 2.

Je n'ai jamais consideré serieusement ce dessein sans avoir été ravi d'admiration, en remarquant que ce grand Homme avoit rencontré à peu de chose près par la justesse de son esprit & sa grande experience, des proportions presque aussi exactes que celles qu'auroient pû donner une parfaite connoissance de la mécanique des Voûtes. Voilà l'avantage des genies superieurs, s'ils ne frapent pas directement au but, du moins ils ne s'en écartent guére. Tous les Magasins qui ont été construits dans ce goût-là se sont soûtenus jusqu'à present sans qu'il leur soit arrivé aucun accident, même dans les Places assiégées qui ont le plus soûffertes des Bombes; il en est tombées à Landaw plus de 80 sur un semblable Magasin sans que la Voûte en ait été aucunement endommagée, la même chose est arrivée à Ath & à plusieurs autres endroits. Mr Demus Directeur des Fortifications auquel on peut bien s'en raporter, m'a dit qu'au dernier Siége de Tournay, où il étoit, les ennemis jetterent plus de 45000 Bombes dans la Citadelle, dont le plus grand nombre tomba sur deux Magasins qui n'en furent point ébranlés, parce que les Voûtes étoient en plain ceintre, de même que celui de Landaw, au lieu que deux soûterrains Voûtés en tiers-point, furent enfoncés à la troisiéme ou quatriéme Bombe, quoique couverts de 5 à 6 pieds de terre, depuis plus de 40 ans.

Si l'ont joint à de pareilles experiences tout ce que la raison peut inspirer, on n'hésitera point de donner la préference à la Voûte en plain ceintre, sur celle en tiers-point & de se conformer au dessein de Mr de Vauban, ceux qui ont été d'un sentiment oposé ne s'en sont pas mieux trouvés; mais il est necessaire qu'il arrive des accidens qui fassent sentir la conséquence de ne point s'écarter des bonnes maximes pour ne suivre que le hasard ou le caprice, le droit de réformer ne s'acquiert point impunément, & il n'y a qu'une longue pratique accompagnée d'une certaine théorie qui puisse en donner la possession. Planch. 26. Fig. 1. & 2.

Les Magasins suivant le modele de Mr le Maréchal de Vauban, se font ordinairement de 10 toises de longueur dans oeuvre sur 25 pieds de largeur.

Pour les fondemens des longs côtés on leur donne 9 ou 10 pieds d'épaisseur, & la profondeur se détermine selon la nature du fond sur lequel l'on veut bâtir; car je ne saurois croire que cette profondeur ait été reglée à 15 pieds, comme je l'ai vû sur un dessein signé de Mr de Vauban, puisqu'il semble que 6 pieds sont plus que suffisans; mais il se peut que ce dessein ait été projetté pour être executé dans un endroit qui exigeoit qu'on en usât ainsi.

Sur ces fondemens on éleve les piés-droits de 9 pieds d'épaisseur lorsque la Maçonnerie n'est pas des meilleures, & de 8 pieds seulement lorsqu'elle se trouve composée de bons matériaux & ne faisant point de Grenier, il suffit de leur donner 8 pieds de hauteur au-dessus de la retraite; de sorte que quand le plancher du Magasin est élevé au-dessus du rez-de-Chaussée, autant qu'il est necessaire pour le mettre à l'abry de l'humidité, il reste à peu-près 6 pieds depuis l'aire du plancher jusqu'à la naissance de la Voûte.

La Voûte se fait de 3 pieds d'épaisseur au milieu des reins & composée de quatre Voûtes de briques repetées l'une sur l'autre, l'extrados de la derniere terminée en pente, dont la direction se détermine en donnant 8 pieds d'épaisseur au-dessus de la clef, ce qui rend l'angle du faîte un peu plus ouvert qu'un droit.

Les deux pignons se font chacun de 4 pieds d'épaisseur élevé jusqu'aux pentes du toit & même un peu au-dessus, comme cela se pratique à tous les Edifices. A l'égard des fondemens de ces pignons on leur donne 5 pieds d'épaisseur & autant de profondeur que ceux des longs côtés.

Les piés-droits ou longs côtés se soûtiennent par quatre contreforts de 6 pieds d'épaisseur & de 4 de longueur, espacés de 12 pieds les uns des autres.

Dans le milieu de l'intervalle d'un contrefort à l'autre, on pratique des évents pour donner de l'air aux Magasins, les dez de ces évents ont ordinairement un pied & demi en tout sens, & l'espace vuide pratiquée autour se fait de 3 pouces de largeur contournée de maniere qu'ils aboutissent au parement exterieur & interieur en forme de creneaux. Ces dez servent a empêcher que des gens malintentionnés ne puissent jetter quelque feu d'artifice pour faire sauter le Magasin, & pour prévenir un semblable malheur, il est à propos de fermer encore les fentes des évents par plusieurs plaques de fer percées, parce qu'autrement on pourroit attacher à la queuë d'un animal la machine qu'on voudroit y introduire, ce qui ne seroit pas difficile, puisqu'on a trouvé plusieurs fois dans des Magasins, des coquilles d'œufs & des volailles que les Foüines y avoient portées.   Après

LIVRE IV. DES EDIFICES MILITAIRES.

Après que l'aire du Magasin est bien arrasé, on y fait un couchis de lambourdes de bois de chêne de 8 à 9 pouces de grosseur espacés à un pied & demi les unes des autres dont l'intervalle se remplit de charbon ou de recoupes de pierres, puis on recouvre le tout de deux planchers de madriers de 2 pouces d'épaisseur chacun posés l'un sur l'autre.

Pour éclairer le Magasin on fait une fenêtre dans chaque pignon que l'on ferme avec deux venteaux de madriers de deux ou trois pouces d'épaisseur dont l'un est en dehors & l'autre en dedans. Celui de dehors est couvert de taule & se ferme aussi-bien que l'autre avec deux bon verroux; ces fenêtres se font fort élevées crainte des accidens, on les ouvre avec le secours d'une échelle pour donner de l'air au Magasin pendant les beaux jours.

On ferme aussi les Magasins par deux portes de bons madriers qui s'ouvrent en dehors & en dedans, celle de dehors est recouverte de taule & n'a qu'une serrure, celle de dedans en a deux qui ont chacune leur clef differente, le Gouverneur ou le Commandant de la Place en a une, le Lieutenant d'Artillerie l'autre, & le Garde-Magasin celle de la premiere porte : il est à propos autant qu'on le peut, que l'entrée regarde le midi, ou au moins le levant, afin que le Magasin soit orienté avantageusement, pour être éclairé du soleil quand on veut lui donner de l'air.

Pour empêcher qu'on aproche des Magasins, on fait à 12 pieds de distance un mur de clôture, d'un pied & demi d'épaisseur & de 9 ou 10 de hauteur.

Un Magasin tel que celui-ci, peut contenir 94800 liv. de poudre, engerbés de 3 barils seulement, car lorsqu'il y en a 4 ou 5, les premiers se trouvant trop chargés, les cercles & les douves se desunissent, & la poudre tamise, ce qui peut être sujet à de grands accidens.

Les dimensions precedentes, paroissent si bien reglées, que je ne crois pas qu'on puisse en suivre de meilleures; car l'on est sûr que la Voûte est absolument à l'épreuve de la bombe, & que l'épaisseur des longs côtés, est parfaitement bien déterminée, en la faisant de 8 pieds, car ayant cherché de combien elle devoit être, pour soutenir en équilibre la poussée de la Voûte, j'ai trouvé 7 pieds & environ 8 pouces; voilà une occasion où la pratique semble avoir prevenu la theorie, & l'on voit bien que Mr de Vauban n'a pas eu recours à la regle des Architectes, dont j'ai fait mention au commencement du second livre ; & ce qui me ravit d'admiration encore une fois, c'est que dans presque tous les cas

I

essentiels, où j'ai fait un paralelle de ses maximes, avec les loix de la mécanique; j'ai remarqué que l'un & l'autre étoient presque toûjours d'accord. Un succés si heureux doit être attribué, (comme je l'ai ouï dire à Mr le Comte de Vauban son neveu) aux connoissances qu'il tiroit de l'examen des anciens édifices, & au plaisir qu'il prenoit de se communiquer souvent avec les plus habiles Geometres, & même avec les ouvriers, dès qu'il leur apercevoit quelque merite, il proposoit des problêmes aux uns, & des difficultés aux autres, souvent après les avoir resolus lui-même, sa grande capacité lui faisoit developer les ressorts de la theorie la plus abstraite; il suffisoit qu'on s'énonçât clairement & qu'on le conduisit sur les voyes, pour arriver souvent le premier au dernier terme de la solution.

Les choses qui paroissent les plus parfaites, n'étant point exemptes de quelques petites corrections; je voudrois pour plus de solidité, changer la disposition des contreforts du Magasin de Mr de Vauban; par exemple au lieu de les faire de 6 pieds d'épaisseur & de 4 de longueur, leur donner 6 pieds de queue & 4 d'épaisseur, parce qu'alors le bras de levier devenant plus long, la puissance resistante soutiendroit beaucoup mieux la poussée de la Voûte; & comme on ne sauroit avoir un trop grand nombre de points d'apui, il seroit à propos au lieu de quatre contreforts, en faire cinq de chaque côté, & en ce cas il suffiroit de donner 6 pieds ou 6 & demi d'épaisseur aux pieds droits, puisque ces contreforts étant ainsi distribués, ils causeroient une resistance d'environ un tiers au-dessus de celle qu'il faudroit, pour soutenir l'effort de la Voûte.

Les piés-droits & les contreforts n'ayant que peu d'élevation, & bien liés avec leurs fondemens, on peut regarder les points d'apuis placés sous l'extremité des fondemens de la queue des contreforts, & non pas au rez-de-Chaussée comme nous l'avons supofé dans le deuxiéme Livre; c'est pourquoi afin d'allonger encore plus le bras de levier, je voudrois qu'on donnât beaucoup d'empatement aux fondemens, les faisant deborder de 2 pieds ou 2 & demi, au-delà du nud du mur, ramené au rez-de-Chaussée par plusieurs retraites, comme on le voit par le cinquiéme dessein de la 27 Planche, où l'on remarquera que pour assurer les points d'apuis, on les a établis sur deux rangs de madriers; on ne feroit pas mal d'en mettre aussi sous les fondemens des longs côtés, afin de prevenir l'inegalité des affaissemens; cette construction seroit excellente, sur tout dans un mauvais terrain, parce qu'il suffiroit de s'y aprofondir de 5 à 6 pieds, & je puis bien asseurer que la dépense ne seroit pas

PLANCH. 27. FIG. 5.

LIVRE IV. DES EDIFICES MILITAIRES. 67

si considerable à beaucoup près, que si l'on donnoit 8 à 9 pieds d'épaisseur aux longs côtés comme à l'ordinaire.

La principale cause qui rend les planchers des Magasins fort humides, & qui fait qu'ils se pourrissent au bout d'un certain tems, c'est que l'on a coûtume de poser les lambourdes sur la terre, & de remplir leur intervale de recoupes de pierre, ou de charbon ; ainsi l'air ne pouvant circuler par le dessous du plancher, les madriers se pourrissent : or pour prévenir cet inconvenient, je voudrois que l'on fît la derniere retraite interieure des fondemens, d'environ un pied plus élevé que le rez-de-Chaussée du pourtour exterieur du Magasin, & qu'on lui donnât 5 ou 6 pouces de largeur ; & traverser ensuite toute la longueur du Magasin, par trois dez de Maçonnerie, également espacés les uns des autres, leur donnant un pied de hauteur ; sur autant d'épaisseur, fondés sur 3 ou 4 rangs de briques posées à plat.

Après que cette Maçonnerie sera bien arrasée à la hauteur de la retraite interieure, & qu'elle aura eu le tems de secher, il faut la traverser par des lambourdes, qui iront se terminer sur les retraites des longs côtés, observant de les placer à 2 pieds de distance, de milieu en milieu, & pour que la Maçonnerie ne les endommage pas, il est bon de mettre entre deux, des coussinets ou bouts de madriers, d'un pouce & demi ou deux pouces d'épaisseur.

Toutes les lambourdes étant bien arrasées, on posera le premier & le second plancher comme à l'ordinaire bien chevillé ; & comme l'entrevoux des poutrelles, aussi bien que l'intervale des dez, sur lesquelles elles seront posées, ne sera rempli par aucune matiere ; il faudra afin que l'air puisse y circuler, & rafraichisse le dessous du plancher, pratiquer dans le plancher même, le long de chaque pignon, des trous ou évents d'un pied en quarré, ensorte qu'il s'en trouve deux, aux extremités de chaque espace vuide qui y regne.

Pour avoir une parfaite intelligence de ce que je viens de dire, il suffira de considerer avec un peu d'attention, le plan & le profil representé par la 5e. & la 6e. Figure de la Planche 27, où l'on verra que le plancher du Magasin est partagé en deux parties, l'une fait voir la disposition des dez de Maçonnerie, & des lambourdes, & l'autre en quel sens ces lambourdes sont recouvertes par les madriers, ainsi je ne m'y arrêterai pas davantage. PLANCH. 27. FIG. 5. & 6.

En composant ce Chapitre, j'ai cherché à resoudre une difficulté qui s'est presentée plusieurs fois à mon esprit ; savoir comme il falloit déterminer l'épaisseur des Voûtes des Magasins, celle des

I ij

Souterrains & de tous autres édifices militaires, selon leur differente grandeur, pour qu'elle refifte également au choc des Bombes : il eft vrai que nous fommes prévenus, qu'une Voûte en plain ceintre de 25 pieds de largeur & de 3 pieds d'épaiffeur dans le milieu des reins, eft parfaitement à l'épreuve ; mais nous ignorons quelle dimenfion il faut donner à celle qui auroit plus ou moins de largeur, car il n'y a point de doute, qu'il ne faille regler l'épaiffeur à proportion, & c'eft ce que l'on pourra faire en fuivant la regle que voici.

Voulant conftruire un Magafin de 36 pieds de largeur, couvert par une Voûte en plain ceintre ; on demande quelle épaiffeur il faut lui donner dans le milieu des reins, pour qu'elle foit à l'épreuve ; il faut dire, *fi le diamétre de 25 pieds, donne 9 pour le quarré de l'épaiffeur de la Voûte qui eft à l'épreuve, qui donnera 36 pieds diamétre d'une autre Voûte, pour le quarré de fon épaiffeur, afin qu'elle foit auffi à l'épreuve ;* on trouvera environ 13 pieds, dont la racine quarrée qui eft 3 pieds 7 pouces 2 lignes, fera au jufte l'épaiffeur que l'on demande, ainfi des autres.

Si l'on fait attention que le principe que nous avons infinué, au fujet de la refiftance des bois, dans le deuxiéme Chapitre de ce quatriéme Livre, peut s'apliquer à celle des Voûtes, on apercevra fans peine la demonftration de cette regle ; c'eft pourquoi je ne m'y arrêterai pas, pour ne point faire une trop longue difgreffion, je dirai feulement, qu'on pourra trouver de la même maniere, la longueur des vouffoirs pour les arches des Ponts, de telle grandeur que l'on voudra, comme j'en ferai mention dans le fecond volume.

Quand on conftruit des Magafins fur des lieux élevés, & qu'on peut pratiquer au-deffous de leur rez-de-Chauffée, des fouterrains pour renfermer des munitions de guerre ou de bouche, on leur donne la difpofition que l'on voit repréfentée par le 3e & le 4e deffein de la 26e. Planche, où l'on obfervera que le fouterrain eft couvert par plufieurs Voûtes d'arrête, pour éviter l'élevation qu'il auroit fallu lui donner, fi on avoit voulu le faire autrement ; on remarquera auffi que les contreforts fe trouvent placés vis-à-vis les pilliers, qui foutiennent les Voûtes dans le milieu des fouterrains, parce qu'ainfi ils buttent toute l'action de la pouffée, qui dans ces fortes de Voûtes, aboutit au point où fe rencontrent les arrêtes ou diagonalles : comme ces Voûtes font garanties du principal effort de la bombe, par celle qui couvre le Magafin qui eft au-deffus, il fuffit de leur donner deux pieds d'épaiffeur, à l'endroit de la clef pour être parfaitement à l'épreuve.

L'on defcend dans le fouterrain par un efcalier que l'on voit

LIVRE IV. DES EDIFICES MILITAIRES.   69

marqué fur le plan, & c'eft dans le pignon qui répond à la rampe que l'on pratique un évent ou petite fenêtre, pour lui donner de l'air, l'on pourroit même faire des foupiraux entre les contreforts, pour le rendre moins humide; mais il faudroit qu'ils fuffent tournez de façon à ne caufer aucun préjudice.

Comme l'étage du rez-de-Chauffée n'eft autre chofe qu'un Magafin ordinaire, qui ne comprend rien de particulier, je ne m'y arrêterai pas, non plus qu'aux dimenfions qu'il convient de donner aux piés-droits, en ayant affez dit fur ce fujet dans le fecond Livre.

Dans plufieurs de nos Places, on voit des édifices executés comme le précedent, il s'en trouve même de plus confiderables, comme on en peut juger par le profil repréfenté par la 3ᵉ. Figure de la 27ᵉ. Planche, qui apartient à un Arfenal compofé de quatre étages; le premier eft un fouterrain couvert par deux Voûtes en plain ceintre, qui s'apuyent mutuellement fur le mur de refend, qui partage le fouterrain en deux, dans toute fa longueur, on y a percé des portes de diftance en diftance, pour paffer d'un fouterrain à l'autre, ce que je n'ai pû exprimer fur le plan, n'en ayant raporté qu'un bout repréfenté par la 4ᵉ. Figure, à caufe qu'il auroit fallu trop d'efpace pour le faire voir tout entier; mais un pareil plan eft fi fimple, qu'on s'imaginera aifément de quoi il eft queftion, d'ailleurs la longueur eft en quelque façon indéterminée, puifqu'elle dépend de la place où l'on voudroit conftruire un édifice comme celui-là, de la dépenfe qu'on y veut faire, ou du befoin de l'avoir plus ou moins étendu, j'ajoûterai feulement qu'il convient de defcendre dans ces fortes de fouterrains par une rampe large & commode, ainfi qu'on le fait aux écuries qui font pratiquées dans les caves, plûtôt que par un efcalier, afin de pouvoir manœuvrer plus aifément, quand il s'agit d'y introduire des munitions de guerre ou de bouche.

PLANCH. 27.
FIG. 3.

Ce fouterrain étant fupofé creufé dans le roc, on a pris occafion de montrer comme en pareil cas on peut fe difpenfer de faire les murs auffi épais en bas qu'en haut, en les apuyant contre le roc qui doit faire partie de l'épaiffeur qu'il auroit fallu donner dans tout autre terrain, puifqu'il fuffit de le couper par reffaut, & de fuivre ce qui a été enfeigné dans le 3ᵉ. Livre, en faifant mention des fondemens établis dans ce goût-là.

Le fecond étage qui eft celui du rez-de-Chauffée, eft à peu près femblable au précedent, étant auffi voûté en plain ceintre à l'épreuve de la Bombe, ce qui peut être d'un grand avantage dans les petites forterefles efcarpées, & qui font plus fujettes à être inquietées des Bombes que du Canon.

I iij

Le troisiéme étage peut servir pour les farines ou des munitions de guerre, & le 4e. de Salle d'Armes; je crois même que l'Arsenal de Charlemont a été bâti a peu près selon le dessein que je viens d'expliquer; puisque nous en sommes sur les Arsenaux, il est à propos de traiter ce sujet un peu plus amplement, par raport à la consequence des Places où on les construit, & à plusieurs circonstances qu'il est necessaire de détailler.

Il n'y a pas de Place de guerre où il ne faille un Arsenal, sa grandeur & sa distribution doivent être assujetties à la consequence du lieu, & aux travaux qu'on pourra y faire; par exemple aux Citadelles & autres petites forteresses, il suffit d'en avoir un d'une grandeur mediocre, pour contenir les munitions destinées à la défense, au lieu que dans une Ville frontiere considerable, il en faut un grand pour y former des équipages de campagne, qui comprenne tous les endroits necessaires à executer les ouvrages propres à l'artillerie.

Il faut qu'un Arsenal de consequence soit bâti si cela se peut, dans le voisinage d'une riviere capable de porter batteaux, & qu'un bras de cette riviere réponde à un bassin dans l'enceinte de l'Arsenal même pour y charger trois ou quatre batteaux à la fois, de maniere que les habitans ne puissent être instruits de la quantité des munitions, dont le convoi est composé, non plus que de leurs qualités.

Le corps propre de l'Arsenal servant à garder les principales munitions, doit être construit dans l'étenduë d'une grand cour, entourée de bâtimens, ce corps doit avoir aussi sa cour particuliere, environnée de couverts, separés par autant de cloisons qu'il sera necessaire, pour les differentes especes de munitions, par exemple s'il y a une fonderie dans la Place, on prendra une salle pour les metteaux, une autre pour le fer, une pour le charbon, une autre pour les plombs, grenades, petits boulets, cartouches, pierres à fusil, & autres munitions pesantes; on reservera un espace près de l'une des portes, pour la balance, où on mettra des ratteliers pour les armes, des piéces dont on peut avoir besoin, quelque cordage, outils dont l'usage est frequent, & il est bon que les metteaux, fer & charbon, ne soient pas éloignés de cette balance.

Le premier étage du grand corps de l'Arsenal, doit avoir son plancher voûté sur poutrelles, & servira pour les Salles d'Armes, dans lesquelles il seroit à propos d'avoir des armoires, pour enfermer plusieurs petites munitions sujettes à être prises.

Le second servira à mettre les armes des piéces de reserve, sacs à terre, mesures, cordages, leviers, coins de mire, chapiteaux, fusées à Bombes & à Grenades, manches d'outils, & quantité d'au-

Livre IV. des Edifices Militaires.

tres choses, dont le poids n'est pas considerable.

Le grenier au-dessus pourra servir de décharge, à ce qu'il y aura de trop dans l'étage au-dessous, on y placera les munitions legeres, comme les harnois des chevaux d'Artillerie, les hottes & paniers.

L'avant-Cour comprendra les logemens des Officiers d'Artillerie, aussi-bien que ceux des ouvriers, ces logemens doivent être de deux étages distribués suivant les commodités qu'on y pourra pratiquer, prenant garde qu'il n'y ait point de fenêtres qui donnent sur les ruës voisines de l'Arsenal, pour les couverts il faut les distribuer de façon qu'on puisse y pratiquer des Forges, des Boutiques d'Armuriers, des Attelliers pour les Charpentiers & les Charrons, enfin pour tous les Charrois, parce qu'on supose que dans l'étage du rez-de-Chaussée du grand Corps de l'Arsenal, on y mettra tous les bois.

Mais pour avoir une idée des différentes choses qui conviennent à un Arsenal, il n'y a qu'à considerer celui du Mont Royal que j'ai raporté sur la 31 planche, comme un des plus magnifiques de tous ceux qu'on a bâti dans les Places du Roy; c'est pourquoi j'ai mieux aimé le donner pour exemple que d'en faire un selon mon idée; c'est-à-dire qui eut raport à ce que je viens d'insinuer. PLANCH. 31.

Il se fait encore des Arsenaux composés d'une grande Cour, à l'entour de laquelle il y a des Arcades pour mettre à couvert tous les bois propres à l'Artillerie, les affuts & les autres Charrois necessaires au Canon, & au-dessus de ces Arcades sont les Salles d'Armes, & les autres où l'on renferme les munitions, & tel est par exemple l'Arsenal de la Ferre.

Il me reste pour finir ce Chapitre, de faire mention des Fonderies pour le Canon, dont je ne donnerai qu'une idée seulement parce que je me propose d'en parler avec plus de détail dans un Ouvrage qui regardera particulierement l'Artillerie, ainsi il suffira de jetter les yeux sur la 28 planche, pour y voir marqué tous les lieux necessaires à une Fonderie. Celle que je raporte a été projettée pour la Fere; mais elle n'a pas eû lieu à cause des obstacles qu'on a rencontré de la part du terrain; car ce qu'il y a de plus considerable dans un pareil Edifice, ce sont les Fourneaux & les Fosses dans lesquelles on coule la Fonte pour la Fabrique du Canon & comme il faut que les Fosses soient d'une certaine profondeur, on a trouvé que la Fere étoit un lieu trop aquatique, cela n'empêche pas que ce projet ne soit parfaitement bien entendu & ne puisse être quelque jour executé ailleurs.

CHAPITRE DIXIE'ME.

Des Cazernes, de l'Hôpital, de la Prison & Maisons de Bourgeois.

POUR maintenir l'ordre & la discipline dans la Garnison des Places, on y fait des Cazernes pour loger les Troupes, & on s'en est si bien trouvé, qu'il y a peu d'endroits où l'on n'en ait construits, en effet l'experience fait voir que les Garnisons qui sont Cazernées sont beaucoup plus tranquiles, à cause de la commodité que les bas Officiers ont de faire l'apel tous les soirs, ce qui ne peut se pratiquer exactement quand le Soldat est dispersé chez les Bourgeois où il a la liberté de sortir à toute heure de la nuit, un autre inconvenient, c'est qu'un Gouverneur ou un Commandant de Place, ne peut en tems de Guerre faire sortir un Corps de Troupes ou le moindre parti sans que toute la Ville n'en soit informée. S'il arrive quelque allarme on n'assemble la Garnison qu'avec beaucoup de peine & de tems, au lieu que dans les Cazernes on fait faire sur le champ toutes les dispositions que le Service du Roy peut demander.

Les Cazernes se construisent de plusieurs façons selon la situation de l'endroit qui leur est destiné. Quand on a un espace assez étendu pour faire une grande Cour entourée de Bâtimens, elles sont fort commodes parce qu'elles se ferment d'elles-mêmes, & que les chambres étant plus ramassées, on peut en moins de tems faire executer les ordres que le Gouverneur ou le Commandant de la Troupe juge à propos de donner.

Cette disposition de Cazernes convient sur tout à la Cavalerie, parce qu'elle a besoin d'une Cour pour le service journalier des Chevaux; alors on fait les Chambres au-dessus des Ecuries & un Corridor pour communiquer de l'une à l'autre qui regne tout au tour du quartier, ou bien sans faire de Corridor, l'on pratique des Escaliers de distance en distance; mais ils occupent beaucoup de place mal-à-propos, au lieu qu'ayant un Corridor, deux ou trois Escaliers suffisent; il est vrai qu'il rend les Chambres du premier étage un peu obscures, comme on le remarque aux quartiers de Cavalerie qui sont dans la plûpart des Villes de Flandres; mais on peut remedier à cet inconvenient en faisant le Bâtiment moins écrasé que ceux dont je parle.

Quand

LIVRE IV. DES EDIFICES MILITAIRES. 73

Quand les Cazernes se bâtissent le long du rempart vers les courtines (comme Mr de Vauban l'a pratiqué en beaucoup d'endroits) elles sont composées d'un grand corps de Bâtiment pour loger les Soldats, aux extrêmités duquel il y a des Pavillons pour les Officiers, ces logemens sont presque toûjours à deux ou trois Etages sans y comprendre le rez-de-Chaussée.

Dans chaque corps de Cazerne double, l'on fait quatre Chambres à chaque étage, dont deux répondront à l'Escalier qui est de leur côté, & les deux autres aux leurs, chaque Chambre doit avoir 22 pieds de long dans œuvre sur 18 de profondeur pour placer 4 lits; celles du rez-de-Chaussée doivent être élevées de 12 pieds, celles du premier étage de 10. & celles en galetas de 8, leurs portes larges de 3 pieds sur 6 de hauteur, & les murs de face deux pieds d'épaisseur au moins, avec un cordon à l'endroit du premier Plancher & une tablette ornée de moulure pour servir de couronnement au-dessus du second plancher de la maniere qu'on le voit marqué sur la Planche 29. qu'il ne faut qu'apercevoir pour entendre les desseins qu'elle réprésente. PLANCH. 29.

Quand on veut faire les Planchers des Cazernes voûtés sur poutrelles, on taille ces poutrelles à cinq pans de 12 pouces de face chacune & espacés de 18 à 20 pouces, les unes des autres, elles doivent être posées sur des Sablieres de 4 à 8 pouces d'épaisseur encastrées dans les gros murs où elles doivent entrer d'environ 12 à 15 pouces, on les revêtit d'un petit madrier de chêne ou de sapin de 2 à 3 pouces d'épaisseur, posées en mortier de terre grasse pour empêcher que la Chaux ne consomme le bois.

L'entrevoux de ces poutrelles se voûte de Briques mises de cant en bonne liaison & en mortier de Chaux & Sable, on pose en mortier de terre grasse le premier rang de briques qui touche le flanc de ces poutrelles; on arrase bien le dessus de la Voûte, & on recire seulement les joints sans y faire aucun enduit, après quoi sur l'étendu de chaque Chambre on fait un pavé de Briques posées de plat à mortier fin.

On ne voûte plus guére sur poutrelles parce que cela charge trop le bâtiment, on aime mieux faire les Planchers comme à l'ordinaire, en ce cas on se sert de poutres proprement équarries à vive arreste de même que les solives qui doivent être de bois de brin de 5 à 7 pouces de gros posés sur leur fort & espacés à un pied de distance les uns des autres de milieu en milieu. Si on ne fait point un plancher double, on recouvre les soliveaux de planches seiche d'un pouce & demi d'épaisseur, assemblées à languettes &

K

rainure blanchies des deux côtés & clouées chacune de trois cloux à l'endroit de toutes les solives, dont l'un sera mis au milieu de la planche, & les deux autres à 2 pouces près des joints, observant que ces planches soient posées de maniere que leurs extremité ne se rencontre point de suite sur une même solive, & que le tout soit bien mis de niveau non-seulement avec le seuil des portes; mais en tout autre sens & proprement executés.

On pourra aussi faire des rainures dans le flanc de chaque solive pour y couler ensuite des bosses ou petits racineaux que l'on envelope de terre petrie & préparée avec de la paille qu'on serrera à mesure les uns contre les autres, ce qui formera un plat-fond plus sourd & plus sur contre les accidens du feu; on le crépira & blanchira ensuite pardessous, & le dessus sera recouvert de planches, de carreaux ou de briques.

Les Cheminées doivent avoir 5 pieds de largeur sur 4 de hauteur, & leur tuyaux 3 pieds sur 8 pouces: quant à leur hauteur, il faut qu'elle surmonte le faîte du comble de 3 ou 4 pieds pour éviter la fumée. Quoiqu'il soit d'usage de ne point faire de cheminées sans jambage, cependant comme l'experience fait voir la facilité avec laquelle elles se détruisent tous les jours, il vaut mieux soûtenir leur manteau par de doubles consoles de pierres de taille sans piésdroits.

Les portes seront suspenduës avec des gonds qui auront été placés en bâtissant, & la queuë de ces gonds sera gravée dans le dessus des pierres de taille où elle devra être mise. Les gonds à repos & les pivots de ceux des portes auront 15 lignes de diamêtre, ceux des Fenêtres 7 à 8, & seront tous parfaitement ronds & à plomb sur leur queuë, les œils de pantures seront également ronds & précisement de la grandeur convenable.

La cage de l'Escalier doit être de 7 à 8 pieds de largeur partagée en deux par un mur de chifre qui soûtienne les rampes, les degrés se font d'un pied de giron sur 5 à 6 pouces de hauteur & l'on fait deux pailliers, l'un au retour du milieu de la rampe & l'autre à chaque étage pour communiquer d'une Chambre à l'autre.

Suposant qu'en chaque Chambre il y ait quatre lits, on pourra y loger douze soldats, savoir huit dans la Chambre & quatre de garde, ainsi dans les quatre Chambres de plain-pied on y logera 48 hommes, & dans un corps qui compose les douze Chambres qui accompagnent les Escaliers, on pourra y en loger 144.

Le rez-de-Chaussée des Cazernes dont nous parlons, est principalement destiné pour servir d'Ecurie, lorsque ces Cazernes se-

Livre IV. des Edifices Militaires. 75

roient occupées par la Cavalerie, c'eſt pourquoi on n'y a point percé de fenêtres, n'étant éclairées que par le jour qu'elles peuvent tirer du deſſus des portes, ainſi qu'on le voit dans l'élévation, ce qui fait que ces chambres ne ſeroient pas fort commodes pour l'Infanterie; mais je n'ai rien voulu y changer, parce qu'on en va voir d'autres qui n'ont pas le même défaut.

Pour diſtribuer le logement des Officiers qui ſont dans les Pavillons, il faut faire deux eſcaliers qui paſſent par le milieu, avec un corridor de 6 pieds de large, qui traverſe de l'autre ſens, enſorte que chaque étage d'un Pavillon, ſe trouve diviſé en quatre apartemens, qui doivent être compoſés d'une chambre pour deux Officiers, de 18 pieds de long ſur 16 de large, & d'une cuiſine ou garde-robe pour les valets, de 16 pieds de long ſur 14 de large; & l'on fera enſorte de placer des latrines au bout de chaque corridor, contre le mur des Cazernes. *Planch. 29.*

Chaque apartement pourra être occupé par un Officier en tems de paix, & par deux ou davantage en tems de guerre, quand la Garniſon eſt renforcée, deſorte que douze Officiers peuvent loger dans un Pavillon en tems de paix, & 24 en tems de guerre; mais pour fixer la quantité des logemens neceſſaires pour la Garniſon, dans le tems où elle ſera la plus forte, on pourra ſuivre à peu près la maxime de Mr de Vauban, qui eſt de ſupoſer 500 hommes de pied par Baſtion, ou autres ouvrages de la Place équivalens, & 200 chevaux, ce qui fait dix compagnies d'Infanterie, & quatre de Cavalerie, chaque compagnie d'Infanterie ayant trois Officiers, & celles de Cavalerie deux, on jugera par là du nombre des Pavillons qu'il faudra pour leur logement, auſſi-bien que de celui des quartiers de Cazernes pour les Soldats.

Les Cazernes qu'on voit repreſentées ſur la Planche 30, ont été faites à Bethune en 1728. & ſont des plus belles que je connoiſſe, comme elles ſont deſtinées pour la Cavalerie, on voit que le plan du rez-de-Chauſſée, comprend des écuries d'une fort belle grandeur, & bien éclairées chacune par deux croiſées; ces écuries ſont voûtées par des Voûtes ſurbaiſſées, au-deſſus deſquelles il y a trois étages doubles pour les Cavaliers: attenant du même corps de Cazernes, eſt un Pavillon pour les Officiers, dont la diſtribution eſt ſuffiſamment détaillée par les plans profils & élévations, pour en avoir une parfaite intelligence, ſans qu'il ſoit beſoin que je m'y arrête davantage: d'ailleurs comme j'en raporte le devis dans le ſixiéme Livre, tel qu'il m'a été donné par Mr Dartezé, qui en a eu la conduite, étant alors Ingenieur en chef de cette Place, on pourra ſi l'on veut y avoir recours. *Planch. 30.*

K ij

76   La Science des Ingenieurs

Planch.
31.

    Un édifice encore fort necessaire dans une Ville de guerre, est un Hôpital pour les malades de la Garnison, particulierement pour les blessés en tems de siège; sa grandeur doit être reglée sur la quantité de malades que l'on aura dans la plus forte Garnison : & comme nous suposons une Ville neuve, on pourra en estimer le nombre sur ceux des Villes voisines, ce qui se fera encore sur l'experience, qui montre que de 25 hommes ou environ, il y en a un de malade, cependant il faut faire attention que dans les lieux aqutiques, les maladies sont plus generales que dans les endroits où l'air est pur, & sur tout quand on fait des remuemens de terres considerables.

    Prévenu de ceci, on saura à peu près le nombre de lits dont on pourra avoir besoin, & par consequent la grandeur des bâtimens qu'il faudra faire, qui consistent dans les sales des malades, infirmeries, cuisines, Pharmacie, celliers, blancheries, hangards pour mettre le bois, enfin tous les logemens necessaires pour les Officiers de l'Hôpital : les salles des malades doivent être au rez-de-Chaussée & au premier étage, on fera leur largeur de 42 pieds pour mettre deux rangs de lits de 6 pieds de chaque côté, & deux autres dans le milieu, avec deux allées de 9 pieds de large chacune, quant à la longueur des salles, on doit la regler par le nombre de lits. en comptant 4 pieds de largeur pour chacun, & autant pour la distance de l'un à l'autre; au bout de la salle du rez-de-Chaussée, on fait une Chapelle qui doit être découverte de la salle d'enhaut, par une tribune.

    Quand il passe une riviere dans la Ville, il faut autant qu'il est possible, faire ensorte de construire l'Hôpital dans son voisinage, ou au moins faire passer un ruisseau près de la cour ou du jardin, afin d'avoir l'eau en abondance; mais sans m'arrêter à tout ce qui peut convenir à un Hôpital, on n'a qu'à voir celui que je raporte sur la Planche 31e. si on se trouvoit dans le cas d'en faire construire un, on ne feroit pas mal d'en communiquer le projet au Chirurgien Major de la Place, afin que de concert avec lui, on ne neglige rien d'essentiel.

Planch.
31.

    Pour remplir le titre de ce Chapitre, il nous reste à parler de la prison; on sait bien qu'il est assez rare d'en construire de neuves, à moins que ce ne soit dans des places nouvellement bâties, parce que dans les anciennes, il s'en trouve ordinairement dans les Reduits, Châteaux ou Tours; mais si l'on étoit dans le cas d'en faire une, il faudroit qu'elle fût composée d'une cour entourée de bâtimens, ensorte que le logement du Geolier soit sur le devant,

& n'ait aucune communication avec les prisonniers : à droit de la cour on pourra faire les cachots au rez-de-Chauffée, & au-deffus les prifons qui feroient deftinées à de fimples châtimens, pour le Soldat & le commun du peuple, enforte qu'elles ne tirent leur jour que du côté de la cour, ne devant point avoir de fenêtres fur la ruë, à gauche on pourra faire deux ou trois petites chambres, pour loger les perfonnes qui meriteroient quelque confideration, & le fond fera occupé par d'autres prifons plus détachées du refte du bâtiment, pour refferrer les prifonniers qu'on voudroit empêcher d'avoir communiquation avec les gens du dehors, qui vont & viennent : au-deffus de ce bâtiment on pourra faire la Chapelle, afin que tous les prifonniers foient plus à portée d'entendre la Meffe ; j'ajoûterai que quand il eft queftion d'un édifice comme celui-ci, il faut faire les murs fort épais, & toutes ces fenêtres bien grillées, de même que les tuyaux des cheminées.

Pour dire auffi un mot des maifons de Bourgeois, qui font reprefentées fur la Planche 29ᵉ. il eft bon qu'on fache que le plan des cinq maifons qu'on y voit, exprime la moitié d'un des cantons de la Planche 25, dont il a été fait mention dans le Chapitre huitiéme ; ainfi par cette moitié on jugera aifément du refte, à l'égard de la décoration des façades, comme elles accompagnent le plan dont je viens de parler, il ne faut qu'un coup d'œil pour en juger, fans qu'il foit befoin d'un plus grand éclairciffement, je raporterai feulement ici le reglement qui à été fait au fujet des maifons qui ont été bâties au Neuf Brifack ; il prefcrit ce qu'il faut obferver pour empêcher les conteftations entre les voifins, & à quoi chaque particulier doit s'affujettir en bâtiffant dans une Place de guerre.

DE PAR LE ROY,

Reglement concernant les Maifons qui fe bâtiffent au neuf-Brifack, fur les Places que Sa Majefté a bien voulu accorder aux Particuliers.

Premierement.

Tous ceux qui bâtiffent doivent fe conformer pour les faces de leurs bâtimens à celles qui font déja conftruites fur la grande Place, tant pour la décoration de ces faces & hauteur des corniches, que pour la grandeur des Boutiques, Portes & Croisées qui doivent toutes être semblables, ainsi que la hauteur des combles.

I I.

CHAQUE Particulier sera obligé de faire un pignon de Maçonnerie ayant 2 pieds d'épaisseur dans ses fondemens jusqu'au rez-de-Chaussée, 18 pouces du rez-de-Chaussée jusqu'au plancher du Grenier & 16 pouces delà au faîte du comble, & ceux qui en ont bâtis de Charpente, seront tenus de les démonter pour les faire solidement, & comme il peut arriver quelque difficulté à l'occasion de la construction de ces pignons, les Particuliers ne bâtissant pas tout à la fois, celui qui commencera le premier sera indemnisé par son voisin de la moitié de la dépense à mesure que le pignon s'élevera, sans qu'il soit obligé d'attendre que son voisin bâtisse sur le devant.

I I I.

ILS observeront de mettre les auvens de même hauteur, observant la même chose aux enseignes qui seront de pareille grandeur le plus que faire se pourra.

I V.

DANS la construction des Caves, il est ordonné d'en voûter au moins une dans chaque maison.

V.

LES combles dans un même quarré seront de même hauteur afin de se raccorder parfaitement avec le dessein.

V I.

ILS éloigneront le plus qu'ils pourront les lieux communs ou latrines des puits, non-seulement des leurs ; mais aussi de ceux que leurs voisins feront construire chez eux.

V I I.

ET comme les transpirations de ces latrines pourroient à la fin gâter & corrompre les eaux des Puits, il est très-expressément enjoint à tous les Particuliers de faire citerner la fosse de leurs latrines avec de bonne Maçonnerie, & un enduit de ciment, obser-

Livre IV. des Edifices Militaires. 79

yant de laisser un trou à la Voûte pour les vuider quand il sera tems.

VIII.

Il est encore enjoint à tous ceux qui ont obtenus des Places de les bâtir incessamment afin qu'elles soient achevées dans le terme qu'on leur a donné, sous peine de perdre lesdites Places que l'on donnera à d'autres, & même les legers Bâtimens qui sont dessus lorsque le tems de leur soûmission sera expirée.

IX.

Il est très-expressément ordonné à tous Maçons & Charpentiers de se conformer à ce Reglement sous peine de prison, & d'en répondre en leur propre & privé nom.

Et afin que personne n'en ignore, sera le present Reglement lû & publié à son de Tambour & affiché par tout où besoin sera.

CHAPITRE ONZIEME.

De la Cantine, de la Glaciere, de la Boulangerie & des Moulins.

DANS toutes les Villes de Guerre où la maltote est établie, Le Roy veut bien accorder à la Garnison une Cantine ; c'est-à-dire un lieu où elle ait le privilege d'avoir de l'Eau-de-Vie, du Vin & de la Bierre, à un certain prix beaucoup au-dessous de celui des Cabarets. Quand cette Cantine se trouve dans une grande Ville, c'est à celui qui en est l'Entrepreneur de se pourvoir d'une Maison qui lui convienne ; mais dans une Citadelle ou autre Forteresse qui n'est habitée que par des Gens de Guerre, la Cantine est presque le seul endroit d'où la Garnison peut tirer des raffraichissemens, & alors ce sont les Ingenieurs qui sont chargés de la construction & des réparations de cet Edifice, ce qui m'engage d'en faire mention.

Une Cantine doit être composée de plusieurs Caves & au rez-de-Chaussée d'une Cuisine, d'un Garde-manger, de trois ou quatre Chambres pour donner à boire aux Soldats, d'une Salle pour l'Auberge des Officiers, d'une Ecurie pour 12 ou 15 Chevaux, & d'un couvert pour mettre le bois ; au-deſſus du corps de logis, on diſtribuëra auſſi un nombre de Chambres qui répondront ſi l'on veut à celle du rez-de-Chauſſée, elles ſerviront pour loger les Etrangers. La Cantine qui eſt raportée ſur la Planche 32. eſt à peu-près dans ce goût-là.

PLANCH. 32.

Pour procurer aux Officiers d'une Garniſon le plaiſir de boire frais en Eté, on fait aſſés ſouvent une Glaciére dont la conſtruction & l'entretien regardent auſſi les Fortifications ; mais c'eſt l'Etat Major de la Place qui prend le ſoin de la faire remplir. Pour la bien placer il faut choiſir un lieu élevé, comme par exemple un Baſtion plain, on fait une foſſe en forme d'entonnoir, on lui donne environ 20 pieds de diamêtre & 10 ou 12 de profondeur plus ou moins, ſi l'on rencontroit pour faire cette foſſe un terre glaiſe qui n'eût point été remuée, on pourroit ſe diſpenſer de la revêtir de Maçonnerie ; mais quand cela ne ſe trouve point, on y fait un revêtement de Briques de deux pieds d'épaiſſeur ou davantage ſelon qu'on aura lieu de craindre la pouſſée des terres qui n'a guére lieu dans cette occaſion, parce que donnant pour profondeur à peu-près le rayon du grand cercle, les terres ſe trouvent avoir leur pente naturelle, & par conſéquent ſe ſoûtiendront ſous l'angle de 45 dégrés. Au fond de la Glaciére l'on fait un petit Puits de 3 pieds de diamètre ſur 5 ou 6 de profondeur qui doit être auſſi revêtu, il ſert à recevoir l'eau de la glace qui ne manqueroit pas de fondre celle du fond ſi elle n'avoit un écoulement, ainſi l'on ſent bien que c'eſt par le Puits qu'il faut commencer la Maçonnerie, & quand on ſera parvenu au bord, il faudra faire un roüet compoſé de bon bois de chêne pour ſervir d'empatement aux premieres aſſiſes du revêtement de l'entonnoir, quand on l'a rempli de glace on ferme le Puits par un plancher à claire voye ; la Maçonnerie étant achevée & lui ayant donné tout le tems de ſecher, on fait pour couvrir la Glaciere une charpente en figure de cône, dont la baſe repoſe ſur le bord de la Maçonnerie, & cette charpente eſt garnie de chaume depuis la pointe du cône juſqu'à terre d'une épaiſſeur ſuffiſante pour empêcher le Soleil de pénétrer à travers ; c'eſt pourquoi afin de tenir cet endroit plus à l'ombre, on plante à l'entour des arbres aſſés près les uns des autres pour qu'ils forment par la ſuite un berceau ; pour entrer dans la Glaciére, on fait une petite allée de 10 à 12 pieds de longueur & 4 de largeur, Voûtée & tournée du côté du Nord, on la ferme par deux portes, dont il y en a une à chaque extré-

PLANCH. 32.

mité.

Comme en tems de Guerre l'on donne le pain aux Troupes, l'on fait

Livre IV. des Edifices Militaires.   81

fait une Boulangerie qui en fournit non-feulement à la garnifon ; mais encore à une Armée qui feroit dans le voifinage de la Place, c'eſt pourquoi il faut qu'elle ſoit compoſée au moins de 16 Fours accompagnés de leur Chaudiere, pour que les Munitionnaires puiſſent livrer dans un befoin au moins 8000 rations par jour. Ces Fours auront chacun 9 pieds de diamêtre, & 2 pieds ſous Voûte dans le plus élevé, la gueule aura 2 pieds de largeur ſur un & demi de hauteur, élevés de 3 pieds au-deſſus du rez-de-Chauſſée, ainſi qu'on le peut voir par le plan & le profil du Four que j'ai raporté en grand ſur la 34e Planche, parce que ceux de la Boulangerie étoient définés trop en petit pour être apperçûs diſtinctement.   Planch. 34.

La conſtruction des Fours n'a rien de particulier que les moindres Maçons ne ſachent, je dirai ſeulement que les Voûtes doivent être faites avec des briques d'une bonne terre bien préparée & bien cuite poſées de bout comme des vouſſoirs avec du mortier fin, à l'égard du carrelage dont l'étenduë du Four doit être couverte, il faut pour poſer les carreaux ſe ſervir de mortier de terre glaiſe & non de celui fait de Chaux & de ſable, parce que la chaleur le feroit enfler, & détacheroit les carreaux en peu de tems.

L'Edifice doit être compoſé de deux Cours, la premiere pour la commodité des mitrons, la ſeconde pour les Charrois & les Ecuries, dans le bâtiment il doit y avoir 2 Magaſins pour renfermer le pain, 2 Bureaux pour le diſtribuer, au-deſſus l'on fera des logemens pour les Commis des Vivres, & les Farines pourront être miſes dans les Greniers au-deſſus des hangards ; mais pour donner une idée plus ſenſible de tout ceci, on peut voir la Boulangerie repréſentée ſur la Planche 32.

Quand il n'y a point de Moulins à vent ni à eau dans une Place, ou que l'ennemi s'il y en a, peut les rendre inutiles, il faut faire un Bâtiment pour en mettre à bras & à Cheval en quantité ſuffiſante pour entretenir la Garniſon de Farine, ce Bâtiment doit être ſeulement compoſé de deux grandes Places au rez-de-Chauſſée pour renfermer les Moulins, d'un hangard aſſés grand pour mettre à couvert le bois que l'on donne aux Troupes & d'une Ecurie capable de contenir 14 ou 15 Chevaux, avec de bons Greniers pour renfermer les Farines comme on le peut voir ſur la même Planche.   Planch. 32.

Je ne dis rien préſentement de la mécanique de ces ſortes de Moulins, devant en faire mention dans le ſecond Volume, en parlant des Machines.

L

CHAPITRE DOUZIEME.

De la Construction des Puits & Citernes.

L'ON connoît affés la neceffité d'avoir dans une Ville un nombre de Puits publics, fans qu'il foit befoin que j'en faffe voir la conféquence, furtout quand il n'y a point de Riviere qui ferpente dans les principaux quartiers. Comme les Puits ordinaires n'ont rien de particulier, il me fuffira de dire qu'on les approfondit jufqu'à ce qu'ils ayent 5 à 6 pieds d'eau vive, après quoi l'on place dans le fond un roüet de bois de chêne de 4 pieds de diametre dans œuvre & de 4 à 12 pouces de groffeur, fur lequel on pofe 5 ou 6 affifes de pierre de taille maçonnées avec mortier de ciment & bien cramponées par des crampons de fer coulés en plomb. Le refte de la hauteur du Puits jufqu'à 3 pouces au-deffous du rez-de-Chauffée s'éleve en maçonnerie de briques ou de moilon, enfuite on furmonte le rez-de-Chauffée de 3 affifes de pierre de taille, faifant enfemble 2 pieds & demi, maçonnées en mortier de ciment & cramponées comme celles du fond, après quoi on équipe le Puits de tout ce qui eft neceffaire pour en tirer l'eau.

Il fe fait un autre forte de Puits qu'on appelle *Puits forés*, qui ont cela de particulier, que l'eau monte d'elle-même jufqu'à une certaine hauteur, de forte qu'il ne fe faut donner aucun mouvement pour l'avoir que la peine de la puifer dans le baffin qui la reçoit. Il feroit à fouhaiter que l'on en pût faire de femblables en toutes fortes d'endroits, ce qui ne paroit pas poffible, puifqu'il faut des circonftances du côté du terrain qu'on ne rencontre pas toûjours; car comme ces Puits font occafionnés par les eaux qui partant de quelques montagnes voifines, fe font fait un chemin foûterrain pour aller jufqu'à une certaine diftance où elles font enfuite retenuës par des bancs de terre glaife ou de pierre qui les empêchent de fe perdre, il faut que ces bancs puiffent être percés avec les tarrieres ordinaires, & que l'eau qui eft deffous foit capable de monter d'elle-même dans un tuyau vertical jufqu'au rez-de-Chauffée, ce qui eft la principale circonftance, or fupofant que tout cela fe rencontre; voici comme ces fortes de Puits fe font.

On creufe d'abord un baffin de grandeur arbitraire, dont le fond doit être plus bas que le niveau auquel l'eau peut monter d'elle-

LIVRE IV. DES EDIFICES MILITAIRES. 83

même afin de la recevoir; on prend enfuite un pilot d'une longueur & d'une grosseur convenable, on perce dans toute sa longueur avec les tarrieres ordinaires, un trou de 3 pouces de diâmetre, & on le garnit de fer par les deux bouts, dont celui qui doit entrer en terre doit être le plus aigû qu'on pourra; on enfonce ce pilot avec le mouton autant qu'il est possible, & lors qu'il n'y a plus moyen de le faire entrer plus avant, on employe la tarriere qui doit achever de percer le puits : or ces tarrieres ont 3 pouces de diamétre, & environ un pied de gouje, le reste du corps étant d'un pouce de gros plus ou moins, & de 12 pieds de longueur; on enfonce cette tarriere dans le canal du pilot, & on perce à l'ordinaire tous les bans qui se rencontrent, ayant soin de la vuider de tems en tems de la terre dont elle se remplit; lorsque la longueur de cette premiere tarriere ne suffit pas pour arriver jusqu'à l'eau, on y ente une seconde branche, une troisiéme &c. tant que la profondeur le demande, & l'on continuë de forer & vuider le trou successivement, jusqu'à ce qu'enfin on ait trouvé de l'eau en abondance, ce que l'on reconnoît lors qu'elle monte le long du pilot jusque par dessus, alors on se sert d'un tuyeau de plomb pour la conduire dans le bassin.

Quand on a une fois trouvé l'eau vive, & qu'on voit qu'elle vient en abondance, il faut bien se garder de percer plus avant, crainte d'ouvrir les bans de pierre ou de terre glaise qui seroient au-dessous de l'eau, parce qu'il pourroit arriver que trouvant une issuë plus aisée à parcourir que le chemin du canal, elle ne cesse sur le champ, ou au bout de quelque tems de monter.

On fait de ces sortes de puits en Flandres, en Allemagne & en Italie; j'en ai vû un au Monastere de Saint André, à une demie lieuë d'Aire en Artois; l'eau en est si abondante qu'elle donne plus de cent tonneaux par heure, elle s'éleve à 10 ou 12 pieds au-dessus du rez-de-Chaussée, & rétombe dans un grand bassin, par plusieurs fontaines qui font un fort bel effet.

Feu Mr de Cassini raporte dans les Memoires de l'Academie Royale des Sciences, qu'en plusieurs endroits du territoire de Mutine & de Boulogne; on en voit de semblables, mais qui se font differemment : on creuse jusqu'à l'eau, après quoi l'on construit un double revêtement, dont on remplit l'entredeux d'un courroi, fait d'une glaise bien petrie, après quoi on continuë à creuser plus avant, & de revêtir comme en premier lieu, jusqu'à ce qu'on trouve des sources qui viennent avec abondance, alors on perce le fond avec une longue tarriere, & le trou étant achevé,

L ij

l'eau monte & remplit non seulement le puits, mais encore se répand sur toute la campagne, qu'elle arrose continuellement : il ajoûte qu'il a fait faire au Fort Urbin une fontaine, dont l'eau s'élevoit naturellement à 15 pieds de hauteur au-dessus du rez-de-Chaussée, d'où elle retomboit dans un bassin de marbre, destiné pour l'usage du public, & que l'ayant soutenuë par des tuyaux, elle s'élevoit jusqu'au sommet des maisons.

Dans la basse Autriche qui est environnée des montagnes de Stirie, les habitans se donnent de l'eau à peu près de la même maniere ; ils creusent d'abord jusqu'à ce qu'ils trouvent la glaise, alors ils prennent une grande pierre épaisse de six pouces, percée dans le milieu, & percent le lit de glaise au travers de ce trou, tant que l'eau monte avec impetuosité, & remplisse le puits.

Il y a des situations où sans avoir des montagnes dans le voisinage, on peut encore faire des puits dans le même goût, car s'il y a des rivieres ou lacs qui soient plus élevés que le rez-de-Chaussée de l'endroit où l'on est, il est évident que si ces eaux communiquent jusques là, elles pourront remplir le puits & même déborder, comme cela arrive en plusieurs endroits, lorsque les rivieres viennent à grossir.

L'on peut ajoûter, que dans les endroits où l'eau ne pourra pas monter assez près du rez-de-Chaussée, pour être reçuë dans un bassin ; ces puits ne laisseroient pas d'être utiles, si faisant tomber l'eau dans quelque reservoir aussi haut qu'elle pourra monter, on peut lui donner de là un écoulement dans quelqu'autre lieu voisin plus bas que le reservoir, ce qui pourra se faire par un acqueduc souterrain, ou même par un syphon qui passe à fleur de terre, & alors on fera tomber l'eau qui sortiroit du canal ou du syphon, dans un bassin, comme on le pratique ordinairement dans tous les lieux où il y a des fontaines voisines ; ou bien sans faire tout cela, on élevera l'eau au-dessus du rez-de-Chaussée, par le moyen d'une pompe, pourvû que cette hauteur ne passe point 29 ou 30 pieds, ne pouvant la faire monter plus haut par les raisons que j'ai données dans le discours sur les effets de l'air, qui est à la fin de mon cours de Mathematique.

Dans les lieux qui sont fort élevés, on ne rencontre guere toutes les conditions qu'il faut pour faire des puits forés, pas même des puits ordinaires, à moins qu'ils ne soient d'une profondeur excessive comme celui de Charlemont, & encore quelquefois ne parvient-on pas à rencontrer la bonne eau, ce qui rendroit ces lieux inhabitables, si on n'avoit imaginé les cirernes, c'est-à-dire,

la maniere de purifier & de conserver dans une espece de cave
l'eau qui tombe du Ciel. Or comme la construction de ces citer- PLANC.
nes demande beaucoup d'aplication pour les faire bonnes, nous 33.
allons détailler tout ce qui peut apartenir à ce sujet ; & pour ne
rien dire qui n'ait été déja executé avec succés ; je prendrai pour
exemple, la citerne qui a été faite en 1722 à Charlemont, par Mr
de Breval, elle est au moins aussi belle que celle de Dunkerque,
dont on fait tant de cas ; cette citerne à comme on le peut voir
par le plan, 15 toises de longueur, sur 6 toises 4 pieds de largeur,
y compris les deux murs de refends qu'on a fait pour porter les
Voûtes, parce que pour ces sortes d'ouvrages, qui doivent être à
l'épreuve de la Bombe, crainte des accidens qui peuvent arriver
en tems de siége, il vaut mieux faire trois Voûtes chacune d'une
grandeur médiocre, que de n'en faire qu'une seule qui seroit trop
élevée & trop foible.

Le plan fait voir aussi, qu'on a pratiqué une porte dans le milieu
de chaque mur de refend, pour la communication de l'eau, & que
l'on a fait un citerneau de 9 pieds en quarré, pour que l'eau puisse
filtrer avant d'entrer dans la citerne ; c'est pourquoi le fond de ce
citerneau est 8 pieds plus haut que celui de la citerne.

Pour tirer l'eau, on a construit au rez-de-Chaussée de la Place,
quatre niches quarrées de 7 pieds & demi dans œuvre, dont deux
servent à loger les pompes, & les deux autres pour recevoir l'eau,
& afin qu'on en puisse tirer jusqu'à la derniere goûte, les tuyaux
des pompes vont répondre dans un puisart, qui est une espece de
rigole qui regne sur toute la largeur, dans l'une de ces niches on
a pratiqué une porte pour descendre avec une échelle dans la ci-
terne, lorsque l'on veut y faire quelque reparation : ces niches ont
été voûtées à l'épreuve de la Bombe, & sont decorées exterieure-
ment par une façade de pierre de taille à joints refendus, & couron-
nées d'une corniche, elles sont fermées par des portes de madriers,
aussi bien que l'entrée de la citerne ; je crois que cette explication
suffit, aidé des plans & profils, pour en donner une connoissance
parfaite, ainsi je ne parlerai que de ce qu'on a observé en la cons-
truisant.

Après avoir déblayées les terres jusqu'à une profondeur conve-
nable, on a fait un massif de maçonnerie d'environ 3 pieds d'épais-
seur, dirigé en pente de 6 pouces vers le puisart des pompes, &
ce massif occupant tout le fond de la citerne, a servi en même tems
de fondement aux piés-droits des Voûtes & aux murs de refends.
Après l'avoir bien arrasé, on l'a couvert d'un rang de briques posées

de plat en mortier de ciment, fur ce premier rang on en a fait un second, & fur celui-ci un troifiéme, toûjours avec du mortier de ciment & plain fur joints : le fond du citerneau a été auſſi conſtruit de la même maniere.

La fuperficie du fond de la citerne étant achevée, l'on a élevé les murs de refends & les piés-droits des Voûtes, auſquels l'on a donné 3 pieds d'épaiſſeur : les murs du pourtour tant de la citerne que du citerneau, ont été parementés de briques, poſées en mortier de ciment, fur l'épaiſſeur de deux briques, & d'une & demi alternativement, & le reſte de cette épaiſſeur de moilon ; enfuite l'on a poſé les ceintres fur leſquels l'on a établi la premiere Voûte, d'une brique d'épaiſſeur faite en mortier de ciment ; fur cette Voûte l'on en a faite une ſeconde, & fur celle-ci une troifiéme de moilon plat, après quoi l'on a rempli de maçonnerie les reins de la Voûte du berceau du milieu, juſqu'à la hauteur qu'on voit déterminé par le profil, après avoir bien arraſé les pentes, on y a apliqué une chape de ciment qui couvre les trois Voûtes, & cette chape a été faite à peu près de la même façon, qu'il eſt enſeigné dans le Chapitre onziéme du troifiéme Livre.

L'on a fait un enduit fur le pavé de la citerne, & fur l'interieur du mur du pourtour, de la même épaiſſeur qu'on fait ordinairement les chapes de ciment, & fabriqué avec les mêmes précautions, excepté ſeulement qu'au lieu de pouſſiere de thuilaux, on s'eſt ſervi de terraſſe d'Hollande, comme étant beaucoup meilleure.

Quand on fait des citernes dans des lieux aquatiques, on envelope exterieurement toute la maçonnerie, par un bon courroi de terre glaiſe, bien petrie & bien battuë, crainte que les eaux qui proviendroient des ſources, ou de quelqu'autre cauſe, ne l'endommagent, ou ne ſe mêlent avec celle de la citerne, ſi à la longue elles parvenoient à s'y faire une entrée ; car l'on entend bien que ces eaux ne pourroient être que de mauvaiſe qualité, puiſque ſi elles étoient bonnes, on ne feroit point dans la neceſſité de faire une citerne.

J'en raporterai encore ici une fort belle qui s'eſt faite à Calais, à peu près dans le même tems que celle de Charlemont, PLANCHE 34. dont les developemens ſont ſuffiſamment détaillés fur la 34e. Planche, que je ne m'arrêterai point à expliquer, parce qu'on en trouvera le devis dans le ſixiéme Livre, qui en facilitera parfaitement l'intelligence, & que je donne d'ailleurs pour ſervir de modele, quand on ſera dans le cas de projetter de pareils ouvrages.

La grandeur des citernes devant être reglée fur la quantité d'eau

LIVRE IV. DES EDIFICES MILITAIRES. 87

que les toits des bâtimens les plus à portée peuvent fournir; il faut afin de savoir combien on pourra en recueillir, faire des experiences sur les lieux, pour voir ce qu'il tombe de pouces d'eau chaque année, c'est-à-dire, de combien de hauteur d'eau les pluyes couvriroient la surface de la terre, si elles s'y conservoient sans s'écouler, s'imbiber, ni s'évaporer & supposant qu'il en tombe 20 pouces, il faut mesurer l'étenduë qu'occupent les bâtimens, dont on veut ramasser l'eau des toits, sans s'embarrasser de leur figure, ni de la grandeur de leur surface, puisque l'eau qu'ils recevront, sera toûjours équivalente à celle qui seroit tombée sur le terrain qu'occupe le bâtiment, si l'espace avoit été decouvert comme en plaine campagne: or si cet espace se trouvoit par exemple de 1200 toises quarrées, il faudroit multiplier cette quantité par 20 pouces, & le produit donnera 332 toises 4 pieds cubes, pour la quantité d'eau que la citerne recevra dans le courant d'une année, surquoi il faut prendre garde de la faire toûjours plus grande, afin que dans le tems des plus grandes eaux, elle ne monte jamais jusqu'à la naissance de la Voûte.

Pour savoir la maniere dont on pourra faire ces experiences, je raporterai ce qui se pratique à l'Observatoire Royale de Paris que j'accompagnerai de quelque exemple dont on pourra se servir dans l'occasion.

Pour connoître la quantité d'eau de pluye qui tombe à l'Observatoire, on place dans une Tour découverte, un vaisseau de fer blanc de 4 pieds de superficie, avec des rebords de 6 pouces de hauteur, ce vaisseau est fait en pente vers l'un de ses angles où il y a un bout de tuyau pour conduire l'eau dans une cruche, on a grand soin de mesurer exactement toute l'eau qui s'est amassée dans cette cruche, avec un vase de figure cubique qui a son côté de 3 pouces, ensorte que 32 lignes de hauteur d'eau dans ce petit vase, valent une demi ligne sur la superficie du grand vaisseau; car il est bon de remarquer qu'on ne remplit point entierement la mesure, & qu'on se contente d'y mettre de l'eau jusqu'à une ligne qui est tracée en dedans à 4 lignes au-dessous du bord. Pour avoir les 32 lignes d'eau dont on vient de faire mention: on écrit sur un Registre toutes les mesures qu'on a ramassé pendant le courant de chaque mois; pour en faire une somme au bout de l'année dont on prend la moitié pour avoir en ligne la quantité d'eau qui est tombée.

Mr de Vauban ayant envoyé à l'Académie Royale des Sciences, un Memoire de la quantité d'eau de pluye qui est tombée dans la

Citadelle de Lille pendant 10 années depuis 1685. jusqu'à 1694. Mr de la Hire a comparé les six dernieres années de l'observation de Lille, avec les mêmes années qu'il a observées très-exactement à Paris, & en voici le paralelle.

ANNE'ES.	A LILLE.		A PARIS.	
	pouces.	lignes.	pouces.	lignes.
1689.	18	9	18	11 $\frac{1}{2}$
1690.	24	8 $\frac{1}{2}$	23	3 $\frac{1}{2}$
1691.	15	2	14	5 $\frac{1}{2}$
1692.	25	4 $\frac{1}{2}$	22	7 $\frac{1}{2}$
1693.	30	3 $\frac{1}{2}$	22	8
1694.	19	3	19	9
6 Années.	133	6 $\frac{1}{2}$	121	9

Par la comparaison de ces 6 années, on voit en general qu'il pleut un peu plus à Lille qu'à Paris, & que la moyenne année à Lille donne 22 pouces 3 lignes, & à Paris 20 pouces 3 lignes. Cependant on n'en compte ordinairement que 19.

CHAPITRE TREIZIE'ME.

Où l'on donne les régles générales que l'on doit observer dans la Construction des Bâtimens.

APRE'S avoir expliqué dans les Chapitres précedens, les propriétés & la distribution des principaux Edifices Militaires, il me reste à faire le détail de beaucoup de choses qui appartiennent à leur construction & à celle des Bâtimens pour les Particuliers dont je ne traiterai qu'en general, parce qu'ils ne font partie de mon ouvrage qu'autant qu'un Ingenieur, sans vouloir être Architecte du premier ordre, ne peut ignorer les proportions qu'il faut donner aux parties d'un Bâtiment pour être commode & gratieux. Ce sont ces choses dis-je, qu'il faut savoir, parçequ'elles se rencontrent souvent dans les Edifices Militaires qui quoique très-simples par eux-mêmes, ont pourtant besoin d'être dirigés selon certaines régles desquelles on ne peut s'écarter sans tomber dans quelque défaut. Quant aux détails que j'ai dessein d'insinuer, ils sont de la derniere

conséquence

Livre IV. des Edifices Militaires.

conséquence, puisque ce n'est que par eux qu'on peut dresser les Devis qui doivent précéder la construction des Bâtimens.

Ces détails font une intelligence parfaite de la Charpente, de la Menuiserie, de la Serrurerie, des Couvertures de Thuille & d'Ardoise, de la Vitrerie, de la Peinture, du Carelage, du Pavé, en un mot tout ce qui peut tomber sous la direction d'un Ingenieur, & pour peu qu'on en fasse ensuite l'aplication aux ouvrages dont il est parlé dans ceux qui les précédent, je crois qu'en peu de tems un jeune Ingenieur se rendra capable de se bien acquitter des differens Travaux dont les Chefs jugeront à propos de le charger, car je supose qu'il s'est mis au fait du premier, du second & du troisiéme Livre, où il a dû apprendre ce qui appartient aux gros Ouvrages & qu'il n'est plus question que de s'instruire des autres plus légers.

Quand on construit un Edifice, il faut donner aux murs des épaisseurs convenables à la hauteur & à la charge qu'ils doivent porter, faisant attention que cette épaisseur dépend aussi de la qualité des pierres dont ils seront composés ; ces murs doivent avoir une retraite d'un demi pied au-dessus des fondemens, 3 pouces d'un côté & 3 pouces de l'autre, & chaque étage sera aussi recoupé d'environ 3 pouces en dehors & 3 pouces en dedans, parce qu'ainsi la charge du mur portera à plomb sans qu'on soit obligé de lui donner de talud, l'on fait une plinthe en dehors à chaque étage pour ne pas rendre ce recoupement sensible.

Pour rendre l'ouvrage plus solide, les encoignures doivent être de pierre de taille autant qu'il est possible, prenant garde d'en éloigner le plus qu'on pourra les fenêtres & les portes, crainte de les trop affoiblir ; quant aux murs de refends, on leur donnera la moitié de l'épaisseur de ceux des faces.

L'on observera de ne jamais asséoir les poûtres sur des vuides, comme sur des fenêtres ou portes, & qu'elles ne passent pas dans les cheminées ; le vuide doit être assis sur le vuide, comme le plain sur le plain.

Pour la commodité d'un bâtiment, il faut que les apartemens soient voisins les uns des autres, bien arrangés ; que les principaux comme les salles & les chambres, soient accompagnées d'une garde-robe & d'un cabinet, le tout de plain pied ; ces apartemens doivent être proportionnés au service auquel ils sont destinés, & quand on est libre de suivre des justes proportions, on se reglera sur celles-ci.

Les salles auront depuis 22 jusqu'à 24 pieds de largeur ; & depuis 34 jusqu'à 36 de longueur ; aux grands bâtimens, la longueur des

M

salles doit être double de leur largeur, les chambres feront quarrées comme étant la figure qui leur convient le mieux, & on pourra leur donner depuis 22 jusqu'à 24 pieds, quant à la grandeur des cabinets & des garde-robes, elle dépend des personnes à qui ces sortes d'endroits conviennent plus ou moins.

Les apartemens au rez-de-Chauffée, pourront avoir depuis 13 jusqu'à 14 pieds de hauteur, celle du premier étage fera depuis 12 jusqu'à 13, & celle du second, depuis 11 jusqu'à 12, ainsi en diminuant d'un pied ou d'un pied & demi, pour les étages plus élevés.

Les proportions qui conviennent le mieux aux grandes & petites portes, est de leur donner pour hauteur, le double de leur largeur; les portes par où doivent passer les voitures, auront depuis 8 jusqu'à 9 pieds de large; celles des apartemens ordinaires en auront 3, ou au moins 2 & demi, & celles des grands apartemens & des vestibules, pourront avoir depuis 4 jusqu'à 5 pieds.

Dans la face d'un bâtiment, il faut toujours observer que la porte soit dans le milieu, autant que cela se peut faire; les portes des apartemens doivent être de suite, & oposées à une fenêtre lorsque le bâtiment retourne d'équerre; & dans les étages qui sont les uns sur les autres, l'on aura soin que les portes se répondent à plomb, afin que le vuide repose sur le vuide.

Les grandes fenêtres doivent être proportionnées au lieu qu'elles éclairent, car si elles sont trop éloignées & trop petites, elles rendent le lieu obscur, si elles sont trop grandes & trop proche les unes des autres, elles affoiblissent le mur dans lequel elles sont percées, la meilleure regle est de les espacer tant plein que vuide, c'est-à-dire, que la largeur du tremeau soit égale à celle de la croisée, observant que vers les encoigneures (pour ne point affoiblir le mur), il y ait de distance, de l'angle du bâtiment au tableau de la croisée, un tiers ou un quart plus que la largeur de la croisée même.

Les proportions des grandes fenêtres, ou autrement des croisées, dependent de leurs situations, si elles sont au rez-de-Chauffée, au premier, au second ou troisiéme étage, & de la hauteur de l'étage qui est different, selon la grandeur des édifices.

Toutes les fenêtres des bâtimens particuliers, & des autres destinez aux usages ordinaires, doivent avoir depuis 4 jusqu'à 5 pieds de largeur.

Pour regler genéralement leur hauteur, il suffira de dire qu'après avoir pris dans la hauteur de l'étage 3 pieds au plus, qu'il faut

LIVRE IV. DES EDIFICES MILITAIRES. 89

donner au mur d'apui ; l'on pourra donner le reste de la hauteur sous solives aux croisées, par exemple, si l'étage a 13 pieds de hauteur sous solives, en ayant pris 3 pour l'apui, il en restera 10 pour la hauteur des croisées ; ainsi à proportion des autres étages qui sont moins élevés.

On fera en sorte que toutes les fenêtres répondent à plomb, les unes sur les autres, s'il y avoit des endroits au second étage ou au troisiéme, où l'on n'auroit pû en faire à cause de la distribution du dedans, qui répondissent à celles des étages au-dessous, il faudroit en feindre, afin que la façade du bâtiment soit reguliere.

Pour les lucarnes des étages en galatas, elles doivent avoir un cinquiéme moins de largeur, que les croisées de dessous, & leur hauteur doit être environ une fois & demie leur largeur.

La grandeur des cheminées, doit être proportionnée à celle des places où elles sont situées ; les grandes pour les salles & sallons, auront 6 à 7 pieds d'ouverture entre leur jambages, & 4 à 5, depuis le dessous de leur plattebande, & environ 2 pieds de profondeur d'atre : les moyennes pour les chambres, seront environ de 4 peids de largeur, sur 3 de hauteur, & de 18 à 20 pouces de profondeur ; les petites pour les cabinets, peuvent avoir depuis 2 pieds jusqu'à 4 de largeur, & le reste à proportion.

Dans les grands bâtimens, où les murs ont une épaisseur considerable, on peut y faire passer les tuyaux des cheminées, mais quand cette épaisseur est mediocre, il ne convient pas d'y rien anticiper, parce qu'on affoibliroit trop les murs de refends ou les pignons. Autrefois les cheminées étoient adossées les unes devant les autres, mais comme elles chargeoient les planchers, & sailloient trop dans les chambres, on a corrigé ce défaut en les rengeant le long du mur, & en devoyant les tuyaux ; mais comme ce devoyement est desagrable à voir, on pratique des armoires dans les vuides, ce qui rend la chambre reguliere.

PLANCH. 35.

Le tuyaux peuvent avoir 3 ou 4 pieds de longueur, sur 10 12 à 15 pouces de largeur, & leur épaisseur doit être de languette de pierre ou de briques de 4 pouces : quant à la situation des cheminées, je crois qu'il n'est pas besoin de dire, qu'il ne faut jamais les adosser contre les murs de face, entre les fenêtres, pour des raisons qui se font assés sentir, ainsi leur veritable place est dans le milieu des murs de refends, desorte qu'elles se presentent en entrant, sans pourtant se trouver vis-à-vis la porte qui doit, comme on l'a déja dit, être de côté, pour être d'enfilade avec les autres.

Il faut que les souches des cheminées, ne causent aucune diffor-

M ij

mité au dehors d'un bâtiment, & celles qui font fur le courant du comble & ifolée, doivent être les plus égales en groffeur, avec le plus de fimetrie qu'il eft poffible, toutes de pareille hauteur, obfervant qu'elles furmontent le faîte de 3 pieds, leur fermeture doit être d'environ 4 à 6 pouces de jour, pour l'échapé de la fumée, fur la longueur proportionnée à celle du tuyau, avec un petit adouciffement au-deffus.

Les efcaliers faifant une des principales parties des bâtimens, il y auroit beaucoup de chofes à dire fur le choix de leur place, leur grandeur & leur figure, fur tout dans un tems, où il femble qu'on ne peut rien ajoûter à ce que l'on a fait de merveilleux dans ce goût-là; eft-il rien de plus beau que de voir des efcaliers qui fe foûtiennent d'eux mêmes en l'air, par l'admirable invention que l'on a trouvée de les évuider dans le milieu? J'avouë que j'aurois eû un extrême plaifir à traiter ce fujet, pour examiner avec autant de précifion qu'on le peut; le mécanifme qui doit regner dans la couppe des pierres, pour y trouver les limons & les apuis en courbe rempante, afin que tout puiffe s'affembler & fe foutenir, fans y employer d'autre matiere que la pierre même; mais comme cela m'auroit mené trop loin, je me contenterai de raporter quelques regles generales, qu'on doit obferver dans la conftruction des efcaliers ordinaires, d'autant que ceux qui fe pratiquent pour la commodité des édifices militaires, n'ont rien de commun avec la magnificence de ceux qui peuvent avoir lieu dans les grands édifices.

Pour ne rien interrompre dans la fuite des apartemens, du dedans du corps de logis; on faifoit autrefois des efcaliers, au milieu de la face en dehors, dans des tours feparées; mais comme ces tours defiguroient la fimetrie exterieure, on a jugé plus à propos par la fuite, de les placer en dedans, au milieu du corps de logis, pour donner la communication à deux apartemens feparés à droit & à gauche, là ils étoient bien en vûë & bien éclairés, ne gâtoient rien à la décoration, & lors qu'il s'agiffoit d'un bâtiment fimple & de peu de profondeur, il fuffifoit d'avancer de part & d'autre, un avant corps de la largeur de l'efcalier, fur chacune des faces, pour trouver affés de longueur aux rampes, que l'on faifoit ordinairement doubles, afin que pratiquant un paffage fous le premier palier, à l'endroit de la feconde rampe, l'on pût communiquer de la cour au jardin, cette avance que l'on faifoit dans le milieu du corps de logis pour placer l'efcalier, donnoit tant de grace au bâtiment, & rendoit l'efcalier fi commode, que je ne crois pas que l'on puiffe mieux faire, que de fuivre cet ufage; quoique

LIVRE IV. DES EDIFICES MILITAIRES. 93.

dans ces derniers tems on se soit plûtôt attaché à les placer dans les coins, à l'imitation de ce qui se pratique en Italie, où l'on affecte de faire passer ceux qui vont à l'escalier, par plusieurs membres engagés l'un dans l'autre ; cependant comme un escalier placé dans le milieu, occupe la plus belle place du bâtiment, dont on peut se servir plus avantageusement pour un sallon, il vaut mieux quand on le peut, le mettre de côté.

Quant à la figure que l'on peut donner aux escaliers, ceux qui sont dans des cages quarrées, ou quarrés longs, conviennent mieux aux bâtimens considerables, que les autres qui seroient disposés en rond, en ovale ou à pans, à moins qu'on n'y soit contraint par quelque raison indispensable.

La grandeur des escaliers doit être proportionnée à celle des édifices, à l'usage desquels ils sont destinés, & par consequent doit dépendre de cette partie d'Architecture, qui fait distribuer l'espace que les apartemens doivent occuper, ensorte que chaque membre soit proportionné à tout le reste : la seule chose qui peut être commune aux grands & aux petits escaliers, est la hauteur des marches par raport à leur grandeur, celle des balustres & des apuis, parce que ce sont des choses qui servent à des usages, qui se font de même par tout.

La moindre largeur qu'on puisse donner à la rampe d'un escalier principal, est de 4 pieds, pour que deux personnes puissent monter & descendre de front sans s'incommoder : la hauteur des apuis & des balustres doit être au plus de 3 pieds, & au moins de deux pieds & demi, quant à la hauteur des marches par raport à leur largeur ; voici une regle que Mr Blondel donne dans son cours d'Architecture, que j'ai cru à propos de raporter ici.

La longueur du pas aisé d'un homme qui marche de niveau, est de 2 pieds ; c'est-à-dire de 24 pouces, & la hauteur de celui qui monte à une échelle dressée à plomb n'est que d'un pied ou de 12 pouces, d'où il paroît que la longeur naturelle du même pas à plomb est la moitié de la hauteur naturelle du pas étendu de niveau, ainsi pour les joindre l'une avec l'autre, comme il se fait dans toutes les rempes, il faut que chaque partie en hauteur soit par compensation prise pour deux parties de niveau, & que l'une & l'autre pour composer un pas naturel, fassent ensemble la longueur de 2 pieds ou de 24 pouces, pour cet effet si dans une rempe vous ne donnés qu'un pouce de hauteur à la marche, il faudra lui donner 22 pouces de largeur, parce que 22 pouces de niveau avec le pouce de hauteur, qui vaut deux pouces de niveau, font ensemble la lon-

M iij.

gueur du pas naturel de 24 pouces, si la marche à 2 pouces de hauteur qui valent autant que 4 pouces de niveau, elle n'aura que 20 pouces de large, qui font enfemble 24 pouces à 3 pouces de hauteur qui en valent 6 de niveau, il n'en faudra que 18 de large à 4 pouces de hauteur, qui valent 8 pouces de niveau, il faut 16 pouces de large à 5 pouces de hauteur, 14 pouces de giron à 6 pouces de haut, 12 pouces de large à 7 de haut, 10 de large à 8 de haut, 8 de large, à 9 de haut 6 de large, & ainfi du refte, ce qui fe trouve faire un parfaitement bon effet comme l'experience le montre.

Pour rendre un Efcalier commode, il faut prendre garde de ne point faire les marches trop élevées, pour cela il ne faut jamais leur donner plus de 6 pouces de hauteur, & moins encore fi on le peut, & régler la largeur du giron felon la régle précedente, quand on ne peut pas leur donner autant de largeur qu'on le défire, il faut les faire faillir d'un pouce, & tailler cette partie en quart de rond.

Il y a des Architectes qui veulent qu'on faffe les marches un peu inclinées fur le devant pour les rendre plus faciles & plus commodes, quand on eft tellement contraint par l'efpace qu'on ne peut leur donner une largeur convenable; mais quand cela arrive, il vaut beaucoup mieux faire cette pente du fens opofé; c'eft-à-dire qu'en montant la pointe du pié foit un peu plus baffe que le talon, cette pente aidant tellement à monter, qu'il femble que l'on marche de niveau; on a voulu auffi faire le giron des marches un peu creux dans le milieu pour rendre la montée plus douce; mais cette pratique eft très-dangereufe, l'experience faifant voir que ces fortes d'Efcaliers font difficiles à defcendre, le pied n'y étant jamais affuré.

La principale chofe que l'on doit obferver en conftruifant un Efcalier, eft de faire enforte qu'il foit bien éclairé, & comme on ne peut tirer du jour que des ouvertures qui font affujetties au refte du bâtiment, il faut bien prendre garde au choix du lieu & à la difpofition des rempes, pour qu'il n'y ait aucun endroit qui ne foit bien éclairé, foit par des fenêtres qui répondent au milieu de chaque rempe, fur les paliers ou par les flancs; mais il faut éviter que les fenêtres foient coupées par les rempes, comme cela fe fait affés communément, rien n'étant plus difgracieux à la vûë. Mais ce qu'on vient de dire doit fuffire pour ce fujet, paffons à ce qui regarde les combles.

Les Architectes font affés partagés fur la hauteur qu'il faut donner au combles, les uns veulent qu'ils faffent un triangle équilateral, les autres un triangle rectangle & ifocelle, d'autres enfin prennent un milieu entre ces deux-ci, & leur donnent pour hauteur les

LIVRE IV. DES EDIFICES MILITAIRES. 95

trois quarts de la largeur du bâtiment ; cette proportion est fort bonne, ne rendant point les toits trop plats ni trop élevés, je l'aimerois mieux qu'aucune autre ; il faut avoüer qu'autrefois on les faisoit d'une hauteur excessive, comme on le voit encore aujourd'hui à une quantité de bâtimens dont les combles sont plus élevés que les murs de face, défaut qui choque le bon sens & qui n'est point pardonnable; car à quoi bon employer une Forest de bois pour charger inutilement des murs qui semblent plier sous le poids dont ils sont accablés? il est vrai qu'on avoit alors dessein de donner plus d'écoulement à la neige & aux eaux pluviales; mais quand les toits ont une pente d'environ 50 dégrés, l'experience montre que les étages les plus élevés, comme les Greniers, n'en sont pas moins secs.

Les combles à la *Mansarde* que l'on nomme aussi *combles brisés*, ont fort bonne grace, & c'est ce que l'on a imaginé de mieux pour la couverture des maisons qui n'ont guére d'elevation & qui sont isolées, comme la plûpart de celles que l'on fait à la campagne ; un avantage encore de ces sortes de combles, est de rendre l'étage en galetas fort habitable, presque quarré & les joües des Lucarnes fort petites.

Bullet pour faire le comble à la Mansarde, décrit un demi cercle dont le diamêtre est suposé égal à la largeur du bâtiment, il divise ensuite ce demi cercle en quatre parties égales, pour tracer la moitié d'un octogone, dont deux des côtés représentent le vrai comble, & les deux autres ce qu'on apelle faux comble.

Mr Daviller dans son cours d'Architecture n'approuve point cette construction, parce qu'en effet elle rend le toit trop plat, il en propose une autre en termes assés obscurs, qui me paroît aussi sujette à plusieurs inconveniens, ainsi n'ayant rien vû dans les auteurs de satisfaisant sur ce sujet, j'ai pris le parti de chercher moi-même si je ne trouverois pas une méthode de tracer le comble à la Mansarde qui fut plus reguliere que celles qui sont venuës à ma connoissance, la voici.

Il faut décrire un demi cercle *ADB*, dont le diamêtre sera égal PLANCH. à la largeur du bâtiment hors d'œuvre, tracer dans ce demi cercle 35. la moitié d'un décagone regulier *ACFGEB*, ce qui se fait en divisant le raïon en moyenne & extrême raison pour avoir la mediane qui sera le côté du décagone, ensuite tirer les deux lignes *CA* & *EB*, qui exprimeront les côtés du faux comble, & si l'on divise l'arc *CDE*, en deux également au point *D*, & qu'on tire les cordes *DC* & *DE*, elles acheveront la figure *ACDEB*, de la Mansarde qui aura fort bonne grace, n'étant ni trop élevée ni trop écrasée.

Après avoir donné les régles generales qu'on doit suivre dans la construction des bâtimens, il sera aifé d'en faire l'aplication à ceux que l'on construit pour l'état Major, dans les Citadelles, Forts, &c. C'est pourquoi je passerai legerement sur cet article, & dirai seulement un mot de la distribution qui peut convenir pour ces sortes de logemens.

Il faut que le logement d'un Gouverneur soit composé de trois parties principales, savoir du corps de logis avec sa cour, de la basse-cour & du jardin; son apartement doit être au premier étage, & consistera à une anti-chambre, une chambre, un cabinet & une garde-robbe; & supofant que l'escalier soit dans le milieu du corps de logis, l'on doit regler de l'autre côté un second apartement semblable à celui-ci pour des gens de consideration que le Gouverneur feroit obligé de recevoir, le second étage sera distribué pour les principaux domestiques, & le troisiéme pour les laquais & les fournitures de la maison; dans le rez-de-Chaussée on y ménagera une salle à manger, une cusine, un garde-manger, une office, une chambre & un cabinet pour les Officiers de la Garnison quand le Gouverneur veut déliberer avec eux de quelque chose qui regarde le service.

Dans la basse-cour, on doit y mettre les hangards pour le bois de la maison, les écuries & les greniers au-dessus de ces bâtimens serviront pour les Fourages, à l'égard de la disposition du jardin, je n'en parlerai point, puisqu'elle dépend du lieu, je raporterai seulement le Plan de la maison que je viens de décrire, que l'on trouvera sur la Planche 40. aussi-bien que ceux des logemens du Lieutenant de Roi & du Major.

PLANCH. 36.

Dans les Villes fortifiées qui sont habitées depuis long-tems, il y a ordinairement assés d'Eglises pour faire le service divin; mais s'il s'agissoit d'une Place neuve, il faudroit au moins une Paroisse dont la grandeur fût proportionnée au nombre des habitans, par exemple dans les Villes à six Bastions Royaux, l'Eglise doit avoir 35 toises de longueur dans œuvre sur 6 toises de largeur, avec deux Chapelles de 20 pieds de large sur 24 de longueur, à droite & à gauche de l'Eglise, il faudra faire des logemens pour le Curé & pour le Chapelain, dont la distribution aussi-bien que celle de l'Eglise doit être à peu-près comme on le voit marqué sur la même Planche.

CHAPITRE

CHAPITRE QUATORZIE'ME.

Qui comprend plusieurs détails nécessaires à l'execution des Bâtimens.

APRE'S avoir donné dans le Chapitre précédent les régles generales qu'on doit observer dans la construction des bâtimens, il me reste à parler dans celui-ci de tout ce qui apartient à leur execution, car ne considerer les choses qu'en gros c'est n'en donner qu'une connoissance superficielle ; il faut entrer dans les détails, & il n'y en a pas qui ne soient d'une utilité indispensable, comme on le va voir.

Détail de la Charpente, des Combles, des Planchers, de la Menuiserie, des Portes & Fenêtres.

Les combles se font toûjours par travées, & l'on apelle *travée*, PLANCH. la distance d'une ferme à l'autre, qui est ordinairement de 10 ou 35. 12 pieds, chaque ferme est posée sur une poûtre, dont la grosseur dépend de sa longueur, par consequent de la largeur du Bâtiment & comme les dimensions de toutes les autres pieces doivent être aussi proportionnées à cette largeur, afin qu'elles ne soient ni trop fortes ni trop foibles par raport à la portée qu'elles auront, nous suposerons qu'il est question d'un bâtiment de 30 pieds de largeur qui est un milieu entre 24 & 36 pieds, qu'on peut regarder comme la moindre & la plus grande largeur des bâtimens ordinaires.

Les piéces qui composent une ferme sont *les jambes de force* qui ont 8 à 9 pouces de gros, *l'entrait* qui sert à soûtenir les *arbalestriers* & à assembler les jambes de force, en a 8 à 9 posé de cant ; les *aisselieres* qui servent à lier les jambes de force avec l'entrait, en ont 7 à 8. le poinçon 8 en quarré ; les *contrefiches* qui servent à soûtenir les arbalestriers 6 à 7, & les arbalestriers 8 à 9.

Les autres piéces d'un comble, sont le *fuite*, le *sousfaite*, les *pannes* & les *chevrons*. L'un & l'autre faîte a 6 à 8 pouces en quarré, & les chevrons ordinairement 4 aussi en quarré, posés de quatre à la latte ; c'est-à-dire environ à un pied de distance. Quand on met des *plattes-formes* sur l'entablement pour recevoir le pied des chevrons, elles doivent avoir 4 à 8 pouces & lorsque l'entablement a beaucoup de saillie, l'on employe des *coyeaux* pour l'égoût du com-

N

ble, afin de conduire les eaux de pluye à quelques pieds au-delà du mur de face, ces coyaux ne font autre chofe que des bouts de chevrons, dont l'une des extrêmités eft coupée en *bezeau* pour être apliquée fur les chevrons mêmes, les pannes repofent fur des taffaux, & ces taffaux fur l'échantignolle, l'un & l'autre arrêté fur les arbaleftriers avec des chevilles de bois.

Pour les planchers, je croi qu'il n'eft pas neceffaire d'infinuer combien il eft de conféquence que les poutres & les folives foient de bon bois coupées depuis plufieurs années, puifqu'on n'ignore point le danger qu'il y auroit à les employer de mavaife qualité. A l'égard des dimenfions des poutres, j'en ai affés dit dans le fecond & le troifiéme Chapitre de ce Livre, pour qu'on foit en état de juger de la groffeur qu'il conviendra leur donner.

Les principales pieces de Charpente d'un efcalier, font les *patins* fur lefquels elles font pofées, les *limons* par lefquels on les affemble, les *poteaux* qui fervent à porter les limons, les *planchers* des paliers, les *apuis* les *baluftres* & les *marches*.

Les patins ont 8 à 9 pouces de gros, les poteaux 4 à 6, la groffeur des limons doit fe régler par raport à leur longueur qui dépend de la grandeur de l'efcalier; mais communément on leur donne 6 à 8 pouces, pofés de cant, les baluftres ont 3 ou 4 pouces de groffeur, & les apuis qui font pofés deffus 4 à 6, les marches ont 5 à 7 pouces pofées fur le cant, pour les grands efcaliers, & pour les petits, on ne leur en donne que 4 à 6, à l'égard des pieces qui portent les paliers, il faut qu'elles foient de bon bois, parce qu'elles foûtiennent les rempes dont elles facilitent la communication, c'eft pourquoi on ne peut guéres leur donner moins de 6 à 8 pouces de groffeur & même 8 à 10 quand elles ont une certaine longueur.

Les principaux ouvrages de Menuiferie qui ont lieu dans les bâtimens militaires, font les portes & les croifées. On donne ordinairement aux petites portes d'un apartement, un pouce d'épaiffeur, collé & emboëté par en haut & par en bas. Les portes ordinaires ont environ 15 lignes d'épaiffeur, & quand on veut les faire d'affemblage on leur en donne jufqu'à 18, parce qu'alors on fait une moulure en forme de cadre des deux côtés, les *panneaux* ont un pouce d'épaiffeur, les *chambranles* ont 5 à 6 pouces de largeur, fur 2 pouces d'épaiffeur ornés de moulures, & l'on fait des embrafemens affemblés à panneaux.

Pour les portes cocheres, on donne à leur *battant* 8 à 9 pouces de largeur fur 4 d'épaiffeur, les *baftis* qui font en dedans ont 3 pouces, les *cadres* 4, & les panneaux un pouce & demi.

LIVRE IV. DES EDIFICES MILITAIRES. 99

Les croifées font ordinairement à panneaux ou à carreaux on ne fe fert plus guére aujourd'hui de celles à panneaux, les autres étant beaucoup plus belles & d'un meilleur ufage; aux croifées ordinaires de 4 pieds de largeur on donne un pouce & demi fur 2 & demi aux *chaffis dormans*, quand on y fait entrer les chaffis à verre, on leur donne 8 pouces; aux *maneaux* 3 pouces en quarré, un pouce & demi fur 2 pouces & demi, aux *batans* des chaffis à verre, & aux *petits bois* ou croifillons, on leur donne environ un pouce en quarré. Aux grandes croifées, les chaffis dormans doivent avoir 3 pouces fur 4, les maneaux de même, les battans des chaffis à verre 2 pouces d'épaiffeur fur 3 ou 4 pouces de large, & les croifillons un pouce & demi.

Pour empêcher que la pluye qui tombe vers les apuis n'entre dans les apartemens, il faut faire la traverfe d'enbas du chaffis à verre affés épaiffe pour y faire des renverfeaux, & pour cela on fait cette piéce pardeffus en quart de rond, & le deffous en mouchette pendante pour jetter l'eau à une certaine diftance.

La traverfe du *maneaux* fe place plus haut que la moitié de la hauteur de la croifée d'environ un fixiéme de cette même hauteur afin que la vûë ne foit point barrée par cette traverfe, & que la croifée en ait plus de grace, à l'égard de la hauteur des carreaux, il faut leur donner environ un fixiéme de plus que leur largeur.

Détail des couvertures de *Thuille* & *d'Ardoife*.

L'on diftingue ordinairement trois fortes de thuile, la premiere eft celle du grand moule, qui a 13 pouces de long & 8 de large, on lui donne 4 pouces de purreau où d'échantillon: la feconde eft le moule bâtard dont nous ne dirons rien, parce qu'il n'eft plus d'ufage: la troifiéme, celle du petit moule qui a environ 10 pouces de long, fur 6 de large, on lui donne 3 pouces de pureau; il faut environ 150 thuilles du grand moule, pour faire une toife quarrée de couverture, & près du double, c'eft-à-dire, 300 thuilles du petit.

La latte dont on fe fert pour les couvertures de thuille, s'apelle *latte quarrée*, elle doit être de bon bois de chêne de droit fil, fans nœuds ni aubier, elle fe vend en botte, & la botte contient 50 lattes de 4 pieds de long chacune; quand les chevrons font à un pied de diftance les uns des autres; chaque latte eft clouée fur quatre chevrons, avec cinq ou fix clouds, & comme il refte trois efpaces de chevrons entre les deux extrêmités d'une latte, on met une contre-

N ij

atte clouée de deux en deux contre-lattes, & la distance d'une latte du dessus à celle du dessous, qui est ce qu'on apelle pureau, est ordinairement d'un tiers de la hauteur de la thuile, prise au-dessous du crochet.

Quand on employe des thuilles du grand moule, il faut environ 30 lattes par toises quarrées de couverture, & 36 quand on se sert de celles du petit moule, ce qui demande l'un portant l'autre, 190 clouds.

Pour que la thuille soit bonne, elle doit être faite d'une argille bien grasse, qui ne soit ni trop rouge ni trop blanche, & si bien cuite, que lors qu'on la suspend avec un fil pour la fraper, elle rende un son clair & net, ce qui n'arrive pas quand elle est mal cuite, alors elle s'écaille & tombe par morceaux, on observera aussi que la plus vieille cuite est la meilleure.

Nous avons en France de deux sortes d'ardoise, dont l'une se tire de Meziere & de Charleville, & l'autre vient d'Angers, cette derniere est beaucoup plus estimée que celle de Meziere & de Charleville; mais en général la meilleure est celle qui est la plus noire, la plus luisante est la plus ferme.

Il y a à Angers de trois sortes de grandeur d'ardoise, la premiere s'apelle la grande quarrée forte, il en faut environ 200 pour faire une toise quarrée, la seconde s'appelle grande quarrée fine, il en faut 180 par toise, la troisiéme s'apelle petite fine, il en faut 340 par toise.

On donne pour pureaux à l'ardoise aussi-bien qu'à la thuille, le tiers de sa hauteur, & les lattes sur lesquelles elles sont attachées, s'apellent *lattes volisses*, & ces lattes qui sont beaucoup plus larges que celles qui servent aux couvertures de thuile, se touchent présques l'une l'autre, elles se vendent aussi par bottes, & chaque botte contient 25 lattes, une botte fait environ une toise & demi de couverture, la contre-latte est de bois de sciage.

Pour employer un millier d'ardoise, supofant qu'elle ait un pied de long & 5 à 6 pouces de large, qui est la plus en usage, il faut 150 lattes, & 10 ou 12 toises de contre-lattes; il faut environ 12 clouds pour attacher chaque latte sur les chevrons, & au moins trois clouds pour chaque ardoise.

L'on se sert ordinairement de thuille, pour faire les égoûts des couvertures d'ardoise, & afin de les rendre de la même couleur, on les peint à l'huile.

Le plomb dont on couvre les enfaîtemens des combles d'ardoise & des arrestieres, doit avoir une ligne d'épaisseur, & environ 20 pouces de large, on le maintient avec des chrochets poſés le long de l'enfaîtement, dont il y en a un ſur chaque chevron : l'enfaîtement des lucarnes ſe couvre auſſi de plomb de même épaiſſeur, mais pas tout à fait ſi large, puiſqu'il ſuffit qu'il ait 15 pouces ; celui que l'on employe pour couvrir les œils de bœuf & les nouëds, eſt auſſi de même eſpece.

Le plomb pour les cheneaux que l'on met ſur les enfaîtemens, doit avoir une ligne & demi d'épaiſſeur, & 18 pouces de largeur, & celui des bavettes au-deſſus des mêmes cheneaux, eſt auſſi de même qualité : il faut donner aux cheneaux environ un pouce de pente par toiſe, pour l'écoulement de l'eau, que l'on ſoûtient par des crochets poſés auſſi ſur chaque chevron.

Le plomb du tuyau de deſcente doit avoir deux lignes d'épaiſſeur, & le tuyau 3 pouces de diamétre, & leurs entonnoirs ou hottes, peſent ordinairement 50 ou 55 livres, & l'on ſoûtient cet entonnoir & ſon tuyau, par des crochets poſés de diſtance en diſtance.

Quand on ne veut point faire la dépenſe d'un tuyau pour conduire les eaux juſqu'en bas, on fait une goûtiere qui porte l'eau environ cinq pieds hors de l'égoût, afin que le pied du mur ne s'en reſſente point ; cette goûtiere doit être ſoûtenuë par une bande de fer.

Comme le plomb ſe vend à la livre, l'on ſaura qu'un pied quarré ſur une ligne d'épaiſſeur, peſe environ 5 livres & demi ; ſur ce principe il ſera aiſé de connoître le poids des tables de plomb, quand on en ſaura l'épaiſſeur.

Détail de la Vitrerie.

Le plus beau verre qui s'employe en France, ſe fait dans la Forêt de Leonce, près de Cherbourg en Normandie, il ſe vend à la ſomme ou au pannier, qui comprend 24 plats de verre, qui ont 30 ou 32 pouces de diamétre, & le pannier ſe vend preſentement ſur les lieux 25 livres, après en avoir valu 50 & 55 il y a quelques années ; mais le Roy en a reglé le prix par un Arrêt rendu en 1724. & l'a taxé comme je viens de dire à 25 liv.

Quand les plats ſont entiers ſans aucun accident, & qu'ils ont 30 à 32 pouces de diamétre, on peut en tirer environ 5 pieds quarrés ; ainſi un pannier où il n'y a point de plat rompu, peut fournir 120 pieds.

Ce ſont ordinairement les Marchands Verriers, qui ſe chargent de faire voiturer les panniers de verre aux differens endroits où les

Vitriers en demandent, & il y a une convention genéralement reçûë eutr'eux, qui est que les Marchands Verriers n'indemniferont les Vitriers des plats de verre qui pourront fe cafser en chemin, que lors qu'il y en aura plus de fept d'endommagés; c'eft-à-dire, que s'il n'y en avoit que cinq ou fix, le Vitrier doit recevoir le pannier comme fi tous les plats étoient entiers; mais fi au contraire il s'en trouvoit plus de fept de rompus, alors les Vitriers ont une indemnité de 20 fols par plat, deforte que s'il y en a neuf ou dix de rompus, c'eft neuf ou dix livres que le Marchand doit diminuer.

Il y a encore une autre forte de verre pour la vitrerie que l'on tire de Lorraine; qui n'eft pas à beaucoup près fi beau que celui de Normandie, parce qu'il eft plein de puftules & très rude, mais il eft plus épais que le précedent; c'eft pourquoi on ne laiffe pas de s'en fervir dans les endroits qui ont beaucoup à foufrir du vent, & qui ne font pas de confequence; ce verre fe vend au ballot, & dans chaque ballot il y a 20 liens, chaque lien contient fix tables ou plats de verre, dont on ne peut guere tirer de chacun plus de 2 pieds & demi de verre en quarré, ainfi le ballot ne fournit qu'environ 360 pieds quarrés.

Moyennant toutes ces petites connoiffances, il fera aifé de juger du prix que doit valoir le pied quarré de verre; en quelque endroit du Royaume que l'on foit, puis qu'étant prevenu de ce qu'il fe vend fur les lieux, de ce qu'il en peut couter pour la voiture, & de ce que chaque plat peut donner; il n'en faut pas davantage pour favoir fi le marché que l'on veut faire eft raifonnable où non; il eft bon de prendre garde que tous les Vitriers du Royaume, excepté ceux de Paris, ont en ufage parmi eux, un pied qui n'a que 10 pouces de roi, & que par confequent on doit avoir égard à cette difference dans les marché que l'on fait, afin de n'avoir point de dificulté pour le toifé; mais il faut remarquer que la valeur du pied quarré de verre, doit dépendre auffi de la grandeur des carreaux, que quand ils font d'une belle grandeur, comme par exemple de 10 pouces fur 8, on n'en peut tirer qu'un petit nombre du même plat, & que par confequent il faut entrer dans le dechet, qui fera alors plus confiderable que fi les carreaux n'étoient pas fi grands, car je fupofe toûjours qu'il n'eft point queftion des panneaux, & qu'il s'agit des croifées comme on les fait aujourd'hui; enfin j'ajoûterai que quand on toife une ou plufieurs croifées, on ne s'amufe point à compter les carreaux, mais que l'on mefure la largeur & la hauteur des fenêtres, fans y comprendre les chaffis, & qu'on toife tant plein que vuide, fans diminuer la difference que caufent les croifillons ou petits bois.

Pour empêcher que l'air ne passe entre les carreaux & les croisillons; l'on a coutûme d'entourer de plomb les carreaux, ou de les coler avec du papier, dont on se sert plus volontiers, parce que les carreaux en sont plus clos; cependant comme le papier se détache à la pluye, ce qui oblige de les renouveller de tems en tems ; on se sert depuis peu d'un mastic excellent pour cela, & qui y étant une fois apliqué, se conserveroit des siécles entiers sans être renouvellé, ayant la proprieté de se durcir à l'air, & comme l'usage de ce mastic n'est connu que de peu de Vitriers, en voici la composition qui est fort simple.

On prend du blanc d'Espagne que l'on réduit en poudre, avec laquelle on fait une pâte qui se petrit avec de l'huile de noix ou de lin, & quand cette pâte est molle à peu près comme de la terre glaise, on l'aplique avec un couteau dans la feüillure, où l'on fait un cadre d'environ 2 ou 3 lignes de largeur, & comme ce mastic fait un talud, il contribuë à conserver le chassis contre la pourriture, parce que l'eau qui tombe sur les feüillures d'embas, coule & ne sejourne point : il est surprenant de voir que quand ce mastic est sec, il devient si dur & tient les carreaux si fermes, qu'il est impossible de pouvoir les détacher sans les casser par morceaux, ce qui cause une difficulté quand on veut renouveller ceux qui se trouvent rompus ; mais on peut empêcher que ce mastic ne devienne si dur, en se servant de l'huile ne navette, préferablement à toute autre ; l'experience faisant voir qu'il se détache plus aisément quand on est contraint de le faire.

Détail du pavé de Grais, de celui de Brique & de Carreaux.

On se sert ordinairement de deux sortes de pavés de grais, dont l'un s'apelle gros pavé, & l'autre pavé d'échantillon ; le premier qui peut avoir 7 à 8 pouces en quarré, sert pour paver les ruës & les grands chemins, il s'employe à sec avec du sable, on le bat & on le dresse à la demoiselle, il y a si peu de façon à le mettre en usage, que ce n'est presque point le peine d'en parler.

Le pavé d'échantillon se distingue aussi en gros & en petit, le gros n'est autre chose que des grais de 7 à 8 pouces fendus en deux, on l'employe avec du mortier composé de chaux & de ciment, pour paver les cours & autres lieux qui demandent quelque attention ; le pavé de petit échantillon, est le plus souvent composé de cailloux de couleur bleuatre, comme il s'en trouve dans certaine Province, il sert dans les Fortifications pour paver les Platte-Formes des tours, le deſſus des Voûtes des Portes de Ville, à l'endroit du rempart où ces Voûtes ne ſont point couvertes par un bâtiment, alors on le met en œuvre avec beaucoup de précaution, ſe ſervant de mortier de ciment, afin que les cailloux ſoient bien unis les uns contre les autres, & qu'après en avoir dirigé les pentes qui doivent être au moins d'un pouce par toiſe, les eaux de pluye coulant deſſus ſans qu'elles puiſſent s'y arrêter, ni s'introduire dans leur intervalles.

Il eſt aſſez difficile d'eſtimer au juſte la quantité de cailloux qu'il faut par toiſe quarrée, parce que cela dépend de leur groſſeur, qui eſt ſujette à une grande varieté; cependant l'experience montre qu'avec une toiſe cube, on peut faire dix toiſes quarrées de pavé, & qu'il faut environ 100 gros pavés de 7 à 8 pouces en quarré l'un portant l'autre, pour faire une toiſe quarrée, & deux tombereaux de ſable.

Les planchers des Cazernes ſe pavent le plus ſouvent avec de la brique, parce que les carreaux n'y reſteroient pas long-tems entiers; il eſt vrai que cela charge beaucoup les poutres & les ſolives, c'eſt pourquoi il faut y avoir égard, pour ne pas faire les planchers trop foibles.

Quand on ſe ſert de briques de 10 pouces de longueur, ſur 5 de large & 2 & demi d'épaiſſeur, il en faut 90 poſées de plat pour faire une toiſe quarrée, & environ deux tiers d'un ſac de chaux & le ſable à proportion.

Si l'on veut poſer les briques de cant, pour rendre le pavé d'un meilleur uſage, il en faut le double que quand elles ſont poſées de plat, c'eſt-à-dire 180 pour une toiſe quarrée, un ſac de chaux & le ſable à proportion.

Pour paver les chambres des pavillons, on ſe ſert ordinairement de carreaux, qui peuvent être de differente grandeur & figure, les plus communs ſont quarrés, & ont ſix pouces de côté, d'autres en ont 8 à 9, de ceux-ci il en faut 64 pour faire une toiſe quarrée, deux tiers d'un ſac de chaux, & le ſable à proportion, il y en a d'autres à ſix pans, & qui étant employés, font un meilleur effet que les quarrés; les échantillons les plus ordinaires de ces derniers ſont de 8, de 6 & de 4 pouces de diamétre, quand on les employe dans les bâtimens qui ont pluſieurs étages, il eſt bon de ſe ſervir des plus grands au rez-de-Chauſſée, & des autres plus petits aux étages ſuperieurs, parce qu'ayant moins d'épaiſſeur, ils ne chargent pas tant les planchers.

Fin du quatriéme Livre.

LA SCIENCE DES INGENIEURS
DANS LA CONDUITE DES TRAVAUX
DE FORTIFICATION.

LIVRE CINQUIEME,

Où l'on enseigne tout ce qui peut appartenir à la décoration des Edifices.

L'ART de décorer les Edifices renferme tant de choses interressantes & utiles, que j'ai crû ne pouvoir me dispenser d'en donner un petit traité qui contint succinctement les maximes les plus aprouvées des meilleurs Architectes, je sai bien que la plûpart des Ingenieurs s'y attachent peu, les autres parties de leur métier étant assés étenduës pour les occuper entierement ; cependant si l'on fait reflexion que ce n'est que par la connoissance des ordres d'Architecture qu'on peut acquerir le bon goût & cette grace qui sied si bien dans les Ouvrages même les plus

A

rustiques, l'on conviendra qu'il se rencontre mille occasions d'en faire usage, soit pour orner les Portes des Villes, les Guerites de Maçonnerie & les Edifices Militaires en general, puisqu'il faut necessairement certains principes pour profiler selon les regles les parties d'un entablement & même celles de la moindre corniche, d'ailleurs quelle satisfaction n'est-ce pas pour ceux qui se piquent d'avoir quelque connoissance au-dessus des autres, de pouvoir juger du mérite des superbes monumens qui marquent de toute part la magnificence de nos Roys, & que pourroit-on penser si on les voyoit au milieu du Château de Versailles y admirer comme le peuple les beautés qu'on y trouve, sans en avoir un sentiment plus éclairé, il est des choses que l'on ne peut ignorer sans se faire tort, on n'excuse point aisément un galant homme qui n'a nulle connoissance de la Fable, ni de l'Histoire, à plus forte raison seroit-on en droit de trouver à redire si un Ingenieur ne savoit pas faire la difference d'un ordre Toscan d'avec un Corinthien, ce n'est pas que je pense qu'il y en ait beaucoup dans ce cas, je suis fort éloigné d'un préjugé si injuste, les entretiens que j'ai eu avec plusieurs sur cette matiere, m'ont fait voir qu'il s'en trouvoit d'aussi capables de construire un Palais, qu'une demi-Lune ou une contre-Garde, je veux seulement desabuser ceux qui veulent s'attacher aux Fortifications de l'opinion que Vitruve, Palladio, Vignole & Scamozzy, sont des Auteurs qui ne les interressent pas, s'immaginant qu'il leur suffit de savoir tracer sur le Papier un front de Poligonne pour être d'habiles gens, & que tout ce qui ne tend pas directement à la maniere de Fortifier les Places, regarde le ministere des Architectes plûtôt que le leur, il y en a même qui croiroient déroger s'ils s'y apliquoient, comme s'il y avoit plus de gloire de faire bâtir un corps de Cazernes qu'un Portique.

 Malgré tout ce que je pourrois dire pour justifier les raisons que j'ai eû de parler de la décoration, ce n'a pas été sans peine que je me suis déterminé à écrire sur un sujet si délicat, les Bibliotheques étant remplie d'une grande quantité de Livres qui semblent avoir épuisé la matiere; car il faut avoüer que cette Science après avoir été long-tems ensevelie sous les ruines des Edifices antiques, est parvenuë aujourd'hui à un dégré de perfection qui la met au-dessus de son ancienne splendeur, & qu'il faut être bien habile ou bien témeraire pour ajoûter quelque chose aux préceptes que tant de grands hommes nous ont laissé, aussi n'est-ce pas mon dessein, n'ayant eû en vûë que de rendre mon Ouvrage complet, en évitant aux Lecteurs la peine d'étudier un grand nombre de Traités, où il

LIVRE V. DE LA DECORATION.

n'est pas aisé de faire un bon choix des meilleures régles. Ainsi à le bien prendre, ce n'est pas moi qui vais parler ; mais plûtôt Vitruve, Palladio, Vignole, Scamozzy, Chambray, Perrault, Blondel, Daviler & tous les autres Architectes, dont les Ouvrages ont de la réputation, souvent même je me sers de leurs propres termes n'ayant pas voulu imiter ceux qui changent les expressions d'un Auteur pour s'en approprier les pensées. Cependant comme la plûpart des Architectes ont leur méthode particuliere de déterminer les proportions des ordres, j'ai suivi celui qui m'a parû le moins confus & le plus goûté du Public, je veux dire Vignole qui peut passer avec raison pour le plus célebre d'entre les modernes, sa méthode est aisée, ses régles sont generales, & ce qui en augmente le prix, c'est qu'il les a tiré de ces grands Originaux qu'on ne peut se dispenser de prendre pour modéle, sans tomber dans des deffauts grossiers ; comme cela n'est que trop arrivé à la confusion de l'Architecture gothique, qui sans avoir eû d'autre fondement que l'ignorance & un caprice ridicule, a rempli le monde d'une quantité prodigieuse d'Edifices qui n'étoient ornés que par des colifichets, dont le mauvais goût fait tort à la mémoire de nos Peres, qui ont pû admirer des choses si bizarres, tandis qu'ils rencontroient par tout des vestiges de ces beaux monumens qui font tant d'honneur aux Grecs & aux Romains ; & peut-être serions nous encore dans le même aveuglement, si le Roi François I. en rapellant en France les Sciences & les belles Lettres, n'avoit occasionné le rétablissement de l'ancienne Architecture : mais ce ne fut point d'abord sans peine que les yeux accoûtumés aux Ouvrages gothiques pûrent se faire à de nouveaux objets, & comme dit Mr Blondel, (c'est alors que l'on vit qu'il est bien plus facile de corriger les deffauts de l'ignorance sans présomption, que d'aporter du remede à ceux qui viennent d'une fausse capacité,) les nouveaux Architectes mépriserent tout ce que l'usage avoit introduit de défectueux & d'impertinent, & ne songerent plus qu'à s'instruire dans l'examen des anciens Edifices qui restoient en Italie & particulierement à Rome ; ils en mesurerent exactement les parties, & enchantez de l'harmonie qui regnoit entre elles, ils mirent toute leur aplication à recouvrer les regles que les Romains avoient apris des Grecs, & heureusement ils trouvereut dans Vitruve dequoi leur abreger beaucoup de chemin. Cet Auteur qui est le seul qui nous reste des anciens après avoir été fort negligé, fut enfin lû par les gens du métier, & comme si la nature avoit voulu dédommager l'Architecture de l'injustice qu'on lui avoit faite pendant tant de siécles,

A ij

les Roys succeſſeurs de François I. la reçûrent avec tant d'acuëil, & donnerent tant de marques de leurs bienfaits à ceux qui la cultivoient, qu'on vit en peu de tems des morceaux dignes des plus grands Maîtres, & les choſes en ſont venuës à ce point, que ſi les Romains du tems d'Auguſte pouvoient renaître, ils viendroient en France, pour y admirer ce qu'on ne trouvoit autrefois que chez eux.

Quoique j'aye ſuivi Vignole par préference à cauſe de l'extrême facilité de ſes meſures, je n'ai pas laiſſé ſans vouloir m'écarter de ſes ſentimens de tirer des autres, ce qui pouvoit corriger ou perfectionner certaines parties que cet Auteur avoit negligé ou rendu équivoques par le peu d'étenduë qu'il donne à l'explication de ſes principes ; je n'ai pas voulu non plus comme lui me borner aux cinq ordres, j'ai crû qu'il étoit à propos de les accompagner de toutes les regles particulieres qui pouvoient y avoir raport pour rendre ce ſujet auſſi inſtructif qu'on peut le ſouhaiter dans un ouvrage comme celui-ci, dont le principal objet n'eſt point de faire des Architectes ; mais des Ingenieurs capables de tout ce qui regarde leur métier.

Quoique le mot d'*ordre* en general puiſſe s'apliquer à une infinité de choſes differentes pour ſignifier qu'elles ſont dans l'arangement qui leur convient ; les anciens l'ont affectez particulierement à l'Architecture pour exprimer l'harmonie de pluſieurs parties, qui par leurs diſpoſitions font un tout qui plaît, & ſurprend agréablement le coup d'œil, & comme les moulures & les ornemens dont on ſe ſert peuvent s'employer de diverſes manieres, & en plus ou moins grande quantité, les ordres ont été réduits à cinq, ſavoir le *Toſcan*, le *Dorique*, l'*Ionique*, le *Corinthien* & le *Compoſite*.

Les Grecs qui ont inventé les ordres, n'en ont jamais eû que trois ; le Dorique, l'Ionique & le Corinthien, les deux autres ; c'eſt-à-dire le Toſcan & le Compoſé ont été imaginés par les Romains, qui n'en ont pas fait eux-mêmes grand cas, puiſqu'au raport de pluſieurs Auteurs célebres, il reſte peu de veſtiges de l'Ordre Toſcan, parce qu'ils l'ont trouvé trop groſſier, & n'ont point employé ſeparément le Compoſé, ayant toûjours donné la preference au Corinthien ; en effet il eſt bien mieux proportionné ; car comme le remarque Scamozzi, le chapiteau de l'ordre Compoſite eſt trop maſſif & ne s'accorde point avec la délicateſſe des autres parties. Mr de Cambray dans ſon paralelle de l'Architecture antique avec la moderne, ſepare abſolument les trois ordres Grecs des deux Romains, & fait voir avec beaucoup de diſcernement, combien ces ordres sont inferieurs à la beauté des autres; car le Toscan ne peut être employé seul que dans les Ouvrages massifs & grossiers, quoiqu'on puisse s'en servir sans répugnance aux Portes des Villes, ou à quelque endroit qui demande du rustique. Le composé étant pris des autres ordres, & n'ayant rien de particulier n'en devroit point faire un à part, l'on prétend même que la licence que les Romains ont pris en imaginant cet ordre, a été en partie cause de la confusion qui s'est introduite dans l'Architecture gothique; car l'amour de la nouveauté a fait qu'on ne s'en est pas tenu là, les ouvriers les plus ignorans s'érant crû en droit de faire tous les changemens dont ils on pû s'aviser.

Pour dire un mot de l'origine des ordres, l'on prétend que le Dorique fut inventé par un nommé Dorus, qui l'employat le premier dans Argos à la construction du superbe Temple qui fut érigé à la Déesse Junon, & qu'ensuite on en bâtit un autre dans Delos à Apollon, à l'occasion duquel on imagina les Trigliphes pour répresenter la Lire dont ce Dieu étoit l'inventeur.

L'histoire ne nous aprend pas positivement quel est l'Auteur de l'ordre Ionique, l'on sait seulement qu'un nommé Ion Athenien fut choisi par ceux de sa Nation, pour être chef de treize colonies qui furent envoyées dans l'Asie mineure, où ils s'établirent dans la Carie nommée ensuite Ionie, pour faire honneur à Ion qui en avoit fait la conquête, & qui y fit bâtir treize grandes Villes, dont la plus considérable étoit Ephese, où l'on éleva un Temple à Diane, dont l'ordre étoit different du Dorique; & comme ce Temple eut ensuite beaucoup de réputation, y ayant toute aparence que c'est celui qui a été brûlé par Erostrate, on nomma le dessein selon lequel il avoit été construit, *l'ordre Ionique*, pour marquer la Province où il avoit pris naissance.

Vitruve en parlant de l'ordre Corinthien, dit qu'il fut inventé par Callimachus Sculpteur Athenien, qui demeuroit alors proche la Ville de Corinthe une des plus considérables de la Grece, & comme il y a aparence que c'est-là où cet ordre fut mis en usage pour la premiere fois; c'est sans doute ce qui lui en a fait retenir le nom, d'autres prétendent que le chapiteau Corinthien tire son origine du Temple de Salomon; au reste il en sera tout ce qu'on voudra; mais il faut convenir que l'ordre Corinthien est le chef-d'œuvre de l'Architecture, & que tout ce qu'on a pû faire de mieux jusqu'ici, a été seulement d'atteindre à la beauté que lui ont donné ses premiers inventeurs.

Les Romains après s'être rendus maîtres de l'Univers, enrichirent Rome, non seulement de tous les trésors que leur procurerent leurs conquêtes; mais introduisirent encore tout ce qu'ils trouverent d'admirable chés les étrangers, particulierement leur maniere de bâtir, que des ouvriers leurs Esclaves leur enseignoient; & bien-tôt surpassant en magnificence toutes les autres nations, leurs édifices devinrent dans la suite, les plus excellens modéles qu'on pût imiter; & pour encherir sur ce qu'ils tenoient des Grecs, ils voulurent se faire un ordre plus riche que tous les autres, & comme de ce tems là, la matiere étoit déja épuisée, ils prirent des autres ordres ce qui leur parut de plus beau, & en firent celui qu'on a nommé depuis *Composé*. La seule Province de Toscane ne voulant rien devoir aux Grecs ses plus cruels ennemis, inventa l'ordre qui a depuis conservé son nom, & pour se passer absolument des autres, il falut le destituer d'ornemens, se contentant de décorer les Temples & les autres édifices qui devoient avoir quelque relief, de Colomnes sans pieds-d'Estaux, & d'un simple Chapiteau surmonté par l'entablement dont la corniche & les autres parties sont des plus unies.

Je viens de placer les ordres dans le rang qui leur convient le mieux, quoique cela ne tire ici à aucune consequence; mais quand il sera question de les décrire & de les expliquer en détail, je me conformerai à l'arangement de Vignolle, puisque c'est l'auteur que je me suis proposé de suivre, c'est-à-dire, je commencerai par l'ordre Toscan comme le plus simple, qu'ensuite je raporterai le Dorique, l'Ionique, le Corinthien, & le Composite pour le dernier.

Explication des termes propres aux ordres d'Architecture.

Quoique je donne à la fin du second volume un Dictionnaire fort ample, pour expliquer tous les termes d'Architecture, aussibien que les autres qui auront lieu dans les differens traitez que l'on verra par la suite; j'ai cru qu'il étoit à propos de définir presentement ceux qui sont employés aux ordres, afin qu'aidé de ce qu'on trouvera écrit sur les trois premieres Planches, l'on puisse se former une idée juste des proprietés de chaque moulure, & que se trouvant expliqués de suite, sans être interrompus par d'autres termes, comme cela arrive dans un Dictionnaire, on ait plus de facilité à les retenir.

Doucine, *Cimaise* ou *Gueule droite*, est une moulure dont le contour a une sinuosité, ce qui fait que cette moulure change de nom suivant la situation où elle se trouve, quand la partie d'enhaut est concave, elle se nomme *Gueule droite* ou *Doucine*, & quand elle est convexe, on la nomme *Gueule renversée* ou *Talon*.

Listeau, *Filet* ou *Ourelet*, est une petite bande qu'on met entre les moulures pour les separer, & empêcher qu'elles ne se confondent.

Ove quart de rond ou *échine*, est une moulure dont le contour est un quart de cercle, & qui fait une partie essentielle des ornemens.

Couronne, *Larmier*, ou *Goutiere*, est un membre de la corniche, qui sert à faire écouler l'eau loin du mur, & on apelle *Mouchette* le petit rebord qui pend en bas.

Modillons, sont des pieces qui s'avancent sous le plafond des corniches pour en soûtenir la saillie, & sont un des plus beaux ornemens de cette partie de l'entablement; les anciens s'en sont servis pour representer des bouts de chevrons.

Astragale, est un petit membre rond, dont le contour a ordinairement la figure d'un demi cercle, on l'apelle communement *Chapelet*, quand il est taillé en forme de petites boules, qui ressemblent à des grains de chapelet enfilés.

Denticule, est un membre quarré, recoupé par plusieurs entailles, qui semblent vouloir representer des dents, elles s'employent ordinairement dans la corniche Ionique & Corinthienne; Vitruve apelle *Metoche* l'espace vuide qui est entre chaque denticule.

Trigliphe, est un ornement composé de trois litels ou jambes, qui sont separés par deux canelures: cet ornement ne s'employe que dans la frise de l'ordre Dorique.

Metope, est l'espace entre deux trigliphes; cet espace est ordinairement quarré, ayant autant de hauteur qu'il y a de distance d'un trigliphe à l'autre.

Soffite ou *Plafond*, est le dessous de ce qui est suspendu, ainsi l'on dit le *Soffite d'un architrave* ou *d'un larmier*.

La Frise, est une des principales parties de l'entablement, dont elle occupe le milieu, étant toûjours entre la corniche & l'architrave, cette partie a été nommée *Frise*, à cause que les ornemens qu'on y fait ressemblent à de la broderie.

Architrave, est la premiere partie de l'entablement, posée sur les colomnes ou pilastres, ou simplement sur un mur de face, quand on veut le terminer par un entablement, l'architrave à le bien prendre represente les poutres, dont les extrémités étant bien apuyées, portent dans leur longueur les parties d'une façade, ou tout autre corps élevé verticalement, ainsi l'architrave n'est autre chose que ce qu'on apelle communement *Sabliere* ou *Poitrail*.

Abaque, est une partie qui sert dans l'ordre Corinthien, à representer la thuille qui couvroit le pannier, autour duquel s'élevoit les feuilles d'Acanthe qui ont donné lieu à l'invention du chapiteau de cet ordre, les ouvriers l'apellent *Tailloirs*.

Volute est un ornement qui fait la partie essentielle du chapiteau Ionique, cette volute est contournée comme une ligne spiralle, & a été imaginé par les anciens pour representer les boucles des cheveux; qui pendoient aux côtés du visage des femmes.

Cathete de la volute n'est autre chose qu'une ligne perpendiculaire, qui passe par l'œil de la volute, & sert à la décrire & à en déterminer la hauteur; l'on met aussi de petites volutes aux chapiteaux Corinthiens, mais celles-ci s'apellent *helices*.

Galbe, on dit qu'un membre ou morceau d'Architecture, se termine en forme de galbe, lorsqu'il s'élargit doucement par en haut, comme sont les feuilles d'une fleur.

Fust ou *tige* d'une colomne, doit se prendre pour le corps de la colomne, depuis sa base jusqu'à son chapiteau.

Canelures sont des especes de côtes ou listaux exprimés sur une colomne, par le moyen des creux que l'on y pratique; ces canelures se font à vive arrête dans l'ordre Dorique; mais elles ne sont guére aprouvées, à cause qu'elles sont trop foibles, par consequent trop sujettes à être rompuës.

Escape, *Conge* ou *Retraite*, est un trait concave qui joint le nud de la colomne avec sa base ou son chapiteau: ce trait s'apelle aussi Fruit quand il s'agit de l'escape d'en bas, pour signifier que la colomne sort de sa base, commence à monter & a s'échaper en haut.

Base d'une colomne est la partie sur laquelle elle est posée.

Tore est une espece de gros anneau dans la base d'une colomne, qui semble representer les cercles de fer, dont on fortifie les extrémités des troncs d'arbres, qui servent à soûtenir quelque corps fort pesant.

Scotie c'est la partie creuse qui est entre deux tores, que les ouvriers apellent *Nacelle* à cause de sa cavité, l'on nomme *cavet* la moitié de la scotie.

La plinthe est un membre quarré & plat, que quelques uns nomment *Orle* ou *Ourelet*, elle se trouve toûjours dans les bases des colomnes.

Plinthe dans le chapiteau Toscan est la partie que l'on nomme *Tailloirs* dans ceux des autres ordres.

Piédestal est un corps quarré de figure parallelipipede, qui sert à élever une colomne ou une statuë au-dessus du rez-de-Chaussée, le Piédestal a sa base & sa corniche; & le corps parallelipipede qui

est

Livre V. de la De'coration.

est entre ces deux parties est nommé *Tronc* ou *Dé* du Piédestal.

CHAPITRE PREMIER.

Où l'on explique les proprietés des Moulures & de leurs ornemens.

IL y a deux sortes de moulures ; sçavoir les quarrées & les rondes, les quarrées sont faites avec des lignes droites, les rondes avec des portions de cercle ou autres lignes courbes ; de ces moulures il y en a de grandes & de petites, les grandes sont les *Doucines*, *Oves*, *Gorges*, *Talons*, *Tores* & *Scoties* ; les petites sont les *Filets*, *Astragales* & *Conges*, ces petites moulures servent à séparer & à couronner les grandes, pour leur donner aussi plus de relief & de distinction ; les unes & les autres se tracent differemment, selon la distance d'où elles doivent être vûës, puisque c'est de cette distance que dependent les saillies ou retraites qu'on leur donne.

Planch. 37.

Les plus belles moulures sont celles dont le contour est parfait, comme le *Quart-de-rond* & le *Cavet*, qui se tracent par le moyen d'un quart-de-cercle, ainsi qu'on le peut voir dans les figures 6, 7 & 8. Le Talon & la Doucine marquez par les figures 9, 10, 11 & 12, ont aussi fort bonne grace ; pour les tracer, il faut être prevenu qu'à ces quatre moulures, on leur donne autant de saillie que de hauteur, c'est-à-dire que AB est égal à BC ; & qu'ensuite on tire la ligne AC, qu'on divise en deux également au point F, sur chaque partie égalle CF & FA comme base, on fait un triangle équilateral, l'un en dehors, l'autre en dedans, afin d'avoir les points D & E, qui servent de centre pour décrire deux portions de cercles, qui composent ensemble la sinuosité de cette moulure, qui est la même dans les figures 9 & 10, l'une étant droite & l'autre renversée : les *Cimaises* ou *Talons* que l'on voit exprimés par les figures 11 & 12, se tracent aussi par le moyen du triangle équilateral, avec cette difference cependant, que la portion du cercle GH qui répond à la partie saillante G, est convexe, & que l'autre qui répond à la partie rentrante I est concave, au lieu que dans les deux autres figures, c'est tout le contraire.

Le contour des astragales, se fait ordinairement avec les trois quarts, ou les deux tiers de la circonference d'un cercle, au lieu que le gros & le petit tore sont formez par une demi circonferen-

B

ce juste, ainsi qu'on le voit marqué aux figures 3 & 4 ; à l'égard de la *Scotie* & du *Tore corrompu* marquez par les figures 5 & 13 , je ne sache point qu'on ait aucune regle geometrique , pour tracer la concavité de l'une & la convexité de l'autre ; c'est à ceux qui font des modeles de profils de contourner ces moulures, de façon qu'elles ne fassent point un effet desagreable.

Pour faire de beaux profils, il faut prendre garde de ne les point trop charger de moulures, & n'en point repeter de semblables imediatement l'une après l'autre ; pour cela il faut les mêler alternativement de quarrées & de rondes, de maniere que les grandes soient separées des autres, par des petites qui les fassent valoir par leur comparaison ; de ces grandes moulures, il faut qu'il y en ait qui dominent comme le *Larmier* dans la Corniche, qui est la moulure la plus essentielle, évitant sur tout l'égalité des moulures dans les profils, c'est pourquoi on les fait de differente hauteur, & pour donner là dessus quelques regles genérales ; on aura attention qu'une moulure qui en couronne une autre, ne doit avoir pour hauteur que la moitié de celle qui est au-dessous, ni moins d'un tiers ; de même le *Filet* sur l'Astragale, & l'Astragale sous *l'Ove* ne doit être moindre du quart, ni plus haut que le tiers de l'Ove ; mais on jugera mieux de toutes ces proportions, par celles qui accompagnent les profils que nous expliquerons par la suite.

Quant aux ornemens il faut sçavoir les placer avec choix & avec goût ; car comme il y a des parties qui sont ornées naturellement, à cause du beau mélange de leurs moulures, il seroit à craindre que si l'on vouloit y ajoûter quelque chose, on fît naître la confusion plûtôt que la bonne grace ; il faut prendre garde aussi que les ornemens conviennent au genre de l'édifice, & faire ensorte qu'ils soient naturels, sans en faire d'imaginaires, de grotesques & de bizarres, la nature fournit assés d'objets sans qu'il soit necessaire de faire travailler d'imagination, les fleurs , les animaux & les fruits sont en assés grande abondance pour varier les sujets, le tout est de les placer aux endroits qui leur conviennent le mieux, & c'est en ceci comme dans le reste, que l'Architecture ancienne est toûjours admirable.

Pour éviter la confusion, il faut que les ornemens soient interrompus , c'est-à-dire, qu'entre deux moulures ornées, il y en ait une lissée ou toute unie ; & lors qu'il se rencontre deux moulures d'un même profil ; les orner differemment , pour donner de la varieté, faisant ensorte que chaque partie qui sert à la décoration, soit ornée avec proportion, évitant qu'il y en ait d'entierement nuë, tandis que les autres feroient enrichies avec profusion. Les ornemens doivent aussi convenir aux ordres, les plus riches ne doivent être employés qu'aux Corinthien & Composé, & les moins recherchés à l'Ionique ; à l'égard du Toscan & du Dorique, il faut que les moulures en soient unies, afin que tout réponde à la simplicité qui convient à ces deux ordres. Pour le relief des ornemens il dépend de la grandeur des moulures, & de l'éloignement d'où elles feront vûës, prenant garde que ceux des profils du dedans de l'édifice, ayent moins de relief que ceux du dehors ; il faut aussi remarquer que les ornemens doivent être comme apliqués sur les moulures saillantes, sans qu'elles en diminuent la grosseur, lorsque ces moulures sont petites comme les *Astragales* ou *Baguettes* - au lieu qu'aux *Quarts-de-ronds* & aux *gros Tores*, qui sont de grosses moulures, les ornemens doivent être foüillez en dedans, autrement l'ouvrage seroit massif & pesant s'ils étoient par dessus ; on fait tout le contraire pour les moulures creuses, comme pour les *Cavettes* & les *Scoties*, dont les ornemens doivent être comme apliquez sur le nud de leur contour & non pas creusés dedans, parce qu'ainsi on les voit distinctement.

Les ornemens en general peuvent se diviser en deux especes, ceux de la premiere que l'on nomme *significatifs*, servent de simbole pour faire connoître l'Edifice ; par exemple, si c'est un monument élevé à la gloire d'un Heros, il est naturel d'y figurer quelques traits de son Histoire & d'y raporter des marques de son Triomphe, ce qui ne peut guéres se pratiquer que sur la frise, à cause que ces sortes de choses ont besoin d'un certain espace pour être exprimés distinctement.

Les ornemens de la seconde espece, sont ceux qui sont indifferéns & qui s'apliquent sur les moulures sans aucune consequence, tels sont les *Oves* que l'on fait de plusieurs manieres, les *Rays de cœur*, les *Fleurs*, les *Feüilles* & les *Fruits*, de diverses especes & une infinité d'autres choses qui dépendent du goût & du choix ; cependant si ces ornemens ne sont menagez avec beaucoup de circonspection, les profils en deviennent plûtôt confus & grossiers que riches & agréables, le tout est de faire ensorte que le coup d'œil soit satisfait, & qu'on aperçoive sans étude le dessein que l'on a eû en vûë, & pour tout dire en un mot, il faut que les moins connoisseurs trouvent de quoi admirer, & soient ravis d'un certain étonnement qu'a coûtume de produire ce qui est effectivement beau. Pour donner quelques exemples des ornemens qui ont été mis en usage avec plus de succès aux differentes moulures dont nous venons de parler, on a raporté

B ij

PLANCH. sur la 38 & la 39e Planches plusieurs desseins ausquels on pourra
38 & 39 avoir recours dans l'occasion.

CHAPITRE SECOND.

De la connoissance des cinq ordres en general.

POUR donner une idée des ordres aux personnes qui ne les connoissent point, & leur faciliter la maniere de les distinguer, il semble qu'avant toute chose il faut faire voir en quoi ces ordres different, & à quel signe on peut les reconnoître.

PLANCH. Si l'on considere la 37, 38 & 39e Planche, l'on y verra les cinq
37. 38. ordres raportés de suite, & l'on y remarquera que le Toscan se dis-
& 39. tingue des autres par sa simplicité, n'étant accompagné d'aucun ornement.

Que le Dorique se connoît par les Trigliphes qui servent à enrichir la frise, étant l'ordre seul où cet ornement se rencontre.

L'Ionique se fait connoître entre les autres par les volutes qui accompagnent le Chapiteau des Colomnes.

Le Corinthien se connoît aussi par son Chapiteau qui est orné de certaines feüilles qui imitent celles que l'on nomme d'*Acanthe*, d'ailleurs comme cet ordre est toûjours enrichi de plusieurs ornemens qu'on n'aperçoit point dans les trois précedens, il est aisé de ne pas s'y méprendre.

Enfin on connoîtra le composé, en remarquant que son chapiteau participe des deux ordres précedens, ayant les volutes de l'Ionique & les feüilles du Corinthien.

Il y a beaucoup de bâtimens qui sans avoir de Colomnes ni même de Pilastres, ne laissent pas de prendre le nom de quelqu'un des ordres, parce qu'il suffit qu'ils ayent des parties qui en marquent le caractere; & ces parties sont les Entablemens, les Couronnemens de façades, les grandes portes &c. Par exemple quand on voit des Trigliphes dans l'Entablement d'une façade, on peut dire que cette façade est décorée selon l'ordre Dorique, ainsi des autres.

Pour donner une idée moins superficielle des ordres, j'ajouterai que chacun est ordinairement composé de trois parties, qui sont le *Piéd'estal*, la *Colomne* & l'*Entablement*, & que chacune de ces parties en comprend trois autres, par exemple celles du pié-d'estal sont la *Baze*, le *Dé* ou le *Tronc* & la *Corniche*, celle de la colomne sa *Baze*, le *Fust*

Livre V. de la Décoration.

ou la *Tige* & le *Chapiteau*, & celles de l'Entablement, l'*Architrave*, la *Frise* & la *Corniche*.

Comme la hauteur du Piédeftal & de l'entablement doit dépendre de celle de la Colomne ; Vignolle pour établir une regle generale qui puiffe s'apliquer indiferemment à tel ordre que l'on voudra, donne pour hauteur au pié-d'eftal le tiers de celle de la Colomne, & à l'Entablement le quart ; ainfi ayant divifée la hauteur de la Colomne en 12 parties, il en prend quatre pour le Pié-d'eftal & trois pour l'Entablement, & de cette régle il tire un moyen fort aifé pour déterminer l'Ordonnance d'une façade ; car toutes les fois qu'une hauteur eft donnée, on n'a qu'à la divifer en 19 parties égales, & alors les quatres parties d'enbas fervent pour le pié-d'eftal les trois de deffus pour l'Entablement, & les douze d'entre deux pour la hauteur de la Colomne.

Cependant comme il arrive quelquefois que dans la décoration des façades, on ne fait point de Piédeftal aux Colomnes ; dans ce cas Vignolle divife la hauteur donnée en 5 parties égales, dont 4 fervent pour la hauteur de la Colomne, & la cinquiéme partie détermine celle de l'Entablement, qui par ce moyen fera encore le quart de la hauteur de la Colomne.

Comme dans tous les ordres, la proportion des petites parties doit dépendre de celle des plus grandes, tous les Architectes tant anciens que modernes, ont pris pour mefure commune le demi diamêtre de la Colomne qu'ils ont apellés *Module*, deforte que quand on dit qu'une certaine partie d'Architecture a, par exemple, pour hauteur 5 modules, on doit entendre que cette hauteur eft égale à 5 demi diamêtres de la Colomne qui eft employé dans l'ordre dont il s'agit ; cependant comme pour rendre les Colomnes plus agréables à la vûë, on leur a donné moins de groffeur vers les extrêmités que dans le milieu ; ce qui fait que n'étant point cilindriques, elles peuvent avoir plufieurs diamêtres, il eft bon de favoir pour ne pas s'y méprendre, que le demi diamêtre qui fert de module, eft celui du cercle qui répond à la Bafe de la Colomne.

Les cinq ordres augmentent de fuite en beauté & en ornement ; on les a fait auffi monter par degré en legereté & en délicateffe, par exemple les colomnes Doriques ont moins de groffeur par raport à leur hauteur, que les Tofcanes ; & les Ioniques moins de groffeur à proportion de leur hauteur que les Doriques, ainfi des autres. C'eft pourquoi Vignole donne aux colomnes Tofcanes, 7 de leur diamêtres ou 14 modules ; aux Doriques, 8 de leur diamêtres ou 16 modules ; aux Ioniques, 9 de leur diamêtres ou 18 modules,

B iij

aux Corinthiens & aux Composites 10 de leur diamêtres ou 20 modules, donnant la même élevation à ces deux ordres, quoiqu'il y ait des Auteurs qui en donnent davantage au Composite. Prevenu de ce que je viens de dire, quand on a trouvé de quelle hauteur doit être la Colomne par raport à la façade où elle doit être placée, en suivant la régle de Vignolle, il est bien aisé d'en avoir le diamêtre & par consequent le module, puisqu'il n'y a qu'à diviser la hauteur de la Colomne en autant de parties égales, qu'elle doit avoir de diamêtre, & alors une de ces parties sera le diamêtre qu'on cherche, dont la moitié pourra servir de module : car l'on sent bien que chaque ordre a son module particulier, qui est plus ou moins grand, selon que l'ordre dont il s'agit est massif ou leger, & qu'il n'en est point de cette mesure comme du pied ou du pouce ordinaire qui restent toûjours de même. Or pour rendre ceci plus intelligible, suposons qu'il soit question de décorer une façade selon l'ordre Dorique, il faut en mesurer la hauteur depuis le rez-de-Chaussée, jusqu'à l'endroit où doit se terminer le sommet de la Corniche de l'Entablement & diviser cette hauteur en 19 parties, dont il en faut prendre 12 pour la colomne pour tel ordre que ce soit, & ces 12 parties n'étant plus considerées que comme une seule grandeur, il faut la diviser en 8 parties égales, l'une desquelles sera le diamêtre de la Colomne, par consequent la moitié de ce diamêtre sera le module pour régler les proportions de l'ordre Dorique, relativement à la façade que l'on veut décorer, or comme on aura connû en pieds & en pouces la hauteur de cette façade, on pourra aussi si l'on veut raporter la grandeur du module aux mesures ordinaires, & sçavoir par consequent combien il contient de pouces, quoiqu'à le bien prendre cela soit assés inutile, puisque comme je viens de le dire, cette mesure est particuliere aux ordres & n'a rien de commun avec la toise.

Toutes les mesures en usage dans la societé, ayant été divisées en plusieurs parties pour les raisons que personne n'ignore, les Architectes ont aussi divisé leur modules en un nombre de parties égales, les unes plus, les autres moins, selon qu'ils en ont crû tirer plus de commodité quand ils ont été obligés de déterminer la grandeur des moulures & des autres petites parties, afin qu'elles eussent entre elles certaines proportions qui leur convinssent par raport à l'harmonie qui devoit regner dans le tout, & Vignolle a cela d'avantageux au-dessus des autres, c'est que les parties de son module ne sont point susceptibles de fractions embarassantes ; l'on saura donc que pour l'ordre Toscan & le Dorique, il divise le module en 12 parties égales ; mais comme dans les trois autres ordres ;

c'eſt-à-dire l'Ionique, le Corinthien & le Compoſite, il ſe rencontre des moulures encore plus petites que dans les précedens, il a diviſé le module de ces trois ordres en 18 parties égales, afin d'éviter les fractions qui ſe ſeroient rencontrées, s'il ne l'avoit été qu'en 12 parties.

Comme ce que je viens d'expliquer dans ce Chapitre, ſuffit pour être prévenu de ce qu'il faut ſavoir afin d'entendre clairement ce que l'on verra dans la ſuite, je paſſe à la compoſition des ordres en commençant par le Toſcan.

CHAPITRE TROISIE'ME.

De l'Ordre Toſcan.

DANS l'ordre Toſcan le fuſt de la colomne a pour hauteur 6 de ſes diamêtres; c'eſt-à-dire, 12 modules, & ſa baſe & ſon chapiteau chacun un, ce qui fait en tout 14 modules comme nous l'avons dit dans le Chapitre précedent; dont le tiers qui eſt de 4 modules 8 parties, eſt pour la hauteur du Piédeſtal, & le quart qui fait 8 modules, 6 parties pour celle de l'entablement; ainſi toute la hauteur de la façade, ou ſi l'on veut de l'Ordonnance ſe trouve de 22 modules 2 parties, car il faut ſe rappeller que le module dans cet ordre doit être diviſé en 12 parties égales, & que ce ſont ces parties qui vont ſervir à déterminer la proportion des moulures.

Comme nous allons donner les dimenſions dont chaque ordre eſt compoſé, & que les mêmes dimenſions ſe trouvent exactement cottées ſur les deſſeins, l'on pourra à l'aide du diſcours connoître plus diſtinctement qu'on ne l'a fait dans ce qui précede, la ſituation des moulures, leurs figures & leurs noms; puiſque chaque chiffre dont on va faire mention dans l'explication, pourra ſervir en même tems à déſigner celle dont on parle; par exemple quand on dira que la Plinthe de la baſe du Piédeſtal Toſcan eſt de 5 parties, il ſuffira de jetter les yeux ſur cette baſe, pour voir que la moulure qui répond au chiffre 5 eſt nommée Plinthe; ainſi des autres qui ſe ſuivront immédiatement, ce qui contribuëra fort à ſe rendre les termes familiers.

Piédeſtal Toſcan.

L'on donne un demi module ou 6 parties à la hauteur de la baſe du Piédeſtal dont il y en a 5 pour la Plinthe, & une pour le re- PLANCH. 4º. FIG. 1.

glet, la faillie de la Plinthe eft de 4 parties & celle du reglet de 2. Quant à la largeur du Dé ou du Tronc, elle eft de 2 modules 9 parties, & fa hauteur de 3 modules 8 parties.

La hauteur de la corniche eft égale à celle de fa bafe; c'eft-à-dire qu'elle eft de 6 parties, defquelles on en donne 4 au Talon, & deux à la Bandelette ou Reglet, toute la faillie eft de 4 parties, dont il y en a 3 & demi pour le Talon 1 & demi pour le Reglet qui eft au-deffus.

Colomne Toscane.

Cette Colomne à 2 modules par le bas & un module 7 parties par le haut, parce qu'elle va en diminuant depuis en bas jufqu'en haut & que cette diminution eft de 2 parties & demi de chaque côté.

La bafe de la Colomne a 12 parties, dont il y en a 6 pour la Plinthe, 5 pour le Tore & une pour l'Anneau, la faillie de la Plinthe & du Tore eft de 4 parties & demi de chaque côté, celle de l'Anneau n'eft que d'une partie & demi, à l'égard de l'Anneau & de l'Aftragale qui font au fommet du fuft de la Colomne, la hauteur du premier eft d'une demi partie, celle du fecond, d'une partie, la faillie de ce dernier eft d'une partie & demi de chaque côté.

PLANCH. 41. FIG. 1.

La hauteur du Chapiteau étant de 12 parties comme celle de la Bafe, le Gorgerin en a 4, l'Anneau une, l'Ove 3, l'Abaque 3, & le Reglet une; la largeur du Gorgerin eft d'un module 7 parties, & par confequent n'a point de faillie au-deffus du fommet de la Colomne, toute la largeur de l'Abaque eft de 2 modules 5 parties, ainfi fa faillie eft de 5 parties de chaque côté en y comprenant celle de fon Reglet qui eft au-deffus, la faillie de l'Anneau eft d'une partie de chaque côté.

Entablement Toscan.

La hauteur de l'Entablement étant comme on l'a dit de 3 modules & demi, ou de 42 parties; l'Architrave doit en avoir 12 en y comprenant la hauteur du Reglet qui en a 2, la Frife 14, la Corniche qui comprend le Talon, le Larmier & l'Ove avec les Filets qui les accompagnent en a 16 parties, dont le Talon en a 4, le Filet au-deffus une demie, le Larmier 6, le Filet au-deffus une demie, l'Aftragale qui eft au-deffous de l'Ove une, & l'Ove 4, la Frife & l'Architrave n'ont point de faillies, l'un & l'autre devant répondre au vif du haut de la Colomne, toute la faillie de la Corniche eft de 18 parties, chaque membre particulier a autant de faillie que d'hauteur, excepté le Larmier dont la faillie eft de 9 parties, (en y comprenant

le

LIVRE V. DE LA DE'CORATION. 17

le Filet qui eſt au-deſſous, quoique ſa hauteur ne ſoit que de 6, & pour juger de l'effet que font toutes ces ſaillies, il ſuffira de conſiderer le deſſein où les proportions de toutes les parties ſont exactement marquées. L'on creuſe ordinairement dans le Larmier un Canal que les Ouvriers apellent *Mouchette pendante*; ce Canal ſe pratique afin de rendre l'ouvrage plus leger, & pour empêcher que l'eau n'aille couler ſur la Friſe.

Quand on employe l'ordre Toſcan aux Portes des Villes ou à celles de quelques Edifices militaires, on peut pour leur donner plus de majeſté, revêtir les Colomnes de Boſſages ou de Ceintures & de Bandes, pourvû qu'elles ſoient ruſtiques & ſans ſculpture; ce ruſtique ſe fait pointillé également, ou en tortillis comme les pierres mangées & moulinées par la Lune, ce qui peut être apellé *Ruſtique vermiculé*; cependant comme ces Boſſages augmentent le module de la Colomne, & la rend plus courte qu'elle ne ſeroit ſi elle étoit toute unie, il eſt à propos de lui donner pour hauteur un peu plus des 7 diamêtres.

Si l'on vouloit ſe ſervir de l'ordre Toſcan ſans Piédeſtal, il faudroit diviſer la hauteur donnée en 5 parties égales, dont il y en aura 4 pour la hauteur de la Colomne y compris ſa Baſe & ſon Chapiteau, & pour la hauteur de l'entablement, une. Or ſi l'on diviſe enſuite la hauteur de la Colomne; c'eſt-à-dire les quatre cinquiéme de la hauteur qu'on veut donner à l'Ordonnance en 14 parties égales, une de ces parties ſervira de module : ainſi le Fuſt de la Colomne aura comme cy-devant 12 modules, la Baſe & le Chapiteau chacun un; & comme le quart de 14 eſt 3 & demi, il s'enſuit que l'Entablement aura encore 3 modules & demi de hauteur & que toute l'Ordonnance 17 & demi.

Mr de Cambray en parlant de l'ordre Toſcan, dit que ſa Colomne ſans aucun Architrave, eſt la ſeule piece qui mérite d'être miſe en œuvre, & qui peut rendre cet ordre recommandable; il fait enſuite la deſcription de la Colomne *Trajane*, dont il remarque l'excellence, & qu'il croit avoir ſervi de regle à la Colomne *Antonine*, & à une autre qui fut élevée dans Conſtantinople à l'honneur de l'Empereur Theodoſe, pour cette derniere elle eſt des plus belles, non-ſeulement parce qu'elle eſt bien proportionnée; mais par l'ouvrage en bas relief dont elle eſt entourée depuis le bas juſqu'en haut, où l'on voit la deſcription du triomphe de cet Empereur après avoir vaincu les Scites. J'en ai une Eſtampe qui a bien 25 pieds de longueur ſur 2 de hauteur, gravée ſur le deſſein d'un R. P. Jeſuite qui l'a fait à Conſtantinople d'après l'original. Cependant ſelon Felibien,

C

il y a aparence que la Colomne Trajane n'eſt pas la premiere que l'on a dreſſé à l'honneur de grands hommes, puiſqu'il n'y a pas long-tems que l'on voyoit à Rome une petite Colomne Toſcane ſur laquelle étoit la figure d'un Corbeau avec ce mot au-deſſous (*Corvin*) qui marque ſelon toute aparence que cette Colomne fut élevée à Valerius Maximus, après l'action qu'il fit à la vûë de l'Armée des Gaulois & de celle des Romains, où il accepta le déffi d'un géant qui ſortit de l'Armée ennemie, qu'il combatit & vainquit avec le ſecours d'un Corbeau qui vint ſe placer ſur ſa tête, ce qui lui fit prendre enſuite le ſurnom de Corvinius, & comme ſuivant l'Hiſtoire Romaine nouvellement miſe au jour par les R. R. P. P. *Catrou* & *Roüillé*, de la Compagnie de Jeſus, cette action mémorable eſt arivée l'an 404. de la Fondation de Rome, l'on voit combien cette colomne eſt plus ancienne que la Trajane.

<small>Voyez l'Hiſtoire citée To. 4. p. 232.</small>

CHAPITRE QUATRIE'ME.

De l'Ordre Dorique.

LA hauteur de toute la Colomne de cet ordre y compris la Baſe & le Chapiteau, ſelon Vignolle, eſt de 16 modules, dont il y en a un tiers; c'eſt-à-dire 5 modules 4 parties pour le Piédeſtal, un quart pour la hauteur de l'entablement qui ſera par conſéquent de 4 modules, & le module eſt encore diviſé en 12 parties comme pour l'ordre Toſcan.

Piédeſtal Dorique.

<small>PLANCH. 40. FIG. 2.</small> La hauteur du Piédeſtal étant de 5 modules 4 parties, on en donne 10 à la Baſe & 6 à la Corniche; ainſi le Dé ou Tronc ſe trouve de 4 modules de hauteur.

Des 10 parties de la Baſe on en donne 4 au Socle, deux & demi à la Plinthe, 2 au Talon renverſé, une à l'Aſtrangle & une & demi au Filet.

La ſaillie du Socle eſt de 4 parties & demi, celle de la Plinthe de 4, celle du Talon renverſé de 3 & demi, celle de l'Aſtragale de 2, & celle du Filet, d'une, & la largeur du Dé ſe trouve de 2 modules 10 parties.

Des 6 parties qui compoſent la hauteur de la Corniche, on en donne 1 & demi au Talon, 2 & demi à la Goûtiere, une demi au Filet, une à l'Ove & une demi au Reglet.

LIVRE V. DE LA DÉCORATION.

La faillie de la Corniche est égale à sa hauteur; c'est-à-dire qu'elle est de 6 parties, dont il y en a 1 & demi pour celle du Talon, 4 pour celle de la Goûtiere, & 6 pour celle du Reglet & de l'Ove qui est au-deffous.

Colomne Dorique.

De 16 modules que l'on donne à la hauteur de la Colomne, il y en a une pour la Base & une autre pour le Chapiteau; ainsi il reste 14 modules pour le Fust : & la diminution de cette Colomne par le haut est de 4 parties, deux d'un côté & deux de l'autre, par conséquent le vif de cette Colomne est d'un module 8 parties.

La Base étant de 12 parties, on en donne 6 à la Plinthe, 4 au Tore, une à l'Astragale & une au Reglet ou Anneau, surquoi il faut remarquer qu'il n'y a que dans l'ordre Toscan & le Dorique, où le Filet fait partie de la Base; car dans les trois ordres suivans il apartient au Fust de la Colomne.

La largeur de la Plinthe aussi-bien que celle du Tore est de 2 modules 10 parties, parce que ces deux membres n'ont point de saillie au-dessus du Dé du Piédestal; mais celle de l'Astragale est de 2 parties 3 quart au-dessus de la Colomne, & celle du Filet 2.

Ayant compris dans la hauteur du Tronc de la Colomne, l'Astragale & le Filet qui se trouvent au sommet : on doit dans cet ordre aussi-bien qu'au Toscan separer ces deux moulures du Chapiteau; ainsi il suffira de dire que le Filet est d'une & demi partie, & l'Astragale d'une, & que la saillie de l'Astragale est de 2 parties & celle du Filet d'une & demi. PLANCH. 41. FIG. 2.

La Colomne commence à diminuer au tiers de sa hauteur, ou même dès le pied, auquel cas on lui donne 2 modules & 2 parties pour le diamêtre qui répond au tiers de la hauteur, afin de la faire renfler d'une partie de chaque côté ; nous parlerons dans la suite de la maniere que se trace la diminution & le renflement.

De 12 parties que le Chapiteau a de hauteur, on en donne 4 au Gorgerin & une demi à chacun des trois Reglets ou Anneaux qui sont immédiatement après, 2 & demi à l'Ove qui est au-dessus, 2 & demi à la Goûtiere de l'Abaque, une au Talon & une demi au Reglet.

La saillie du Reglet de l'Abaque a 5 parties & demi de chaque côté, ainsi toute sa largeur sera de 2 modules 7 parties; la saillie des 3 Reglets est d'une partie, celle de l'Ove est égale à sa propre hauteur, celle de la Goûtiere est de 4 parties, & la largeur du Gorgerin est égale à celle du haut de la Colomne.

C ij

Le Reglet, le Talon & la Goûtiere de l'Abaque doivent être quarrés dans tous les ordres, & les autres membres arrondis comme le Fust de la Colomne.

Quand on veut embelir cet ordre & lui donner plus de délicateffe, il faut canneler les Colomnes de 20 canelures à vive arrête; c'eft-à-dire par des canelures qui ne foient point feparées avec des Reglets de la maniere que nous l'expliquerons plus particulierement dans la fuite, on peut aufli tailler des Rofes ou Fleurs, ou même des Feüilles dans le Gorgerin & pour donner plus de grace, au lieu de faire 3 Filets au haut du Gorgerin, n'en faire qu'un & changer les deux autres en un Aftragale retaillé d'olives & de patenottes, & refendre l'Ove de 20 œufs qui doivent répondre à plomb fur les arrêtes des canelures, les Olives de l'Aftragale doivent aufli être au nombre de 20. & répondre juftement fous les œufs de l'Ove.

Entablement Dorique.

La hauteur de l'Entablement étant de 4 modules ou de 48 parties, l'on en donne 12 à l'Architrave, 18 à la Frife & 18 à la Corniche; & comme cet Entablement eft orné de plufieurs petites parties qui demandent d'être bien détaillées pour être executé avec précifion, nous allons faire enforte de ne rien négliger.

Les Goutes au-deffous des Trigliphes font toûjours au nombre de 6, difpofées de façon que leur intervale en occupe la largeur, ces Goutes font faites en forme de Clochettes, leur faillie eft égale à leur hauteur, l'une & l'autre étant d'une partie & demi, font couronnées par un Filet qui a pour hauteur une demi partie, au-deffus duquel eft un Reglet de 2 parties, & dont la faillie eft d'une partie.

Les Trigliphes font élevées dans la Frife de toute fa hauteur, & ont par confequent 18 parties, leur largeur eft de 12 parties, ils font refendus de 2 Canaux, qui ont chacun 2 parties feparées par 3 Arêtes, qui ont aufli 2 parties de largeur & une de faillie, accompagné par chaque côté d'un demi canal, le creux des canaux eft en angle droit, leur hauteur eft de 16 parties. J'ajoûterai que la diftance d'un Trigliphe à l'autre, eft ordinairement égale à la hauteur de la Frife, c'eft-à-dire de 18 parties; cet efpace que l'on nomme *Metope*, eft orné quelquefois par des noms en chifres, ou par quelque autre deffein fait à fantaifie; mais qui doivent être fimples.

De 18 parties que comprend la Corniche, il y en a 2 pour le Reglet qui fert de Chapiteau aux Trigliphés, 2 pour le Talon, un

LIVRE V. DE LA DE'CORATION. 21

demi pour le Filet qui est au-dessus, 3 pour la Bandelette qui est refenduë par des Denticules, au-dessus desquelles est une petite Ove d'une demi partie : la largeur des Denticules est de 2 parties, leur intervale d'une partie & demi, la Goûtiere de 4, le Talon de 2 & demi, le Filet d'une démie, le Cavet de 3, & le Reglet d'une partie.

Toute la saillie de la Corniche est de 2 modules ou de 24 parties; surquoi la Bandelette des Denticules en a 6, le Larmier 14, faisant attention que les Denticules sont quatrées par le bas, ayant autant de saillie que de largeur; à l'égard des saillies des autres moulures, elles sont égales à leur hauteur, comme on le voit marqué dans le dessein.

L'on taille ordinairement le Plafond de la Goûtiere, pour y pratiquer un Canal & des Goûtes, afin de l'orner & de le rendre plus leger.

Vitruve ne met point de différence entre le Chapiteau Dorique & le Toscan en ce qui regarde les mesures, il se contente seulement d'y ajoûter quelques ornemens pour le rendre moins nud; mais Vignole & tous les autres Architectes qui sont venus après, n'ont point suivi cette conformité, & ont tous donné au Chapiteau Dorique, à peu-près les mêmes proportions que nous avons raporté ici.

Vignolle a tiré du Théâtre de Marcellus le dessein de l'ordre Dorique que nous venons de donner pour exemple, surquoi Mr d'Avilers remarque que Vitruve n'a point été l'Architecte de ce monument comme plusieurs l'ont prétendu, parce que cet Auteur étoit contemporain d'Auguste, dont il étoit l'Ingenieur, dailleurs il est à présumer que s'il y avoit eû part, il en auroit fait mention dans son Livre; mais ceci est de peu d'importance, on remarquera seulement que Vignolle ne s'est pas attaché absolument à suivre les proportions du Théâtre de Marcellus, parce que s'étant aperçû que les membres de chaque parties n'étoient pas assés bien proportionnez entre eux, il a fait les changemens qu'il a jugé les plus necessaires, par exemple ayant trouvé que la Corniche n'étoit pas assés élevée, il a ajoûté quelques moulures au-dessous du Larmier, & par là, la hauteur de la Corniche se trouve égale à celle de la Frise, ce qui lui donne plus de grace & de dégagement dailleurs la platebande qui sert ici de Chapiteau aux Trigliphes, fait partie de la Corniche, & non pas de la Frise, ce qui est tout le contraire dans les desseins que nous avons de ce Théâtre.

Vignolle raporte encore un autre Entablement de l'ordre Dorique, qu'il a tiré à Rome de plusieurs fragmens antiques & que

C iij

l'on peut voir fur la Planche 48. qu'il eſt peu different de celui dont nous venons de parler ; tout ce qu'on y trouve de plus remarquable, c'eſt qu'on n'y voit point de Denticule.

CHAPITRE CINQUIEME.

De l'Ordre Ionique.

AYANT fait remarquer dans le ſecond Chapitre, que les Trigliphes étoient des membrés qui apartenoient particulierement à l'ordre Dorique & qui ſervoient à le faire reconnoître entre les autres de même que les Volutes du Chapiteau Ionique, étoient affectés à cet ordre, ce qui ſert à le diſtinguer auſſi des autres, j'ajoûterai ici que les Volutes ont été regardées par les anciens comme exprimant les coëffures des anciennes Dames de la Grece, & que les canelures des Colomnes avoient été faites à l'imitation des plis de leurs robes, il y a des Auteurs qui ne ſont point de ce ſentiment, & qui veulent que les Volutes ayent été faites pour repreſenter les pentes roulées des couſinets que l'on feignoit avoir mis ſur la tête des *Cariatides*, pour leur donner moins de peine à porter le poids des Architraves ; mais ce qu'il y a de certain, c'eſt que l'ordre Ionique a toûjours été regardé des Grecs & des Romains, comme étant le ſymbole du beau ſexe.

Piédeſtal Ionique.

PLANCH. 40. FIG. 3.

La hauteur du Piédeſtal qui eſt de 6 modules ſe partage, enſorte que la Baſe ait un demi module & la Corniche autant, ainſi il reſte 5 modules pour la hauteur du Dé.

La Baſe eſt compoſée d'une Plinthe de 4 parties, d'un Filet de deux tiers, d'une Doucine de 3 parties & d'une Aſtragale d'une partie & un tiers.

La ſaillie de la Plinthe eſt de 8 parties, celle du Filet de 7, & celle du centre de l'Aſtragale de 6.

La largeur du Dé doit être de 2 modules 14 parties, ſes moulures ſont les Reglets du deſſous & du deſſus avec leurs Chamfrains qui ont chacun une partie, la ſaillie du Reglet d'enbas, eſt d'une partie, & celle d'enhaut de deux.

Les moulures de la Corniche font l'Aſtragale, qui a une partie, l'Ove en a 3, la Goutiere auſſi 3, le Talon 1 & un tiers, & le Reglet 2 tiers ſeulement, la ſaillie de toute la Corniche eſt de 10 parties, celle de la Goûtiere de 8, & celle du haut de l'Ove 5.

Colomne Ionique.

La Baſe de la Colomne a pour hauteur un module, elle eſt compoſée de la Plinthe qui a 6 parties, de l'Orle ou Anneau qui n'a qu'un quart, de la Scotie qui a 2 parties, d'un autre Anneau d'un quart, enſuite ſont 2 Aſtragales immediatement l'un ſur l'autre qui ont chacun une partie, au-deſſus eſt encore un Orlet d'un quart de partie, & une Scotie de 2 parties, un Filet d'un quart, le tout terminé par un Torc de 5 parties.

Toute la ſaillie de la Baſe eſt de 7 parties de chaque côté afin que la largeur ou le front de la Plinthe ſoit le même que le front du Piédeſtal que nous avons dit cy-devant être de 2 modules 14 parties, la ſaillie de l'Orle qui eſt ſur la Plinthe eſt de 6 parties & demi, celle des 2 Aſtragales & du Tore de 5, & celle du Reglet qui eſt ſous le Tore de 2 & demi.

La hauteur du Fuſt de la Colomne eſt de 16 modules 6 parties, PLANCH. le Reglet ou Orle de deſſous avec ſon Conge ou Cavet 1 partie 41. & demi, le Tronc de la Colomne 16 modules & une partie & FIG. 3. demi, l'Orle de deſſus avec ſon Conge 1 partie & l'Aſtragale 2 parties.

La ſaillie des Orles avec les Chamfarins, eſt de 2 parties, & celle de l'Aſtagale de 3 : la largeur de la Colomne par le bas eſt de 2 modules qui ſe conduit également juſqu'au tiers de la hauteur, d'où elle eſt inſenſiblement diminuée juſques ſous l'Orle de deſſus, où ſa largeur eſt reduite à un module & 12 parties, afin que la diminution ſoit de 3 parties de chaque côté.

Si l'on veut canneler les Colomnes Ioniques, il faut premiere- FIG. 6. ment faire le plan du Fuſt à l'endroit de la baſe, c'eſt-à-dire qu'on tracera un cercle dont le diametre ſera de 2 modules, enſuite on en diviſera la circonference en 24 patties égales, tel que *AB* qu'il faut partager chacune en 5 autres parties, aux points 1, 2, 3 & 4, & l'une de ces parties comme *C*, marque l'épaiſſeur des côtés ou liſtels des Cannelures, & les autres 4, comme *A* 4 ou *BD*, déterminent le creux ou le fond qui ſe foüille dans le vif de la Colomne en forme d'un demi cercle, qui auroit pour diametre l'intervale *A* 4 ou *BD*; ſes moulures ſont conduites depuis le pied de la

Colomne jufqu'au deffous de l'Orle fuperieure, enforte que les lignes montantes fuivent toûjours entre elles le contour de la diminution de la Colomne, pour s'aprocher avec la même proportion; ainfi la Colomne fe trouve cannelée agreablement, & fuivant les regles de la bonne Architecture, avec 24 creux & autant de cannelures qui feront chacune égale au quart de la largeur du creux, quoi qu'elles puiffent être quelquefois plus grandes, enforte neanmoins qu'elles ne paffent jamais au-deffus du tiers, & jamais au-deffous du cinquiéme du même creux, qui font les termes que les anciens fe font prefcrits dans leur cannelures.

Chapiteau Ionique.

FIG. 3. & 8.

La hauteur du Chapiteau fe fait de 12 parties, non compris la pente des Volutes, fes moulures font l'Ove qui a 5 parties la Platte-Bande des Couffinets des Volutes 3, la Bandelette ou Bordure 1, la Cimaife ou Talon de l'Abaque 2, & la regle de l'Abaque 1.

Toute la faillie de l'Ove eft de 7 parties, celle de l'Abaque en a 5, celle des bordures des Volutes 4 & demi, & celle du fond ou creux de la Platte-Bande du Couffinet des Voulutes fur l'Ove 6 & demi.

La perpendiculaire ou Catele CD de l'œil des Volutes, paffe par le milieu AB de toute la faillie de l'Abaque : fa longueur FD fous l'Abaque eft de 16 parties, & le centre E de l'œil fe prend fur la 9e. enforte qu'il y a 9 parties de F en E & 7 de E en D. On verra par la fuite comme on trouve dans l'œil de la Volute, les centres qui fervent à la former, auffi-bien que ceux qui donnent les Arcs de la bordure ou Volute interieure.

Toute la face ou largeur de l'Abaque eft de 2 modules 4 parties, celle des Volutes par devant & par derriere, eft de 2 modules 11 parties, comme on le peut voir dans la figure 8 de la Planche 40, qui réprefente tout le Chapiteau vu par le deffous : la largeur de la face des côtés du Chapiteau eft d'un module 17 parties, la largeur de la Ceinture qui eft entre les Baluftres, ou qui attache le Couffinet des Volutes fur les côtés eft de 6 parties, avec un Filet de part & d'autre de 1 partie, elle prend fon origine fous le Talon de l'Abaque, d'où elle defcend infenfiblement fur la partie de l'Ove, qu'elle embraffe de là avec un contour agreable, jufques fur l'Orle fuperieur du Fuft de la Colomne, d'où enfin elle remonte en s'arrondiffant en dedans fur l'Aftragale, pour fe venir perdre au-deffous de l'Ove, les extrémités des Baluftres font enfermées d'un Ru-

ban

LIVRE V. DE LA DE'CORATION.

ban ou Orle, qui a pour largeur 2 parties, enfin on taille des œufs dans l'Ove qui répondent au vif des Cannelures. Tout ceci s'entendra parfaitement si l'on confidere les deffeins qui font relatifs à ce difcours.

Scamozzy fait le Chapiteau Ionique different de celui de Vignole, comme on en peut juger par la figure 7e. de la 41e. Planche & la 9e de la 40e. Ce Chapiteau a fort bonne grace & paroît aprouvé des meilleurs Architectes, & afin d'être mieux inftruit des particularités qui lui apartiennent effentiellement ; voici l'explication qu'en donne Scamozzy lui-même dans le Chapitre 23 du 6e Livre *de fon idée generale d'Architecture*, où après avoir décrit le Chapiteau Ionique ordinaire, il continuë en ces termes.

„ Il faut à prefent, dit-il, expliquer un autre Chapiteau Ionique
„ de nôtre invention imité de l'antique & de Vitruve en partie, qui
„ eft different des autres qui ont été faits jufqu'à prefent, en ce que
„ l'Abaque eft dégagé pardeffous, que les Volutes font Angulaires,
„ que les 4 faces en font égales, & qu'il a beaucoup de raport à la
„ partie fuperieure du Chapiteau Corinthien, il eft fi regulier en
„ fes parties & réüffit avec tant de grace, qu'il a été mis en œuvre
„ à la plûpart des Bâtimens que nous avons fait.

„ Son Plan quarré a un module & un tiers à chaque face, il y
„ faut tracer des lignes diamêtrales & d'autres diagonales qui fe croi-
„ fent & qui fe divifent en 8 parties égales : du centre on décrit la
„ circonference du diametre fuperieur & celle du Lifteau & de
„ l'Aftragale.

„ Enfuite fur chaque diagonale il faut tracer à l'équerre une ligne
„ diftante du centre d'un module moins un huitiéme, ainfi la diagona-
„ le refte en tout longue d'un module 3 quarts : cette ligne à chacune
„ des extrêmités des diagonales, fait les cornes de l'Abaque qui ont
„ 2 parties trois quarts de largeur, les 8 angles touchent les 4 côtés
„ du quarré, & fur un des côtés d'un des points qui le touche, il
„ faut prendre la Bafe d'un triangle équilateral & de fon fommet,
„ tracer la ligne courbe de la face de l'Abaque, la profondeur de
„ cette courbe fera de 2 douziéme & demi de module, de forte
„ que d'une courbure à l'autre, il y aura un module & un douziéme
„ comme nous avons dit cy-devant, ce qui peut encore fervir pour
„ faire l'Abaque quarré.

„ Au milieu de chaque face de l'Abaque, il faut mettre une
„ Fleur large d'un cinquiéme module ou de 3 parties, de 2 cinquié-
„ mes des 18, depuis l'extrêmité de l'Aftragale jufqu'à celle de la
„ corne de l'Abaque, il y aura 7 parties de largeur, le deffous des

D

,, Volutes est de 2 parties & 3 quarts vers le devant, & elles s'élar-
,, gissent en dedans, & s'éloignent de l'Ove & entrent dessous l'Aba-
,, que; sous les Fleurs regne l'Ove qui saille à chaque face de demi
,, partie plus que la courbure de l'Abaque, ce qui est pour le Plan.
  ,, La hauteur de ce Chapiteau avec les Volutes est de 9 parties
,, & 5 huitiémes des 18 du bas de la Colomne, nous nous servons
,, de ces mesures pour faire la division & donner les hauteurs des
,, parties. L'Abaque a de front un module & un tiers, sa hauteur
,, est d'une partie & de 5 huitiémes, qui comprennent le Filet & le
,, Talon qui a une partie de saillie égale à sa hauteur, sous l'Aba-
,, que le Listeau & la Volute a une partie, & le membre creux de
,, la Volute qui pose sur l'Ove une partie & demi.
  ,, L'Ove a 2 parties de ce membre creusé qui est à la Volute &
,, finit sur l'Astragale qui détermine le haut du Fust de la Colomne,
,, il y a un module & un neuviéme de diamètre; l'Astragale a une
,, partie de hauteur & répond à l'œil de la Volute, le Listeau au-
,, dessous a 2 cinquiémes de cette partie, & ses membres doivent
,, être toûjours dégagés des Volutes qui pendent plus bas que le
,, Listeau de 2 parties 2 cinquiémes.
  ,, Les Volutes depuis le dessous de l'Abaqué ont 8 parties de haut,
,, 7 de large, & leur épaisseur sous la corne de l'Abaque est de 2
,, parties 3 quarts, elles commencent à côté de la Fleur sur l'Ove &
,, se vont courber sous la corne de l'Abaque, l'œil de la Volute qui
,, est d'une partie doit être de niveau avec l'Astragale; dans le milieu
,, de l'œil on fait un quarré plus petit de moitié que le diamètre &
,, parallele aux lignes croisées: les diagonales de ce quarré se divi-
,, sent en 6 parties égales qui font en tout 12 centres pour les tours
,, de la Volute, il faut prendre garde que les centres Angulaires
,, sont éloignés entr'eux d'une demi partie, ceux des lignes du quarré
,, d'un tiers de partie, & ainsi la Volute diminuë dans les trois tours
,, de ses 12 quartiers.
  ,, Il y a 4 parties & demi depuis le centre de l'œil jusques sous
,, l'Abaque, & 4 depuis le centre jusqu'au dehors de la Volute qui
,, est à plomb sous la face de la corne de l'Abaque, il y en a 3 & de-
,, mi de ce même centre jusqu'au bas de la Volute; ainsi elle di-
,, minuë de 2 parties dans le premier tour; c'est-à-dire une demi
,, partie pour chaque quartier, & dans le tour elle diminuë de 2
,, tiers de parties; c'est-à-dire d'un sixiéme pour chaque quartier,
,, de sorte que c'est 4 parties pour les trois tours qui sont dans l'es-
,, pace contenu depuis le dessous de l'Abaque jusques sur l'œil.

Livre V. de la Décoration.
Entablement Ionique.

La hauteur de l'Architrave se fait d'un module 4 parties & demi, on donne 4 parties & demi à la premiere Platte-Bande, 6 à la seconde, 7 & demi à la troisiéme, 3 au Talon, & une & demi à la Regle.

La premiere Bande repond au vif de la Colomne, la saillie de chacune des 2 autres est d'une partie, la Regle & le Talon en ont cinq. PLANCH. 41. FIG. 3.

La Frise a pour hauteur un module & demi, elle se fait à plomb & répond au vif du haut de la Colomne, de même que la premiere Platte-Bande, l'on peut y entailler des ornemens composés de Figures, de Fleurs ou de Feüilles.

La hauteur de la Corniche est d'un module 13 parties & demi, ses moulures sont composées d'abord d'un Talon qui a 4 parties, de la Regle qui en a 1, de la Bandelette des Denticules qui en a 6, d'un Filet qui a une demi partie, d'un Astragale d'une partie, de l'Ove qui en a 4, du Larmier qui en a 6, d'un Talon au-dessus qui en a 2, d'un Filet qui en a une demi de la Doucine qui a 5 parties & de la Regle qui en a 1 & demi.

Toute la saillie de la Corniche est de 31 parties, celle de la Regle est de 5, surquoi il faut en ajoûter 4 pour la saillie des Denticules, 4 & demi pour celle de l'Ove, 10 pour celle de la Goûtiere, 2 & demi pour le Filet, & 5 pour la saillie de la Regle.

La hauteur des Denticules se fait de 6 parties, leur largeur de 4 sur autant de saillie, & espacées de 2 parties : sur le haut du vuide de ces intervales, on laisse en dedans une Regle qui a pour hauteur une partie & demi.

Quand on foüille des Feüillages sur le Talon des Cimaises, des œufs dans l'Ove & des grains d'Olive ou de Patenotes dans les Astragales, on le doit faire de maniere que les Olives répondent à plomb sous les œufs, & les œufs sous les Denticules, aussi-bien que les Tiges des Feüillages de la Cimaise.

Maniere de tracer la Volute Ionique.

Plusieurs sçavans Architectes ont cherché des métodes pour tracer la Volute Ionique afin de lui donner cette forme agréable qu'on remarque dans les Chapiteaux antiques ; car l'on a ignoré jusqu'ici de quelle maniere les anciens s'y sont pris, ne nous étant resté que les écrits de Vitruve qui ne satisfont point assés, ce qui a été cause qu'on a regardé long-tems la description de la Volute, comme un Problême fort interressant. Vignole en donne deux solutions differentes dont la pratique est aisée ; mais peu exactes, ainsi que plusieurs autres dont je ne ferai pas mention.

Le plus sûr moyen d'instruire un lecteur à peu de frais, étant de lui mettre d'abord sous les yeux ce qu'il y a de meilleur, je me contenteray de raporter seulement la Volute *de Goldman*, qui est la plus estimée de toutes celles qu'on a imaginées jusqu'ici, parce qu'elle se décrit Géometriquement aussi-bien que le Listel ou la Volute intérieure.

PLANCH. 42.
FIG. 5.

Supofant qu'on a déterminé la grandeur du module qui doit servir à régler l'Ordonnance Ionique, on le divisera comme je l'ai déja dit en 18 parties égales, on tirera une ligne AB, à laquelle on donnera 16 de ces parties, ou si l'on veut un module moins 2 parties ; ensuite on déterminera dans cette ligne le point E, ensorte qu'il soit éloigné de 9 parties de l'extrêmité A, & de 7 de l'extrêmité B. Ce point sera le centre de l'œil de la Volute, & pour avoir cet œil, on décrira un Cercle qui aura pour centre le point E, & pour rayon une partie, alors le diamètre CD, sera de 2 parties, la ligne CA de 8, & la ligne DB de 6, ainsi que le prescrit Vignolle.

Cela posé il faut diviser les demis diamètres EC & ED, en 2 également aux points 1 & 4, & sur la ligne 1.4, qui sera égale au rayon, faire le quarré 1. 2. 3. 4, dont le côté 2 & 3 touchera la circonference du Cercle, on tirera les lignes E 2 & E 3, & l'on divisera la Base 1. 4. en 6 parties égales, afin d'avoir les points 5. 9. 12. 8. Après quoi sur la ligne 5. 8. on fera le quarré 5. 6. 7. 8, & sur la ligne 9. 12, le quarré 9. 10. 11. 12, alors on aura 3 quarrés par conséquent 12 angles droits qui donneront 12 centres dont nous nous servirons après avoir prolongé les côtés des quarrés indefiniment dans le sens qu'on le voit ici.

Pour tracer le contour de la Volute, il faut du centre 1 & de l'intervalle 1 A, décrire le quart de Cercle AF, du centre 2. & de l'intervalle 2. F, le quart de Cercle FL, du centre 3 & de l'intervalle 3. L, le quart de Cercle LO, du centre 4, & de l'intervalle 4. O, le quart de Cercle OQ, du centre 5. & de l'intervalle 5. Q, le quart de Cercle QG, du centre 6. & de l'intervalle 6. G, le quart de Cercle GI, du centre 7. & de l'intervalle 7. I, le quart de Cercle IN, du centre 8 & de l'intervalle 8. N, le quart de Cercle NR, du centre 9. & de l'intervalle 9. R, le quart de Cercle RH, du centre 10. & de l'intervalle 10. H, le quart de Cercle HK, du centre 11. & de l'intervalle 11. K, le quart de Cercle KM ; enfin du

LIVRE V. DE LA DÉCORATION. 29

centre 12. & de l'intervale 12. M, l'Arc MS qui aille rencontrer la circonference de l'œil de la Volute.

Pour décrire le contour interieur, il faut prendre la ligne AP, égale à une partie de module, ensuite chercher aux lignes CA, CP, Ej, une 4e proportionnelle qui sera aisée à trouver ; car comme la ligne CP, est les sept huitiémes de la ligne CA, celle que l'on cherche doit être aussi les sept huitiémes de la ligne Ej, afin que les antecedans ayent même raport à leurs conséquents. Cela posé si l'on considere le quarré 1. 2. 3. 4. de la 4e Figure que j'ai détaché de la Volute pour l'exprimer plus en grand, l'on y verra la ligne Ej, qui est supofée égale aux sept huitiémes de la ligne Er. Or si de l'autre côté du point E, on prend la partie Em, égale à Ej, on aura la ligne jm, qu'il faut diviser en 6 parties égales, comme l'on a fait pour la ligne 1. 4, & faire sur les Bases jm, eh, & ab, les quarrés iklm, efgh, acdb, dont les 12 angles droits donneront encore 12 nouveaux centres, qui serviront à tracer la Volute interieure que l'on voit ponctuée sur la figure. Car si l'on supose pour un instant que les quarrés dont je viens de faire mention, soient placés sur le diamêtre de l'œil de la Volute, on commencera par décrire un quart de Cercle qui aura pour centre le point j, & pour rayon l'intervale ip, & alors ce quart de Cercle ira se terminer sur le prolongement du côté jk, comme on l'a fait en premier lieu, ensuite du point k, qui servira de second centre, on décrira un autre quart de Cercle qui aura pour rayon l'intervale du point k, à l'endroit où le premier quart de Cercle aura été se terminer sur le prolongement de jk, & l'on continuera de suite à décrire tous les autres contours de la même maniere que l'on a fait pour la premiere Volute, puisque la construction est la même, la seule difference est que les quarrés qui donnent les centres de l'une, sont plus grands que ceux qui donnent les centres de l'autre, & il suffira pour avoir une parfaite intelligence de tout ceci, de prendre un compas & lui faire faire tous les mouvemens dont je viens de parler.

CHAPITRE SIXIÉME.

De l'Ordre Corinthien.

NOUS mettons ici l'ordre Corinthien devant le Composite, comme s'il étoit inferieur à ce dernier ; mais c'est pour nous conformer à Vignolle, autrement il seroit plus naturel de mettre

D iij

le Compofite immédiatement après l'Ionique, comme ont fait Scamozzy & Mr de Chambray, qui ont regardé avec raifon le Corinthien comme le plus parfait & le plus délicat.

Vignole donne 20 modules de hauteur à la Colomne de l'ordre compofé en y comprenant fa Bafe & fon Chapiteau, il divife encore le module en 18 parties comme dans l'ordre précédent, & fuit à peu-près les mêmes proportions pour l'Entablement & le Piédeftal ; c'eft-à-dire, qu'il donne à l'entablement 5 modules de hauteur qui eft précifement le quart de la Colomne; mais au lieu de prendre le tiers de cette même hauteur pour le Piédeftal qui devroit être ici de 6 modules & 12 parties, il le fait un tant foit peu plus élevé, lui donnant 7 modules, par conféquent 6 parties de plus qu'il ne devroit avoir, fans doute qu'il en a ufé ainfi pour faire paroître cet ordre encore plus délicat & rendre la proportion du Piédeftal plus agréable, en faifant que la hauteur du Dé foit double de fa largeur, comme on le va voir.

PLANCH. 40. FIG. 4.

Piédeftal Corinthien.

La hauteur du Piédeftal fe faifant de 7 modules, on donne 12 parties pour la Bafe, & 14 pour la Corniche, ainfi il refte 5 modules 10 parties pour la hauteur du Dé, & comme la largeur du même Dé doit être de 2 modules 14 parties pour fe trouver égale à celle de la Plinthe de la Bafe de la Colomne, l'on voit comme je le viens de dire que la hauteur du Dé fe trouve double de fa largeur.

Des 12 parties qui déterminent la hauteur de la Bafe du Piédeftal, on en donne 4 à la Plinthe, 3 au Tore, une à la Regle, 3 à la Doucine ou Gueule, & une à l'Aftragale ; & toute la faillie eft de 8 parties. A l'égard des moulures du Dé, elles ne font compofées que de 2 Regles qui ont chacune une partie : de ces deux Regles, il y en a une en bas & l'autre en haut ; celle d'en bas avec fon Conge fait que la largeur du Dé fe trouve réduite, comme nous l'avons déja dit à 2 modules 14 parties.

Des 14 parties que doit avoir la Corniche du Piédeftal, on en donne une à l'Aftragale, 5 au Gorgerin, une au Filet, une à un autre Aftragale, une à l'Ove, 3 à la Goûtiere, une & un tiers au Talon & 2 tiers de parties au Filet qui eft au-deffus, à l'égard de toute la faillie, elle eft de 8 parties comme celle de la bafe.

Colomne Corinthienne.

La hauteur de la Bafe de cette Colomne eft d'un module, fes moulures font la Plinthe qui a 6 parties, le Tore inferieur 4, le Fi-

LIVRE V. DE LA DÉCORATION. 31

let un quart, la Scotie de deſſous une partie & demie, le Filet un quart, l'Aſtragale inferieur une demi, l'Aſtragale ſuperieur auſſi une demi, le Filet un quart, la Scotie de deſſus une demi, le Filet un quart, enfin le Toré ſuperieur eſt de 3 parties ; à l'égard de la ſaillie de la Baſe, elle eſt de 7 parties, par ce moyen la largeur de la Plinthe ſe trouve de 2 modules & 14 parties, par conſequent égale à celle du Dé du Piédeſtal comme nous l'avons dit ci-devant.

La hauteur du Fuſt de la Colomne eſt de 16 modules 12 parties, ſes moulures ſont l'Orle d'enbas avec ſon Chamfrain qui eſt d'une partie & demi, & l'Orle d'enhaut auſſi avec ſon Chamfrain, qui n'eſt que d'une partie & terminé par un Aſtragale qui en a 2. PLANCH. 41. FIG. 4.

La largeur de la Colomne par le bas eſt de 2 modules réduite à un module 12 parties par le haut, ainſi la diminution eſt de 3 parties de chaque côté, & afin que l'Aſtragale qui termine la Colomne réponde au vif de la même Colomne par le bas, on lui donne 3 parties pour ſaillie.

La hauteur du Chapiteau Corinthien ſe fait de 2 modules 6 parties : on donne 2 modules aux *Vaſe*, *Pannier* ou *Tambour*, & 6 parties à l'Abaque, les Feüilles dont le Tambour eſt couvert, ont auſſi leurs proportions, les plus courtes ont 9 parties de hauteur, depuis leur naiſſance juſqu'au ſommet de leur remplis ou courbure, & leurs plis en ont 3, les autres Feüilles qui ſont au-deſſus de celle-ci, les ſurmontent de 9 parties, c'eſt-à-dire qu'elles en ont 18 de hauteur depuis l'Aſtragale, leur reply eſt auſſi de 3 parties, enfin les Feüilles moyennes qui ſortent des tiges qu'on voit poſées dans les intervales des grandes Feüilles ont 4 parties ; l'Orle ou bord du Vaſe a pour hauteur 2 parties. Les Volutes qui ſont ſous les angles ou corne de l'Abaque ont pour hauteur 8 parties, depuis le deſſous de leur enroulement juſqu'au deſſus de l'Orle du Tambour. L'Abaque a comme nous l'avons dit pour hauteur 6 parties dont on en donne 3 à la Plinthe, une à la Regle & 2 à l'Ove, la largeur de la Campane ou Tambour eſt la même que celle de la Colomne, & doit être par conſequent d'un module 12 parties, & par le haut de 2 modules 6 parties, toute la longueur de la diagonale de l'Abaque eſt de 4 modules, la ſaillie de la Plinthe eſt de 4 parties, la Regle en a 2 & demi de plus ; la largeur des cornes de l'Abaque eſt de 4 parties, & pour avoir la ſaillie des Volutes & des Feüilles, il faut que les unes & les autres aillent ſe terminer ſur la ligne tirée du bout de la corne de l'Abaque à l'extrêmité de l'Aſtragale qui eſt au ſommet de la Colomne : à l'égard de la courbure qui forme l'enfoncement de l'Abaque, elle ſe fait par une portion de Cercle qui a pour centre l'angle du triangle équilateral, dont la Base est égale à la distance du milieu d'une corne de l'Abaque à l'autre.

Les Feüilles de ce Chapiteau sont toûjours au nombre de 16, dont il y en a 8 à chaque rang, chaque Feüille se partage en 7 ou 9 Bouquets, dont on en donne 2, ou pour mieux dire un entier & demi de chaque côté pour former le revers, quelquefoiss ce revers se fait de 3 Bouquets presque entiers, refendus suivant la nature de la Feüille.

Ces Feüilles se font d'*Achante*, d'*Olive* ou de *Persil*; mais quand l'ordre Corinthien est fort élevé, il vaudroit mieux se servir des Feüilles d'Olives que des autres, parce qu'étant assés plates & recevant mieux la lumiere que celles dont le travail est plus délicat, elles paroissent plus distinctement étant vûës d'une grande distance, que les autres qui ne sont guére propres qu'à être vûës de prés.

Quand on fait ces Feüilles, il faut avoir un soin tout particulier de les dessigner de bon goût, prendre garde qu'en les refendant par Bouquets, les Bouquets ne s'écartent trop; mais que toutes ensemble forment une seule Feüille qui ne devienne pas trop étroite vers le haut, que chaque Bouquet tende à trouver son origine vers le bas de la côte du milieu, autrement les Feüilles n'ont ni graces ni beautés.

Entablement Corinthien.

La hauteur de cet Entablement est de 5 modules dont on en donne un, & 12 parties à l'Architrave, autant à la Frise, & 2 modules à la Corniche, les moulures de l'Architrave sont la Bande de dessous qui a cinq parties, l'Astragale une, la Bande du milieu 6, le Talon 2, la Bande de dessus 7, l'Astragale une, la Gueule droite 4, & la Regle une, toute la saillie de l'Architrave est de 5 parties, dont on en ôte 3 pour celle de la Gueule droite, 3 & demi pour celle de la Bande de dessous, & 4 & demi pour celle de la Bande du milieu.

La hauteur de la Frise est aussi d'un module 9 parties, la Bande ou aire de la Frise a un module 7 parties & demi, le Fruit avec son Conge a une demi partie, & l'Astragale en a une entiere, la saillie de cet Astragale est de 2 parties.

Les moulures de la Corniche sont la Gueule droite qui a 3 parties, le Filet sous les Denticules une demi partie, la Bande des Denticules 6, le filet au-dessus une demi, l'Astragale une partie, l'Oye 4, la Regle sous les modillons une demi partie, la Bande où sont les modillons 6 parties, le Talon un & demi, la Goûtiere 5, le

Talon

Talon qui est ensuite un & demi, le Filet un demi, la Doucine qui est au-dessus 5 parties, & enfin la Regle qui termine le tout en a une; la saillie de toute la Corniche est de 2 modules 2 parties, on donne 5 parties pour celle de la Regle, & de celle-ci il en faut ôter une & demi pour avoir celle des modilions, le Filet sous les modillons en a 17 & demi, desquels on en retranche 4 & demi pour celle des Denticules, la longueur ou portée des Modillons est de 16 parties, leur largeur est de 8, & leur entre-deux de 16, la largeur de chaque Denticule est de 4, & leur intervale de 2 parties.

Les ornemens particuliers des Talons se font avec des Feüilles de Chêne, ou avec des Arceaux entrelassés de Feüilles & de Fleurs; ceux des Astragales se font avec des Olives mêlées de Grains de Patenotes ou Grains de Lauriers, à l'égard des œufs qui se taillent sur l'Ove, ils doivent répondre à plomb sur le milieu des Denticules; on taille aussi des mufles ou têtes de Lyon dans la Doucine qui doivent répondre au milieu de chaque Modillons.

J'ajoûterai qu'il est à propos que les Feüilles des Modillons soient de la nature de celles qui font l'ornement du Chapiteau plûtôt que de toute autre espece.

CHAPITRE SEPTIE'ME.

De l'Ordre Composite.

IL y a aparence que les anciens Architectes n'ont eû aucunes regles déterminées pour l'ordre Composite, Vitruve après avoir expliqué les mesures du Corinthien, dit à la fin du premier Chapitre de son quatriéme Livre, qu'il y a d'autres sortes de Chapiteaux de differens noms, que l'on met sur les mêmes Colomnes; mais dont il ne peut marquer les proportions, ni leur donner le nom d'un ordre, parce qu'étant pris du Dorique, Ionique & Corinthien, on en a changé les moulures pour en faire d'autres nouvelles. Ce sont à peu-près ses termes; d'où l'on peut conclure que dans le tems que cet Auteur a écrit, l'ordre Composite n'étoit pas separé des autres; mais dépendoit du goût & du caprice de ceux qui ne voulant pas imiter exactement les trois ordres Grecs, se donnoient la liberté d'y faire tous les changemens que pouvoit fournir leur imagination; ainsi les Architectes modernes, ont crû ne pouvoir mieux faire pour établir quelque chose de certain pour l'ordre Composite, que de mesurer exactement quelques-uns des plus beaux Ouvrages de l'antiquité qui nous sont restés dans ce goût-là & s'en servir comme de modeles & de regles assurées pour en déterminer les proportions, s'attachant d'ailleurs à lui donner les membres & les moulures les plus delicates & les ornemens les plus recherchés.

Vignole ne met point de difference entre les mesures generales de cet ordre & celles du Corinthien, donnant encore 20 modules de hauteur à la Colomne Composite, y compris sa Base & son Chapiteau, 7 au Piédestal qui est un peu plus du tiers de la Colomne pour les raisons que l'on a vû ci-devant, & 5 à l'Entablement qui est toûjours du quart de la Colomne, ainsi ce n'est que dans les mesures particulieres des moulures & dans la figure du Chapiteau que cet ordre differe du Corinthien.

Piédestal Composite.

PLANCH. 40. FIG. 5.

La Base du Piédestal est de 12 parties, sur quoi l'on en donne 4 à la Plinthe, 3 au Tore, une à la Regle, 3 au Talon renversé & une au Cordon, toute la saillie est de 8 parties.

La hauteur du Tronc du Piédestal est de 5 modules 10 parties & sa largeur de 2 modules 14 parties, ses moulures sont la Regle inferieure & superieure avec leur Chanfrain qui ont chacun une partie.

La hauteur de la Corniche du Piédestal est de 14 parties, sur quoi l'on en donne une à l'Astragale, 5 au Gorgerin ou à la Frise, une au demi creux, deux tiers au Filet, une & un tiers à la Doucine, 3 parties à la Goûtiere, une & demi au Talon & deux tiers à la Regle ; quant à la saillie elle est égale à celle de la Base ; c'est-à-dire, qu'elle est de 8 parties, le soffite de la Goûtiere est creusé par-dessous d'un Canal qui laisse en dehors une Bande d'une partie.

Il y a des Architectes qui mettent des Tables en saillie ou en creux dans le Dé de ce Piédestal, sans considerer le caractere de l'ordre, ces Tables à la verité font un fort bel effet ; mais il faut prendre garde qu'elles ne doivent avoir de saillie qu'aux ordres Toscan & Dorique ; car aux 3 autres ordres elles doivent être prises en dedans, il est vrai que les anciens n'ont pas pratiqué ces especes d'ornemens aux Piédestaux, ayant toûjours laissé nud les faces du Dé parce qu'aparament ils aprehendoient que cela fut contraire à la solidité.

Colomne Composite.

La Base de la Colomne est encore d'un module ou de 18 parties; sur quoi l'on en donne 6 à la Plinthe, 4 au Tore inferieur, un quart au Filet, 2 parties à la Scotie inferieure, un quart au Filet, 3 parties au Tore superieur, un demi à l'Astragale, un quart au Filet, un & demi à la Scotie superieure, un quart au Filet & 3 parties au Tore superieur; la saillie est de 7 parties de chaque côté, & ainsi la Plinthe en front est de 2 modules 14 parties, il en faut ôter 3 parties 3 quarts pour la saillie du Tore superieur, pour celle de l'Astragale 4 & demi, & 5 pour celle du Filet.

Le Fust de la Colomne a pour hauteur 16 modules 12 parties; ses moulures sont l'Orle inferieur avec son Chanfrain qui a une partie & demi, le Tronc a 16 modules 7 parties & demi, l'Orle superieur avec son Chanfrain une partie & l'Astragale 2, la grosseur du pied de la Colomne est de 2 modules, & réduite par le haut à un module 12 parties, ainsi la diminution est de 3 parties de chaque côté: la saillie de l'Orle inferieur est de 2 parties, celle du superieur d'une & demi, & celle de l'Astragale de 3, afin qu'il réponde au vif de la Colomne.

La hauteur du Chapiteau est de 2 modules 6 parties comme au Corinthien, le Tambour a 2 modules, & l'Abaque 6 parties, les membres du Tambour sont les Feüilles basses qui ont 9 parties, leur repli 3, les Feuilles hautes 9, leur repli 3, l'espace des Rosetes 4, l'Orle un demi, l'Astragale un & demi, l'Ove 4 parties, l'Orle de la Campane 2; les membres de l'Abaque sont la Plinthe ou Goutiere qui a 4 parties, le Filet une demi, l'Ove une & demi, la hauteur des Volutes 16 parties, depuis le haut des Feuilles jusqu'au Filet de l'Abaque; les saillies dépendent du Plan & du Profil sur la diagonale comme au Corinthien, sur lequel il faut tirer une ligne du coin de l'Ove de l'Abaque jusqu'à l'Astragale du Fust de la Colomne qui déterminera celle des Feuilles, & si l'on tire une ligne parallele aux moulures de l'Abaque par le point où la ligne de la hauteur de la Volute est divisée, ensorte qu'elle laisse 9 parties au-dessus & 7 au-dessous, & qu'on prenne sur cette ligne en dedans 8 parties, à commencer du point ou elle coupe celle qui détermine les saillies, l'on aura le centre de l'œil de la Volute qui se décrira comme l'Ionique, avec cette difference seulement que les Ioniques sont droites ou plattes sur les deux faces anterieures ou posterieures du Chapiteau, au lieu que celles-ci suivent le contour du ren-

PLANCH. 41. FIG. 5.

E ij

foncement des 4 faces du Chapiteau. A l'égard de la structure du plan & du contour du renfoncement de l'Abaque, c'est la même chose qu'au Corinthien; la saillie de l'Ove sur le vif du haut de la Colomne a 6 parties, celle de l'Astragale 3, & celle de l'Orle 1 & demi : le front des cornes de l'Abaque est de 6 parties, sa largeur diagonale est de 4 modules, dont on ôte 4 parties de chaque côté pour la goutiere de l'Abaque, & 2 & demi pour le Filet, la largeur de la fleur du milieu est de 8 parties.

Entablement Composite.

L'Architrave a 1 module 9 parties, sur quoi l'on en donne 8 à la premiere Bande, 2 au Talon, 10 à la seconde Bande, 1 à l'Astragale, 3 à l'Ove, 2 au Demi-Creux, & une à la regle : la saillie a 7 parties, dont l'on ôte 2 pour le pied du Demi-Creux, & 5 pour la seconde Bande.

La Frise a aussi 1 module 9 parties, sur quoi l'on en donne 1 & demi au Filet avec son Chanfrain, & 1 au Cordon ou Astragale.

La Corniche a 2 modules ou 36 parties, dont on donne 5 à l'Ove, 1 à la Regle sous les Denticules, 8 à la Bande des Denticules, 4 au Talon, 1 à la Regle, 1 & demi à l'Ove, 5 à la Goutiere, 1 à l'Astragale, 2 au Talon, 1 à la Regle, 5 à la Doucine & 1 & demi à la Regle ; la saillie est égale à la hauteur, c'est-à-dire à 2 modules, dont il faut ôter 5 parties pour celle de la Regle, & 8 pour la Goutiere, & de celle-ci 10 pour celle de la Regle, la saillie de la Bande des Denticules est de 14 parties, celle de la Regle sous les Denticules 8, & celle du pied de l'Ove 2. Sous le soffite de la Goutiere on entaille un Canal, dont le contour doit suivre agreablement celui de l'Ove de dessous, & laisse une Bande en dehors de la largeur de deux parties, le front des Denticules est de 6 parties, & leur intervale de 3 ; dans le fond des intervales on laisse une Regle sous le Talon, creusée à la moitié & soutenuë de deux petits ronds.

L'on fait aussi des canelures aux Colomnes Corinthiennes & Composites, de la façon que nous avons dit qu'on le pratiquoit à l'Ionique, c'est-à-dire qu'elles doivent être au nombre de 24 & tracées de même ; on taille quelquefois dans ces canelures pour rendre leurs côtes moins fragiles & moins sujettes à être brisées, certains ornemens qu'on nomme *Rudentures*, qui ont la figure de cordes ou de batons ; par exemple, quand on fait des Colomnes ou des Pilastres canelées sans piédestaux & posées à crû sur le rez-de-Chaussée, ou du

LIVRE V. DE LA DÉCORATION. 37

moins si peu élevées qu'on les peut toucher de la main, il faut rudenter leur canelures jusqu'au tiers de leur hauteur, c'est-à-dire qu'il faut les remplir en partie jusqu'à cette hauteur de ces Rudentures, afin d'en fortifier les côtes qui autrement seroient bien-tôt ruinées.

Ces Rudentures qui furent d'abord imaginées pour l'utilité, ont donné ensuite occasion d'en faire des ornemens pour enrichir les canelures, ainsi au lieu de ces Rudeutures fortes & simples, on en fait quelquefois de très legeres, on les travaille en figure de rubans tortillés, de feüillages, de chapelets, de fleurons & autres ornemens délicats & fort riches; mais ces sortes de Rudentures ne doivent être pratiquées que dans des Colomnes ou des Pilastres de Marbre, & qui sont hors la portée des mains du public.

Il faut que le nombre des canelures soit moindre, lorsqu'on y taille de ces ornemens pour les degager davantage, ensorte qu'au lieu de 24 qui sont ordinairement au Corinthien, il n'y en ait que 20, & même que chaque côte n'ait environ que le quart de la largeur de la canelure. On dispose ces ornemens de differentes manieres, où les faisant sortir du Roseau de la longueur du tiers du Fust comme aux Colomnes Ioniques des Thuileries, ce qui est la meilleure maniere, en les espaçant sans Roseaux, comme lorsqu'il n'y a dans chaque Canelure qu'une branche au bas, une autre au tiers ou à la moitié & une troisiéme au haut, ou enfin par petits bouquets mêlez alternativement dans les canelures.

Remarques sur les cinq Ordres en général, suivies de l'explication de quelques fragmens, des plus beaux Edifices antiques de Rome.

Si l'on en veut croire Mr de Chambrai, l'ordre Toscan ne doit être employé qu'aux maisons de campagne, c'est-à-dire aux lieux rustiques & champêtres; il est vrai que de la maniere dont Vitruve, Palladio & quelques autres l'ont traité, il n'a rien de recommandable; mais il faut convenir que suivant la composition de Vignole, il a dans sa simplicité des beautez qui le rendent très estimable.

L'ordre Dorique peut passer pour le premier que les Grecs ont inventé, sa composition est grande & noble : les Trigliphes qui sont l'ornement de la Frise ont quelque chose de gracieux & de fier; dans les plus anciens monumens qu'on a fait de cet ordre, les Colomnes y étoient sans base, & on est assés embarrassé d'en donner une raison satisfaisante : Vitruve veut qu'étant composée à l'imitation d'un homme nud, fort & nerveux, tel que seroit un Hercule, elles ne doivent point avoir de base, voulant qu'une base soit à la Colomne ce qu'une chaussure est à l'homme ; mais j'avoue que je ne puis considerer une Colomne sans base, en la comparant à un homme, qu'en même-tems je n'aye l'idée d'un homme sans pieds plûtôt que sans chaussure, ainsi j'aime mieux croire que les premiers Architectes ne s'étoient pas encore avisez de donner des bases à leurs Colomnes, lorsqu'ils imaginerent cet ordre.

Vitruve prétend que les Colomnes de l'ordre Ionique, ont été composées sur le modéle d'une jeune fille coëffée en cheveux, & d'une taille gracieuse ; les Romains les employoient particulierement aux Temples & aux endroits où l'on rendoit la justice. A l'égard de la base que Vignole leur donne, elle paroît de mauvais goût, le gros Tore qui la termine faisant un vilain effet sur les Astragales & les Cavets qui sont au-dessous : les anciens y mettoient ordinairement une base attique, semblable à celle qui est représentée par la 7e figure de la Planche 40. Comme on peut s'en servir indifferemment dans les trois derniers ordres, & qu'elle est plus belle que toutes celles de Vignole ; je vais en donner les proportions, afin que dans l'occasion on puisse en faire usage.

PLANCH. 40. FIG. 7. La hauteur de cette base est d'un module comme à l'ordinaire ; ses moulures sont la Plinthe qui a 6 parties, le Tore inferieur 4 & demi, l'Orle inferieur un demi, la Scotie 3 parties, l'Orle superieur un demi, & le Tore superieur 3 & demi, toute la saillie est de 7 parties, dont on en donne 2 tiers pour celle du Tore superieur, 4 & demi pour celle de l'Orle qui est au-dessous, & 6 pour le Creux de la Scotie.

La figure 6e represente encore une autre base de fort bon goût, qui est un peu plus ornée que l'autre, mais cependant sans confusion ; elle est composée de la Plinthe qui a 6 parties, du Tore inferieur qui en a 3 & demi, d'un Astragale qui en a 1, d'un Filet qui n'a qu'une demie, d'une Scotie qui en a 2 & demi, au-dessous de laquelle est un Filet de demie partie, un Astragale de 1 partie, le tout terminé par un Tore qui en a 3, les saillies sont les mêmes que les précedentes.

L'ordre Corinthien est le plus noble, le plus riche & le plus délicat de tous ceux qui ont été imaginés par les anciens & les modernes, (car les modernes ont aussi voulu inventer un ordre, mais avec peu de succez) les proportions que lui donne Vignole me paroissent fort belles, on lui reproche seulement d'avoir mis dans la Corniche de l'Entablement des Denticules avec des Modillons, parceque dit-on, cela est contraire à la regle prescrite par Vitruve qui les condamne, & qui ne veut de Denticules qu'aux ordres Dorique & Ionique. Cependant il semble que les meilleurs Architectes de notre tems ne se sont pas arrêtés au sentiment de Vitruve, puisqu'ils en ont mis dans tous les autres ordres excepté au Toscan, & je ne vois pas qu'on puisse leur en faire un crime puisqu'elles produisent un fort bel effet ; mais il y a des gens qui ont un respect superstitieux pour tout ce qui vient des anciens, & dont la prévention est si grande, que les meilleures raisons ne sont pas capables de les désabuser.

Vitruve raporte un trait assés singulier au sujet de l'invention de cet ordre : il dit qu'une jeune Fille de Corinthe étant morte, sa nourrice mit sur son tombeau un Panier dans lequel étoient quelques petits vases qu'elle avoit aimés pendant sa vie, & pour empêcher que la pluye ne les gâtât elle mit une Thuile sur le Panier qui par hasard ayant été posé sur une racine d'Acanthe, il arriva qu'au Printems les Feüilles venant à pousser au tour du Pannier se recourberent sous les coins de la Thuile où elles formerent une maniere de Volute, & que le Sculpteur Calimachus s'étant apperçû de l'effet singulier & gracieux que produisoient ces Feüilles ainsi disposées profita de l'idée que lui fournit la nature pour en composer le Chapiteau qu'on a depuis nommé Corinthien.

Je n'ai rien à dire de particulier sur l'ordre Composite en ayant assés fait mention dans les Chapitres précedens, j'ajoûterai seulement qu'on n'approuve point que Vignolle ait donné la même proportion à la Colomne de cet ordre, qu'à celle du Corinthien, puisque naturellement il devoit avoir égard à la difference de leurs Chapiteaux, on lui reproche aussi d'avoir fait les Entablemens de ces deux derniers ordres trop lourds, & d'y avoir employé des Denticules plus grossieres que dans le Dorique, puisqu'il semble qu'il auroit dû faire tout le contraire.

Si les ordres d'Architecture avoient eû des beautés positives & bien connuës, comme l'a voulu insinuer Mr Perrault dans la Préface de son Livre *de l'Ordonnance des cinq especes de Colomnes selon la méthode des anciens*. Les Architectes auroient été obligés de convenir entr'eux de leurs regles ; mais ces beautés n'étant qu'arbitraires puisqu'elles ne sont fondées sur aucune démonstration constante, ceux qui en ont traité nous ont donné des principes bien opposés suivant leur goût & leur genie. Cependant quoiqu'un même ordre puisse avoir des beautés & des proportions differentes, on convient qu'il est constant qu'entre ces diverses beautés & proportions il y en a qui plaisent davantage & qui sont plus universellement aprouvées,

& c'est ce que l'on peut dire des ordres de Palladio & de Vignolle & pour qu'on en puisse faire le paralelle, il est bon qu'on soit prévenu que les cinq ordres qui sont sur les Planches 37. 38 & 39. sont ceux de Palladio, que je ne m'arreterai point à détailler pour ne pas grossir ce Livre mal-à-propos, il suffira seulement qu'en considerant avec attention les desseins de cet Auteur, on se mette en état de juger en voyant un Edifice s'il est décoré selon lui ou Vignolle; car il est bien aisé de ne pas prendre le change, la composition de ce dernier étant beaucoup plus grande & plus majestueuse.

Pour faire voir que c'est avec justice que j'ai donné dans le commencement de ce cinquiéme Livre, tant d'éloge à l'Architecture ancienne, je vais expliquer quelques fragmens des plus beaux Edifices de Rome que j'ai tiré du *Paralelle de l'Architecture antique avec la moderne* de Mr de Chambray qui peut passer sans contredit pour un des grands hommes de son tems, & le plus habile Architecte que nous ayons eû en France: l'honneur qu'il fait à la nation mérite bien que je m'arrête un moment pour rapporter quelques traits de son histoire, les habiles gens m'en sauront gré, & je m'acquiterai en partie de la reconnoissance que je dois à sa mémoire pour les lumieres que j'ai tirées de la lecture de ses Ouvrages.

Rolland Freart de Chambray, cousin germain de Mr *Desnoyers*, Secretaire d'Etat de la Guerre & Surintendant des Bâtimens sous Loüis XIII. fut envoyé à Rome par ordre de Sa Majesté en 1640. pour négocier des affaires importantes avec Sa Sainteté ; ce fut dans ce voyage qu'aidé de Mr de Chantelou son frere & de Mr Poussin le Raphaël de son siécle, il recuëillit ce que l'Italie pouvoit offrir de plus rare & de plus curieux, de retour en France on le députa une seconde fois pour faire benir deux Couronnes de diamans que leur Majesté offroient à N. Dame de Lorette en action de grace de la naissance du Dauphin; c'est-à-dire de Loüis le Grand, & comme le Roy avoit été fort satisfait des savantes recherches de son premier voyage, il lui ordonna d'en faire de nouvelles & de ne rien négliger pour tout ce qui pouvoit contribuer à la perfection de l'Architecture & à la beauté du Louvre que l'on bâtissoit alors. C'est à ces deux voyages que nous devons en partie son excellent Livre du Paralelle.

Loüis XIV. voulant faire continuer le Bâtiment du Louvre, engagea par son Ambassadeur à Rome *le Cavalier Bernin*, Architecte fameux de venir en France; il n'y fut pas plûtôt arrivé que Mr de Chambray eût ordre de travailler de concert avec lui; mais l'Italien ne fut pas longtems sans connoître combien les connoissances de
Mr

Mr de Chambray étoient superieures aux siennes, & ce qui est également à la loüange de tout deux, c'est que le Cavalier Bernin dit au Roi, que Sa Majesté auroit pû se dispenser de le faire venir de si loin, puisqu'il avoit trouvé dans Mr de Chambray un Maître qu'il se feroit honneur de suivre, & qu'il n'étoit pas assés temeraire pour rien changer à son projet. Exemple rare où la concurrence s'est dépoüillée de ses propres interests pour rendre hommage au vrai mérite; mais cela ne doit pas surprendre, les grands Hommes ont toûjours des traits qui marquent leur caractere, au lieu que l'ignorance croit se signaler & trouver de la resource dans les sentimens de jalousie qu'elle fait éclater.

Comme il ne reste aucun ancien monument de l'ordre Toscan qui se soit trouvé digne de quelque attention, Mr de Chambray n'en donne point d'exemple; mais en récompense on a lieu d'être satisfait de ceux qu'il raporte des autres ordres, & comme tout admirables qu'ils sont, on ne peut les regarder sans faire quelque choix, puisqu'il se trouve de chaque ordre en particulier des Profils mieux proportionnés les uns que les autres, je me suis attaché à décrire les plus aprouvés dans le rang qui leur convenoit relativement à celui que Vignole donne aux siens.

Si l'on considere la Planche 43. l'on verra qu'elle represente un Chapiteau & un Entablement Dorique tirés des *termes de Dioclétien* : Ce morceau est regardé comme un des plus excellens de tous les ouvrages antiques de cet ordre, sa composition est noble & reguliere, les ornemens sont apliqués avec goût sur chaque membre, en enrichissant les uns sans blesser les autres. **PLANCHE 43.**

Comme la Colomne ne subsiste plus en entier, on ne peut juger positivement des proportions generales qu'on y a suivi; cependant l'on remarque que l'entablement est de 4 modules, ce qui fait présumer que la Colomne en avoit 16, parce que les anciens ont presque toûjours donné à la hauteur de l'Entablement le quart de la Colomne, quant à sa Base Mr de Chambray ne la raporte point, parce qu'aparamment il n'en paroît plus, la barbarie de certains siécles ayant tellement défiguré la plûpart des anciens monumens, que ce n'est qu'avec bien de la peine qu'on en a tiré quelque morceau entier.

La 44e Planche réprésente un Profil Ionique qui peut passer pour l'ouvrage le plus parfait qui nous soit resté des anciens. Mr de Chambray le regarde comme le chef-d'œuvre de la plus haute perfection, Palladio qui l'a aussi raporté dans le treiziéme Chapitre de son quatriéme Livre, ne peut lui donner trop d'éloge, & quand on

F

manqueroit de goût pour en connoître toute la beauté, il suffiroit du jugement de ces deux grands Maîtres pour en sentir le prix.

L'ordre entier depuis le rez-de-Chaussée jusqu'à la Corniche, a pour hauteur 11 diamêtres ou 22 modules, la Colomne avec sa Base & son Chapiteau en a 18, & l'Entablement c'est-à-dire l'Architrave, la Frise & la Corniche en a 4, qui est un peu moins du quart de la Colomne, si l'on veut juger de la proportion des autres parties, on n'aura qu'à considerer les chiffres qui sont cottés à l'endroit de chaque membre, surquoi il est à propos que j'avertisse que Mr de Chambray divise le module en 30 parties égales qu'il nomme minutes.

PLANCH. 45.
La Planche 45 comprend un profil Corinthien si riche & si superbe, qu'il ne paroît pas qu'on puisse rien faire de plus magnifique que ce qu'on voit dans cet exemple, qu'on ne peut imiter à propos dit Mr de Chambray qu'avec beaucoup de prudence & de circonspection; car l'abondance des ornemens est sujette à embroüiller s'ils ne sont employés avec oeconomie, autrement ils font naître une confusion qui blesse l'oeil des connoisseurs, & c'est en effet ce que j'ai remarqué à Paris à quelque Portail d'Eglise que l'on a gâté en les chargeant d'ornemens superflus; je croi qu'on sentira bien, que je ne veux point parler de celui de St Gervais, qui peut passer pour le morceau d'Architecture le plus accompli que nous ayons en France.

Pour expliquer les proportions generales du profil dont il est question presentement, l'on saura que la Colomne avec sa Base & son Chapiteau a 20 modules, que l'Entablement a deux neuviémes de la hauteur de la Colomne, sur quoi l'Architrave & la Frise ont chacun un module & un tiers; c'est-à-dire 40 minutes, & la Corniche deux modules moins 8 minutes; c'est-à-dire 52 minutes.

Quant à la Base de la Colomne, elle me paroît de fort bon goût étant composée de plusieurs moulures qui font ensemble un tout qui réüssit fort bien.

PLANCH. 46.
La Planche 46. comprend encore un autre profil Corinthien qu'on a composé sur l'idée que plusieurs Historiens célébres donnent de quelque partie du Temple de Salomon, & comme il me siéroit mal d'entrer dans aucune dissertation critique sur un sujet si équivoque, je prens le parti de raporter à la lettre ce qu'en dit Mr de Chambray, & je laisse au Lecteur éclairé d'en porter le jugement qu'il jugera à propos.

„Voici, *dit-il*, un ordre particulier mais d'une excellente com-
„position, & quoique je n'ose pas assurer que ce profil soit préci-

LIVRE V. DE LA DÉCORATION. 43

„ fément le même que celui du Temple de Salomon (qui eſt le mo-
„ dele que je me ſuis propoſé) neanmoins autant qu'on peut. apro-
„ cher de cette divine idée par la deſcription qui en paroît dans la
„ Bible, & en quelques Hiſtoriens célebres que *Vilalpandus* raporte
„ en ſon grand Ouvrage, où les ornemens & toutes les principales
„ proportions de chaque membre ſont exactement ſpecifiés, je crois
„ qu'il lui eſt aſſés conforme, la compoſition en eſt toute Corin-
„ thienne, quoique les Feüillages du Chapiteau & ſes Caulicoles
„ ſoient de Palmes, & que la Friſe de l'Entablement ait emprunté
„ l'ornement Dorique qui ſont des Trigliphes, la ſolidité deſquels
„ n'a pas beaucoup de conformité avec la délicateſſe Corinthienne.
„ Mais quelque nom qu'on veüille donner à cet ordre, neanmoins
„ *Joſephé*, dit que c'étoit le Corinthien; il eſt aſſuré qu'il n'y en a
„ jamais eû de plus parfait, & bien que le Corinthien ſoit un or-
„ dre tendre & virginal, lequel ne demande pas cette fermeté & vi-
„ rilité Dorique qui nous eſt ſymboliſé par les Trigliphes, ſi eſt-ce
„ qu'on peut en certaines occaſions l'y introduire avec tant d'a-
„ dreſſe & de raiſon, qu'elle ſera non-ſeulement excuſable mais
„ très-judicieuſe.

L'ordre Compoſite étant celui qui ſouffre le plus de difficulté PLANCH.
dans l'execution à cauſe de l'incertitude des proportions que lui ont 47.
donné les anciens, je croi qu'on fera bien aiſe d'en voir un exemple
ſur la Planche 47. qui repreſente un profil tiré de l'*Arc de Titus a Rome*.
Comme cet Arc de Triomphe fut élevé à la gloire de Titus au retour de la Conquête de Jeruſalem, Mr de Chambray croit que
l'Architecte qui le conſtruiſit y avoit ſuivi cet Empereur, ou ſelon
toute aparence il étudia les beautés du Temple, ayant introduit
dans les ornemens de la Friſe ſes principales dépoüilles, comme le
Chandelier à ſept branches qui étoit dans le Sanctuaire, la Table
d'or qui ſervoit à mettre le pain de propoſition & pluſieurs autres
choſes touchant les Sacrifices qui ſe voyent encore aujourd'hui. Il
ajoûte que cet Arc eſt le premier & le plus achevé qui ait été élevé
à la gloire des Heros.

CHAPITRE HUITIE'ME.

Des Colomnes & de leur diminution, des Persiques & des Cariatides.

SI l'on juge de l'origine des Colomnes par ce qu'en disent quelques historiens, il y a apparence qu'elles sont très anciennes, & que l'usage en étoit fréquent long-tems avant l'invention des Ordres ; on les fit servir d'abord de Monumens pour éterniser la memoire des grands hommes, ou pour marquer à la posterité la reconnoissance des bienfaits qu'on en avoit reçû, après leur mort on dressoit une Colomne au sommet de laquelle étoit l'Urne qui renfermoit leurs cendres, & il y a apparence que c'est cette Urne qui a donné lieu au Chapiteau, dont on s'est servi depuis pour les couronner agreablement.

Vitruve dit que les premieres Colomnes qui parurent en Grece, furent celles du Temple de Junon dans Argos, & que les Doriens ne sachant quelle proportion leur donner, considererent que le pied de l'homme étoit ordinairement la sixiéme partie de sa hauteur, & sur cet exemple ils firent les Colomnes sextuple de leur grosseur, ensuite ils en augmenterent la hauteur au Temple de Diane à Ephese, parce qu'ils voulurent leur donner des mesures proportionnées à la stature des femmes de leur Païs : quoiqu'il en soit les Architectes ont toûjours paru fort partagez sur la hauteur qu'il falloit leur donner pour chaque ordre, c'est pourquoi nous nous en tiendrons aux proportions de Vignole, sans nous arrêter à raporter tout ce qu'on pourroit dire sur ce sujet.

Les premiers Architectes ayant fait les Colomnes à l'imitation des arbres, qui sont ordinairement plus gros par le pied que vers le haut, ils les ont aussi diminuées dans le même goût ; mais comme l'on s'est aperçu que cette diminution produisoit un effet desagreable, on s'est contenté de ne la commencer qu'au tiers de la tige, c'est-à-dire qu'ayant divisé la hauteur de la tige en trois parties égales, la premiere reste à plomb & parfaitement cilindrique, & les deux autres vont en diminuant imperceptiblement jusqu'à l'Astragale ; cette diminution se fait plus ou moins sensible, selon la grosseur ou la delicatesse des Colomnes, & c'est ce que l'on a dû remarquer dans les Chapitres precedens.

LIVRE V. DE LA DÉCORATION.

On a aussi donné du renflement aux Colomnes à l'immitation du corps humain, qui est plus large vers le milieu que vers les extrémitez ; mais les Architectes sont encore partagez sur ce sujet, parce qu'on n'en a point d'exemple antique, il y en a même qui traitent ce renflement d'abus insuportable ; cependant l'usage de renfler les Colomnes à leurs tiers est si pratiqué par les modernes, qu'on n'en voit presque point qui ne le soit ; c'est pourquoi on a cherché plusieurs moyens pour le faire agreablement, car moins il est sensible, & plus il est beau ; or pour sçavoir de quelle maniere on doit les diminuer ou les renfler, voici les deux pratiques que donne Vignole que je raporterai preferablement à plusieurs autres qui sont à la verité moins mécaniques, mais plus difficiles à executer.

Maniere de diminuer les Colomnes.

Après avoir déterminé la hauteur & la grosseur des Colomnes, avec la quantité dont on veut qu'elle diminuë depuis le tiers jusqu'au haut, il faut d'écrire un demi cercle sur le diametre CD, ensuite mener la parallele GE à l'Axe AB, ensorte qu'elle vienne rencontrer le demi cercle au point E afin d'avoir l'arc CE, l'on divisera ensuite la ligne AM en un certain nombre de parties égales, comme en 10 ou 12, mais je me contenterai de ne la diviser ici qu'en six, afin de rendre la figure moins confuse, il faut diviser de même l'arc CE en autant de parties égales que la ligne AM, & par chaque point de division mener des paralleles à l'Axe ; on menera aussi par les points I d'autres paralleles au diametre CD, qui venant rencontrer les précedentes, donneront les points K qui marqueront de combien la Colomne doit diminuer. Or pour tracer cette diminution, il faut prendre une grand Regle flexible, & la faire passer par tous les points que la courbe doit rencontrer.

PLANCH. 48.

Maniere de renfler les Colomnes.

Ayant déterminé les mesures de la Colomne & tiré le diametre DE, qui doit passer par le tiers de l'Axe AB comme ci-devant, il faut avec le Compas prendre le demi diametre CE, (que je supose égal à celui de la Colomne) & le porter à l'extrêmité G du diametre GH, ensorte que venant rencontrer l'Axe AB au point I, la ligne GI soit égale au demi diametre CE, ensuite il faut prolonger cette ligne aussi-bien que le diametre DE, de maniere que l'un & l'autre venant se rencontrer, donnent le point F, duquel il faut tirer un nombre de lignes qui viendront couper l'Axe de la Colomne, en autant de points differens LL &c. au-dessus & au-dessous du point C; sur chacune de ces lignes au-dela de l'Axe, il faut faire LK égal à GI, c'est-à-dire au demi diamètre CE, & alors on aura tous les points K, par lesquels doivent passer la courbe qui fera le renflement & la diminution de la Colomne.

 Ce que l'on vient d'enseigner au sujet de la diminution & du renflement des Colomnes, sert pour tracer l'épure, c'est-à-dire le patron, à l'aide duquel on pourra creuser dans une planche la courbure dont il s'agit, afin qu'appliquant ensuite cette concavité sur le vif de la Colomne, on puisse en la faisant tourner à l'entour de l'Axe, diminuer le Fust & lui donner une figure qui s'accorde parfaitement avec ce que l'on aura tracé en premier lieu.

 La difficulté d'avoir des pierres d'une assés belle grandeur, pour faire des Colomnes toutes d'une piéce, n'embarrassoit guére les anciens; lorsqu'ils étoient contraints de les faire de plusieurs morceaux, ils les posoient avec tant de précaution les uns sur les autres, que les joints ne paroissoient point: pour cela ils laissoient le parement Brut comme je l'ai dit ailleurs ; mais ils étoient très attentifs à tailler les pierres justes sur leurs lits, afin qu'elles se rencontrassent parfaitement, se gardant bien de se servir de Cales pour les dresser & les ficher comme nous faisons aujourd'hui, & lors qu'elles étoient toutes posées, ils les polissoient & donnoient à leur face la figure qu'elles devoient former, poussant les moulures les plus délicates sur le Tas, parce qu'autrement elles n'auroient pû se rencontrer justes, si elles avoient été taillées chacune à part.

 Il y a aparence que les anciens n'ont jamais employé d'autres Colomnes que la Circulaire, puisque toutes celles qui nous restent ont cette figure, & je croi qu'il n'y a que le mauvais goût de quelques Architectes modernes qui en ait pû imaginer d'Ovales, de Triangulaires, & à Pans. Un défaut insuportable des Colomnes Ovales, c'est que si elles font face par le côté du plus grand diamètre, & qu'on veuille se servir de ce diamètre comme de modules, elles deviennent d'une hauteur extravagante lorsqu'on les regarde du côté le plus étroit, parceque le petit diamètre n'a plus de proportion avec la hauteur de la Colomne ; le contraire arrive si l'on veut prendre le petit diamètre pour module, car quand on vient à les regarder du côté du grand, elles sont trop basses & trop écrasées. Je ne dis rien des Colomnes Triangulaires, étant si défectueuses qu'elles ne meritent pas qu'on s'y arrête : à l'égard de celles qui sont à Pan, je les trouve plus suportables ; mais après tout quelle necessité de vouloir donner aux Colomnes des figures extraordinaires ;

Livre V. de la Décoration. 47

est-il possible que les hommes ayent tant de peine à se conformer aux regles de la nature, & qu'ils ne seront jamais convaincus que ce n'est qu'en l'imitant qu'on peut réussir!

Les Colomnes Torses paroissent aussi peu aprouvées des habiles gens; car les Colomnes étant faites pour soutenir un fardeau, la raison veut qu'on leur donne toute la force qu'elles peuvent avoir; ainsi c'est un défaut de les affoiblir par des retours qui les éloignent de la perpendiculaire; cependant leur beauté a fait qu'on n'a point eu égard à cette consideration, puisqu'on les employe aujourd'hui comme un des plus beaux ornemens qu'il y ait dans l'Architecture, non pas à la verité à des endroits qui demandent de la solidité, mais dans des lieux de distinction, comme aux Autels, aux Tombeaux, aux Salons &c. Au reste comme les occasions de s'en servir semblent n'avoir pas grand raport avec un traité comme celui-ci, je ne m'arrêterai point à montrer comme on s'y prend pour les tracer, parce que d'ailleurs il n'y a point de livre d'Architecture où elle ne se trouve.

Il y a aussi des Colomnes simboliques, & qui representent des figures humaines, leur origine vient des Grecs, qui voulant conserver la memoire de leurs victoires, donnoient souvent aux Colomnes de leurs édifices publics, la figure & la ressemblance de leurs ennemis. Les femmes des *Cariens* ayant été reduites en servitude, & les *Perses* vaincus par les Lacedemoniens à la Bataille de *Platée*, furent les premiers sujets de ces Colomnes, de-là sont dérivez les noms des *Cariatides* & des *Persiques*, qu'on a donné depuis aux Colomnes qui ont été faites sous des figures humaines; cependant on ne donne plus aux Cariatides des representations d'esclavage & de servitude comme autrefois; ces caracteres étant trop injurieux au beau sexe, on leur en donne de toute opposées, ne les employant plus que sous les simboles de prudence, de sagesse, de justice, de temperence &c. quand elles sont Izolées, elles ne doivent porter tout au plus que quelque Balcon, Tribune, ou couronnement leger; mais lorsqu'elles joignent un mur, il est à propos de les mettre sous une Console qui paroisse porter tout le poids de l'Entablement.

Les Colomnes Persiques sont le plus souvent representées sous des figures d'hommes nerveux & barbus, elles conviennent beaucoup mieux que celles des femmes pour representer l'esclavage, on en fait aussi des simboles de vertu, de force, de valeur, & même des divinités de la Fable, comme quand on leur donne des figures d'Hercule, de Mars, de Mercure, ou de Faune & de Satire.

Il y a encore d'autres Colomnes Simboliques de figures humaines, dont la moitié du corps paroît fortir d'une gaine, ces Colomnes font nommées *Thermes*, & ne doivent jamais entrer en parallele avec d'autres Colomnes non plus que les Cariatides, cependant ils ont cet avantage, qu'on leur donne telle élegance que l'on veut, en allongeant leurs gaines pour les faire monter à une hauteur convenable à l'Entablement qui eft au-deffus.

Comme les figures contribuent extrêmement à enrichir la décoration, & qu'il faut beaucoup d'art pour qu'elles accompagnent les ordres agreablement; voici quelques obfervations de Mr *de la Hire*, tirées du traité d'Architecture qu'il a dicté autrefois dans fon école du Louvre.

Je fupofe ici que l'ordre eft Ionique & qu'il tient le milieu entre les autres, afin de faire une comparaifon plus jufte, & qui convienne mieux entre les figures & les Colomnes, je fupofe auffi que la Colomne a 18 modules ou 9 diamêtres de hauteur.

Je prens d'abord une Colomne d'une moyenne groffeur, dont la hauteur eft de 18 pieds & le diamêtre de 2 pieds, & je trouve par experience qu'une figure qui a 6 pieds de hauteur, peut fort bien l'accompagner: cette figure fera donc le tiers de la hauteur de la Colomne.

Si la Colomne a 27 pieds de hauteur ou 3 pieds de diamêtre, l'on peut donner à la figure 7 pieds & demi, fi elle a 36 pieds de hauteur & 4 pieds de diamêtre, la figure peut avoir environ 9 pieds: fi elle a 45 pieds de hauteur & 5 de diamêtre, la figure peut en avoir 10 & demi; enfin fi la Colomne a 54 pieds de hauteur & 6 pieds de diamêtre, on peut donner à la figure 12 pieds de hauteur.

Dans ces proportions la figure eft augmentée depuis 6 pieds, à raifon d'un pied par toife d'augmentation à la hauteur de la Colomne; mais fi la Colomne n'a que 12 pieds de hauteur & un pied & demi de diamêtre, une figure de 5 pieds peut fort bien y convenir. Si elle n'avoit que 9 pieds de hauteur, on y pourra mettre une figure de 4 pieds & demi: ce qui montre auffi que la même regle pourra fervir pour les Colomnes plus petites que 18 pieds, en diminuant la hauteur des figures au-deffous de la moyenne qui eft de 6 pieds, à raifon d'un pied par toife de diminution de hauteur à la Colomne, & femblablement dans une même raifon pour les hauteurs qui font entre deux.

Pour ce qui eft de la proportion que doivent avoir entr'elles des figures pofées en differente hauteur, il n'eft pas poffible d'en donner

ner de mesures certaines à cause qu'on juge la figure plus ou moins éloignée de l'œil suivant les accompagnemens. On doit aussi remarquer que les figures qu'on met sur les Colomnes, doivent être un peu plus grandes que celles qui sont posées contre les Bâtimens, ou dans une niche & moins grosses & moins garnies de Draperie que celles qui sont Izolées & qui n'ont point d'autre fond que le Ciel.

CHAPITRE NEUVIE'ME.

De la proportion des Pilastres & des Frontons.

LES Pilastres sont des Colomnes quarrées de plusieurs especes, dont les differences se prennent de la maniere qu'elles sont appliquées au mur, il y en a d'entierement Izolées, d'autres attachées aux encoignures des Edifices & qui n'ont que deux faces, d'autres qui étant enfoncées en partie dans le mur, ne presentent que la face de devant & ce sont les plus en usage aujourd'hui.

Les Pilastres quarrés & Izolés s'employent aux extrêmités des Portiques pour donner plus de fermeté aux encoignures, les autres qui sont engagés dans le mur servent à décorer les Edifices avec beaucoup de grace ; mais pour qu'ils puissent réüssir, il y a plusieurs choses à observer à l'égard de leurs saillies, de leur diminution, de la maniere que l'Entablement doit poser dessus, & de la façon qu'ils doivent être canelés.

La saillie des Pilastres qui n'ont qu'une face hors du mur, doit être de toute la moitié, ou ne sortir au plus que de la sixième partie lorsqu'il n'y a aucune raison qui oblige de lui en donner davantage ; par exemple quand les Pilastres doivent recevoir des impostes qui viennent profiler contre leurs côtés, il faut alors leur donner pour saillie le quart du diamêtre ; c'est-à-dire le quart de la face qui tient lieu ici de diamêtre : & cette proportion a cela de commode, qu'elle n'oblige point à tronquer irrégulierement les Chapiteaux Corinthien & Composite ; car il se rencontre que la feüille d'en bas est coupée justement par la moitié, & qu'à l'ordre Corinthien la Tigette est coupée de même ; par cette raison lorsqu'on employe des demi Pilastres aux angles rentrans, il faut leur donner un peu plus de la moitié de leur diamêtre.

G

On ne diminuë point ordinairement les Pilastres lorsqu'ils n'ont qu'une face hors du mur ; mais quand il s'en trouve sur un même allignement avec des Colomnes & qu'on veut faire passer l'Entablement sur les uns & sur les autres, il faut alors donner aux Pilastres la même diminution qu'aux Colomnes, cela s'entend de la face de devant ; car pour les côtés doivent rester aussi larges en haut qu'en bas ; mais quand le Pilastre a deux faces hors du mur, comme cela arrive aux encoignures, & qu'il y en a une qui regarde une Colomne, cette face doit être diminuée de même que la Colomne.

Les canelures qui se font quelquefois aux Pilastres, doivent toûjours être en nombre impair, afin qu'il s'en trouve une dans le milieu ; mais s'il s'agit des demi Pilastres qui se rencontrent aux angles rentrans, on ajoûte une canelure afin que le nombre en soit pair, & alors on en donne la moitié d'un côté & la moitié de l'autre ; c'est-à-dire que si dans un Pilastre entier on en mettoit 7, il en faudroit 4 à chaque demi Pilastre.

Les proportions des Bases des Chapiteaux & de l'Entablement pour les Pilastres, sont les mêmes que celles des Colomnes de l'ordre selon lequel on veut faire la décoration ; ainsi je ne sache point qu'il y ait aucunes regles particulieres à donner qui soient differentes de celles que nous avons enseignées pour la composition des ordonnances en general.

Quand les Pilastres sont engagés dans le mur, il faut prendre garde qu'ils saillent assés en dehors pour recevoir les Corniches des Portes, des Fenêtres & des autres ouvertures qui seront entre-deux, les saillies des Corniches faisant un bon effet, lorsqu'étant continuées, elles viennent mourir justement dans les flancs des Pilastres : c'est pourquoi Scamozzi veut que les Pilastres ne sortent au plus hors du mur que d'un quart de leur largeur ; car par ce moyen, dit-il, ils pourront recevoir dans leurs côtés toutes les saillies des ornemens des Portes & Fenêtres qui ne doivent jamais exceder les Pilastres, quoiqu'il y ait des exemples antiques & modernes, où l'on remarque que ces saillies s'avancent non-seulement au-delà des Pilastres ; mais même des Colomnes qu'elles embrassent en passant, ce qui fait un très-mauvais effet. Mais s'il arrivoit qu'on fut obligé de donner aux Corniches des Portes ou des Fenêtres des saillies plus grandes que ne sont les flancs des Pilastres, il vaudroit en ce cas beaucoup mieux couper ces Corniches au droit des Tableaux des Portes ou Fenêtres, & les continuer en Platte-Bande seulement couronnées de quelques Cymaises ou autres moulures, qui toutes ensemble eussent autant de saillie que le flanc du Pilastre, que de les faire avancer avec toute leur portée.

Livre V. de la De'coration.

Lorſque les Pilaſtres engagés dans le mur, n'ont pas trop de ſaillie, l'on peut faire regner les Architraves ſans interruption & les laiſſer déborder en dehors du mur qui eſt entre les Pilaſtres, d'autant qu'ils ont de ſaillie ; mais quand ils en ont par trop, il faut retirer les Architraves en dedans, & en ce cas ou l'on rompt les Entablemens en les faiſant reſſaillir ſur les Pilaſtres, ou bien l'on ſe contente de donner ces reſſauts à l'Architrave ſeul, ou quelquefois même à l'Architrave & à la Friſe, laiſſant paſſer le reſte de l'Entablement depuis un Pilaſtre juſqu'à l'autre ſans interruption.

L'on peut faire le même raiſonnement ſur les Pilaſtres qui ſe mettent aux encoignures des murs ; car s'ils font face des deux côtés, il faut que les Architraves & les autres parties des Entablemens courent dans les retours ſur les murs des flancs, de la même maniere qu'ils auront été mis ſur celui de la façade ; c'eſt-à-dire ſans reſſauts ou avec reſſauts, ſi ce n'eſt qu'ayant donné aux Pilaſtres beaucoup de ſaillies ſur les faces de devant, qui ayent obligé à faire des reſſauts dans l'Entablement, on ne la retranche ſur les flancs, & par ce moyen on peut faire courir l'Architrave & le reſte de l'Entablement ſans interruption.

Si le Pilaſtre angulaire ſe termine ſur l'alignement du mur de côté ſans y faire face & ſans avoir aucune ſaillie au dehors de cette part, il faut en ce cas que l'Entablement qui eſt ſur le devant vienne mourir dans le retour du coin du flanc du Pilaſtre, ſans le faire paſſer ſur le mur de côté, ou ſi l'on veut que le flanc ſoit couvert de l'Entablement, il faut que le coin du retour de l'Architrave, ſoit au dehors du vif du Pilaſtre.

Quelquefois quand le dernier Pilaſtre de la façade ne ſe trouve point ſur le coin du retour & laiſſe une Alete dans l'encoignure, & qu'il y ait un autre Pilaſtre à pareille diſtance dans le mur du flanc, il faut faire tourner l'Entablement de l'un à l'autre avec des reſſauts ſur le coin. S'il s'en rencontre dans la façade, ou bien s'il n'y en a point, on le fera paſſer droit ſur les côtés ſans reſſauts, & s'il n'y avoit point de Pilaſtres ſur le côté, il faudroit continuer l'Entablement de devant avec des reſſauts ou ſans reſſauts ſuivant l'ordonnance de la façade juſques ſur le coin du mur, d'où il doit retourner tout droit ſur les flancs, en laiſſant ſeulement à l'Architrave autant de ſaillie qu'il lui en faut pour le dégager du mur.

Toutes ces pratiques ſont bonnes & il y en a de beaux exemples dans les Ouvrages les plus aprouvés : mais dans tout ceci il faut remarquer que l'on ſupoſe que les Pilaſtres ſont ſeuls & n'accompagnent point de Colomnes.

G ij

Les Frontons augmentent aussi beaucoup la beauté des façades lorsqu'ils sont mis à propos; mais pour qu'ils ayent plus de grace, il faut que le corps qui en est couronné fasse quelque saillie, afin de se distinguer & maîtriser les autres parties continuées de l'Edifice.

PLANCH. 48.
Selon Scamozzy pour avoir la plus belle proportion des Frontons, il faut diviser la Corniche AB qui lui sert de Base en neuf parties égales, & en donner deux à la perpendiculaire EC, pour déterminer la hauteur qu'il doit avoir depuis l'Entablement jusqu'au sommet, cette proportion étant plus agréable à la vûë, que de lui donner pour hauteur la cinquiéme partie de la Base comme font quelques Architectes, & plus commode pour faciliter l'écoulement des eaux. On peut aussi tracer un cercle dont la Base AB servira de diamètre que l'on divisera en deux également, par la perpendiculaire DF & du point D comme centre, & de l'intervale DA, on décrira l'arc ACB qui venant couper la perpendiculaire au point C, on n'aura qu'à tracer l'angle ACB, qui donnera celui que doit former le Fronton. L'on remarquera que cet angle est égal à celui de la circonference d'un Octogonne, puisque le point D, étant le centre de l'arc que l'on a décrit, les deux rayons DA & DB, forment un angle droit.

Il se fait aussi des Frontons en portion de cercle qui ont la même hauteur que les Triangulaires, puisque l'Arc $AGHB$, qui en détermine la figure, doit avoir pour centre le point D, dont nous nous sommes servi pour le précedent; on peut donc dire que les Frontons ronds sont composés d'un secment de cercle qui comprend le quart de la circonference.

Quand on a un rang de Fenêtres sur un même alignement, & qu'on veut les couronner par des Frontons, il faut pour les varier les faire alternativement ronds & triangulaires; ensorte qu'ils répondent avec simêtrie à droit & à gauche du milieu de la façade, ainsi qu'on l'a pratiqué à la Gallerie du Louvre & aux Thuileries; cependant quoique ce Bâtiment soit des plus magnifiques, & qu'on pourroit le citer pour exemple en bien des choses, je ne saurois m'empêcher de dire qu'il est ridicule de voir qu'on ait affecté d'y mettre une si grande quantité de Frontons; les choses qui réüssissent le mieux ont besoin d'être menagées, autrement quand elles sont trop repetées, elles apportent plus de confusion que d'agrément.

Soit qu'on fasse les Frontons triangulaires ou circulaires, la Corniche qui couronne le timpan, doit toûjours être semblable à celle de l'Entablement, il faut seulement remarquer que la partie de la Corniche qui sert de Base au Fronton doit être sans Cymaise, parce que la Cymaife du refte de la Corniche, venant à rencontrer le Fronton paffe pardeffus, comme on le peut voir dans les Figures X & Y, de la Planche 48. dont il y en a une qui marque plus en grand que l'autre de quelle maniere la Corniche du Fronton doit fe rencontrer avec celle de l'Entablement.

Quand il y a des modillons à la Corniche de l'Entablement, on en met auffi à celle du Fronton; & ces derniers doivent fe rencontrer à plomb avec ceux de l'Entablement. Vitruve dit que les anciens n'aprouvoient pas les Modillons dans la Corniche d'un Fronton, parce que felon eux ces Modillons n'ayant été imaginés que pour répréfenter des extrêmités de chevrons, c'étoit mal-à-propos qu'on en vouloit exprimer dans les pentes d'un Fronton où il ne s'en pouvoit rencontrer; mais les Modillons étant plûtôt des ornemens pour foulager la grande faillie du Larmier, que pour répréfenter des chevrons ou autres pieces de Charpente, on ne doit point avoir égard à ces prétenduës raifons, d'autant plus que ces ornemens font un très-bon effet, fur-tout quand on les employe dans de grands Frontons.

Il eft à remarquer que le nud du Fronton, c'eft-à-dire fon Timpan doit toûjours répondre à plomb fur la Frife de l'Entablement qui eft au-deffous; cependant il eft affés ordinaire d'y faire des ornemens de fculpture qui répréfentent le caractere de l'Edifice, on y met quelquefois les Armes du Roy ou des Trophées, quand il s'agit de quelque Bâtiment Militaire, comme on l'a pû voir fur plufieurs Planches du quatriéme Livre.

Un Fronton pointu peut couronner jufqu'à trois Arcades ou trois grandes Croifées qui feroient dans le milieu de la façade d'un Bâtiment; mais le rond ne peut couronner qu'une Arcade agréablement, & quand on en voudra mettre deux l'un fur l'autre, il eft bon que l'un foit ceintré & l'autre pointu, & que ce dernier termine la façade en forme de Pignon. Il y a des Architectes qui ont mis fort mal-à-propos deux Frontons l'un dans l'autre comme on en voit au vieux Louvre; mais en verité de pareilles licences méritent d'être fifflées & choqueront toûjours les perfonnes de bon goût.

Vitruve voudroit que toutes les parties qui font au-deffus des Colomnes & des Pilaftres; c'eft-à-dire qui font élevées au-deffus de la vûë comme les faces de l'Architrave, la Frife, le Timpan du Fronton, les Acroteres auffi-bien que leurs figures ou ftatuës, fuffent inclinés en devant de la 12e partie de leur hauteur; mais n'ayant pas d'autre raifon pour cela que d'expofer ces parties plus à la vûë de ceux qui les regardent de bas en haut, je ne croi pas qu'on doive suivre son sentiment qui n'est appuyé que d'une opinion particuliere qui préjudicieroit considerablement à la régle generale, qui veut que toutes les parties d'un Bâtiment & d'une belle Architecture soient bien à plomb, parce qu'autrement elles seroient un très-méchant effet étant regardées de côté d'où elles paroîtroient comme prêtes à tomber en devant. Cependant les Sculpteurs observent cette maxime de Vitruve fort judicieusement à l'égard de leurs Statuës, lorsqu'elles doivent être élevées assés haut & qu'elles ne peuvent être vûës que pardevant & de bas en haut.

Je ne dis rien des Frontons coupés pour faire place à des Tableaux ou à des Cartouches, de ceux qui sont brisés sur le haut & repliés en dedans, des autres roulés en Volute, ni de ceux qui sont renversés la pointe en bas, n'y ayant rien de plus disgracieux & de plus contraire à leur usage, qui est de couvrir entierement ce qui se trouve au-dessous.

Il me reste à parler des *Acroteres*, qui sont des petits Piédestaux que l'on met sur le coin & au sommet des Frontons, afin d'y poser des Figures, comme on le peut voir sur la 51ᵉ Planche. Scamozzy après avoir examiné la regle de Vitruve sur ce sujet, & y avoir trouvé plusieurs deffauts, en prescrit une que Mr Blondel approuve fort, qui est de faire la hauteur du Dé des Acroteres des coins, égale à la saillie de la Corniche de l'Entablement, observant que celui du milieu, c'est-à-dire qui est posé au sommet du Fronton, soit un peu plus élevé que les précedens.

La largeur du Dé des Acroteres suivant le même Architecte, doit être égale à celle du haut des Colomnes ausquelles ils doivent répondre ; mais ceci ne peut avoir lieu que quand l'on ne met qu'une Statuë à chaque coin, car si l'on avoit dessein d'y placer un Groupe de Figure, il faudroit alors continuer la largeur des Acroteres & la faire mourir sur les côtés du Fronton.

On ne fait point ordinairement de Base à ces sortes de Piédestaux parce qu'elle ne seroit point vûë à cause de la saillie de la Corniche de l'Entablement ; ainsi après avoir fait la hauteur du Dé égale à la saillie de la Corniche de l'Entablement, comme nous le venons de dire, il faut le couronner par une petite Corniche qui soit proportionnée à la hauteur du même Dé, observant de ne lui donner que peu de moulures, afin qu'on puisse les distinguer de loin.

CHAPITRE DIXIE'ME.

Des Periſtiles ou Colonnates, des Arcades & des Niches.

L'On n'a rien imaginé juſqu'ici de plus grand & de plus ſuperbe pour orner les Bâtimens conſidérables, que les Periſtiles ou Portiques. Les anciens s'en ſervoient aux Temples, aux Baſiliques, aux Places & aux Marchez publics : nous avons en France des morceaux dans ce genre qui feront à jamais l'admiration des connoiſſeurs, entr'autres le Periſtile du Louvre à Paris, qui eſt aſſurement l'ouvrage le plus achevé & le plus parfait qu'il y ait : c'eſt encore ici comme en tant d'autres choſes, que les Architectes anciens & modernes ſont fort partagés, pour déterminer les Entre-Colomnes dans tous les ordres, car il eſt aſſés difficile de ſavoir à qui donner la préférence : ce ſujet eſt pourtant eſſentiel pour la beauté & la ſolidité des Edifices, puiſqu'à le bien prendre c'en eſt là le point critique.

Quand les Colomnes ſont Izolées & qu'elles compoſent des Colonnates, Vignole pour en regler l'intervale dans l'ordre Toſcan, donne 4 modules deux tiers du Fuſt de l'une au Fuſt de l'autre, dans l'ordre Dorique 5 & demi, dans l'Ionique 4 & demi, & dans le Corinthien & le Compoſite 4 modules deux tiers comme au Toſcan, ce qui eſt aſſés extraordinaire d'avoir laiſſé des intervales égaux aux ordres les plus éloignés l'un de l'autre, comme ſont le Toſcan & le Corinthien, auſſi-bien que d'avoir fait les Entre-Colomnes Doriques plus grands que les Toſcans, contre le ſentiment de Vitruve, qui veut que les Entre-Colomnes des ordres maſſifs, ſoient plus grands que ceux des plus legers.

La Regle de Scamozzy eſt différente, il donne 6 modules aux Entre-Colomnes Toſcanes, 5 & demi aux Doriques, 5 aux Ioniques, 4 & demi aux Compoſites, & 4 aux Corinthiens ; ainſi il prend trois nombres proportionnels Arithmetiques entre 6, & 4 qu'il regarde comme les termes extrêmes de ces Entre-Colomnes, & pour ne point tomber dans la faute qu'il reproche aux autres Architectes, qui font tous leurs Entre-Colomnes égaux ; il donne plus de largeur à celui du milieu des façades, qu'aux autres qui ſont à droit & à gauche, par exemple, ſelon lui il faut que l'Entre-Colomne du milieu pour l'ordre Dorique, ſoit plus grand que les autres d'un Trigliphe & d'un Metope, & à l'Ionique, au Compofite & au Corinthien plus grands d'un *Mutule*.

Les Regles précedentes ne font point fi genérales qu'on ne puiffe quelquefois s'en écarter, parceque l'Entablement des ordres obligent à certaines fujetions, aufquelles il faut avoir égard abfolument pour regler les Entre-Colomnes : il n'y a que l'ordre Tofcan qui peut s'executer fans aucune difficulté, parce qu'on n'eft pas gêné par les Trigliphes, les Denticules, ni les Modillons, car il fuffit pour cet ordre que l'Entablement foit folidement établi, & n'aye pas trop de portée.

Il n'en eft pas de même pour le Dorique, étant le plus difficile de tous à mettre en œuvre, parceque la diftance de ces Colomnes eft déterminée par les efpaces des Trigliphes & des Metopes, car entre deux Colomnes il ne peut y avoir que depuis un Trigliphe jufqu'à 5, prenant garde qu'on ne compte que ceux qui portent fur le vuide, & non pas ceux qui font a plomb fur les Colomnes. Plufieurs n'ont pas voulu fe contraindre à la précifion que cet ordre demande, & ne fe font point embarraffés de s'affujetir à faire les Metopes quarrés ; mais comme c'eft juftement de là que dépend la beauté de cet ordre, ceux qui n'ont pas fuivi la maxime des anciens, n'ont pas été aprouvés, d'autres pour n'être contraints en rien ont executé l'ordre Dorique fans Trigliphes ni Metopes, n'ayant mis nulle diftribution dans la Frife, mais alors c'eft le priver de ce qu'il a de plus beau pour en faire un autre auquel on ne fait quel nom donner.

A l'égard des trois autres ordres, la fujetion n'en eft pas fi grande pour regler les Entre-Colomnes, ne s'agiffant que d'avoir égard à la diftribution des Modillons & des Denticules, mais principalement des Modillons, parce qu'on doit obferver pour regle conftante, qu'il doit toûjours y en avoir un qui réponde au milieu de chaque Colomne, & c'eft au jugement de l'Architecte, de proportionner fi bien la grandeur, la faillie & l'efpace des autres, que le tout puiffe cadrer de maniere qu'il ne paroiffe pas qu'on ait été gêné en rien.

Outre les cinq efpeces d'Entre-Colomnes dont nous venons de parler, les modernes en ont inventé une fixiéme que l'on nomme *Colomnes Couplées*, parce qu'elles font deux à deux fort près l'une de l'autre, par exemple, s'il y a plufieurs Colomnes de fuite difpofées felon les regles précedentes, on accouple la 2e avec la premiere, la 4e avec la 3e, la 6e avec la 5e, c'eft ainfi qu'on a fait le Periftile du Louvre dont j'ai parlé, & quoi qu'il y ait peu d'exemples

Livre V. de la Décoration.

ples antiques où cela ait été pratiqué, on a trouvé que les Colonnates dans ce goût la réussissoient si bien, qu'il n'y a presque point de Bâtiment considerable où il n'y en ait.

Les Colomnes couplées n'ont ordinairement qu'un Piédestal commun, parce que devant être autant près l'une de l'autre qu'il est possible, si l'on vouloit que leurs Piédestaux fussent separés, les Corniches & les Bases de ces Piédestaux se trouveroient confondus ensemble, ce qui feroit un méchant effet, Cependant si les deux Colomnes pouvoient être assés éloignées l'une de l'autre pour ne pas mêler les Corniches & les Bases des Piédestaux, elles pourroient avoir chacune le leur, ce qui est quelquefois necessaire comme quand deux Colomnes sont élevées sur deux autres, parce qu'alors il est à propos de rendre les Piédestaux legers.

Quand il y a plusieurs Colomnes de file à une égale distance, ou même quand elles sont couplées, on leur donne encore un espece de Piédestal commun qui regne sur toute la longueur du Peristile & n'est qu'à hauteur d'apui: & l'intervale qu'il y a d'une Colomne à l'autre se remplit par une balustrade qui lie ensemble toutes les parties qui servent de soûbassement.

La régle la plus génerale que l'on suit aux Arcades des Portiques, est de leur donner pour hauteur deux fois leur largeur, & c'est ce que Vignole fait aux Arcades de l'ordre Toscan, Dorique & Ionique; mais pour le Corinthien & le Composite, il leur donne pour hauteur un module de plus que le double de leur largeur, cependant comme les Colomnes qui accompagnent ces Arcades apportent quelque changement à leur largeur parce qu'elle se fait plus grande quand il y a des Piédestaux aux Colomnes que quand il n'y en a point: Voici encore ce que Vignole prescrit pour ces deux cas.

Dans l'ordre Toscan quand il n'y a point de Piédestaux aux Colomnes, il faut donner 6 modules & demi de largeur aux Arcades & 3 à leurs Jambages, mais quand les Colomnes ont des Piédestaux, la largeur des Arcades se fait de 3 modules 3 quarts & celle des Jambages de quatre.

Dans le Dorique sans Piédestaux, il faut donner 7 modules de largeur aux Arcades & 3 à leurs Jambages, & quand il y a des Piédestaux, la largeur des Arcades se fait de 10 modules & celles des Jambages de cinq.

Dans l'Ionique sans Piédestaux, la largeur des Arcades doit être de 8 modules & demi, & celle des Jambages de 3, & quand il y a des Piédestaux, il faut 11 modules de largeur aux Arcades & 3 aux Jambages.

H

Enfin aux ordres Corinthiens & Compofites fans Piédeftaux, il faut donner 9 modules à la largeur des Arcades & 3 à celle des Jambages, & quand il y a des Piédeftaux, la largeur des Arcades fe fait de 12 modules, & celle des Jambages de trois.

Quand les Colomnes font engagées dans les Jambages, Vignole veut dans tous les ordres que la partie engagée, ne foit que les 3 quarts du demi diamêtre, Scamozzy ne fuit pas tout-à-fait cette régle voulant que la Colomne forte au jufte des 3 quarts de fon diamêtre.

Comme il arrive fouvent qu'on fait des Arcades fans Colomne ni Pilaftre, il eft bon d'obferver qu'il faut autant qu'il eft poffible donner à leurs Jambages, les mêmes proportions que s'il y en avoit, & de ne jamais faire les Jambages plus larges que la moitié de l'Arcade, ni plus étroit que le tiers, & que les Bayes foient toûjours plus grandes aux ordres maffifs qu'aux plus délicats.

Pour empêcher que la ligne courbe de l'Arcade en venant joindre la ligne à plomb de l'Alette, ne paroiffe faire un jarret ou coude, on termine les piédroits par une impofte qui n'eft autre chofe qu'une petite Corniche dont la faillie ne doit point exceder les Pilaftres quand il y en a aux Jambages, ni la rondeur ou le plus gros des Colomnes, & c'eft ce que Vignole a parfaitement bien obfervé dans les deffeins des impoftes qu'il a donné pour tous les ordres, n'ayant pas fuivi fa plûpart des Bâtimens antiques où elles ont une fi grande faillie, qu'elles femblent être plûtôt des Corniches d'Entablement que des couffinets pour recevoir la retombée des Arcades avec leurs Bandeaux ou Archivoltes.

Selon Scamozzy, les impoftes des grandes Arcades dont les Colomnes ne portent que fur des Socles fans Piédeftaux, doivent avoir de hauteur une treiziéme partie & demi de celle des Jambages, il ajoûte que les Bandeaux de l'Arc ou Archivolte, ne doivent jamais avoir pour l'ordre Tofcan plus de largeur que la neuviéme partie de celle de l'Arcade & la dixiéme pour le Corinthien, ainfi entre ces deux proportions pour les autres ordres. A l'égard du Boffage de la clef qui excede le Bandeau de l'Arc fuivant le même Architecte, il le faut faire au moins de 2 tiers de modules, ou au plus d'un module, obfervant de lui donner moins de hauteur aux ordres fimples & de l'augmenter à proportion aux ordres délicats : Ces Boffages peuvent recevoir des ornemens conformes à l'ufage du Bâtiment comme des Confoles, des Têtes d'Animaux, des Mafques, des Cafques, &c.

Pour donner quelque exemple de tout ce que nous venons d'enseigner; on peut confiderer un Portique Dorique reprefenté fur la 50ᵉ Planche, par lequel on pourra juger de ceux des autres ordres; on verra de même fur la Planche 51 un autre Portique fuivant l'ordre Ionique tiré des Edifices antiques de Rome, raporté par Mr de Chambray qui en parle comme du plus noble & du plus magnifique morceau qu'on puiffe voir, il conviendra d'autant mieux ici, qu'on y verra l'affemblage de toutes les parties d'une ordonnance. PLANCH. 50 & 51.

A l'égard des moulures & des autres ornemens qu'on peut donner aux impoftes & aux Archivoltes des Arcades fuivant les ordres, on en peut voir des modeles fur la Planche 42, par exemple les Figures 2 & 3. pourront fervir pour les Arcades faites felon l'Ordre Tofcan, la 7ᵉ pour le Dorique, la 8ᵉ pour l'Ionique, la premiere pour le Corinthien & la 6ᵉ pour le Compofite les ayant deffinées d'après Vignole, pour ce qui eft des nombres qui en déterminent les proportions, ils expriment des parties de module, felon que le module eft divifé en 12 ou en 18 parties égales par raport à l'ordre dont il s'agit. PLANCH. 42.

Pour dire auffi quelque chofe des niches que l'on creufe dans les murs pour y placer agréablement quelques Statuës, l'on faura que leur plus belle proportion eft de leur donner pour hauteur 2 fois & demi leur largeur, ainfi voulant faire une niche de 3 pieds de large, on donnera 6 pieds depuis le bas jufqu'à la naiffance du demi cercle du cul-de-four qui termine le haut de la niche, & comme la hauteur de ce demi cercle fe trouvera d'un pied & demi. celle de toute la niche fera de 7 pieds & demi; c'eft-à-dire de 2 fois & demi fa largeur, pour ce qui eft de l'enfoncement de la niche, il fe fait prefque toûjours d'un demi cercle, dont le diametre eft égal à celui de la largeur de la niche même.

Souvent les Niches ont une impofte & une Archivolte; la largeur de l'Archivolte fe fait de la 6ᵉ ou 7ᵉ partie de l'ouverture de la Niche, & celle de l'impofte de la 5ᵉ ou 6ᵉ partie de la même ouverture, l'une & l'autre doivent être compofées de moulures qui ayent raport à l'Architecture du lieu; mais fi la Niche étoit placée au-deffous d'une impofte entre deux Colomnes ou Pilaftres, alors elle ne doit point en avoir, parce que deux impoftes l'une au-deffus de l'autre font un méchant effet; il ne faut pas non plus mettre de Niches entre les Pilaftres, s'ils ne font éloignés l'un de l'autre de près d'un tiers de leur hauteur, autrement elles feroient trop petites & trop étroites; à l'égard de l'élévation des Niches, le bas doit répondre au niveau des Corniches des Piédeftaux, des Pilaftres ou Colomnes qui les accompagnent.

H ij

Comme il doit regner une proportion entre la hauteur des Niches & celle des Figures qu'on veut y placer, on observera de poser la Figure sur un Socle, dont l'élevation soit égale à la moitié de la hauteur de la tête de la Figure & que le menton de cette Figure réponde à peu-près au niveau de l'imposte de la Niche, ainsi la Figure ayant 6 pieds, si on en ôte 9 pouces pour la hauteur de la tête qui en est ordinairement la 8ᵉ partie, il restera 5 pieds 3 pouces pour la hauteur du Socle, on aura 5 pieds 8 pouces pour celle de la Niche jusqu'à l'imposte, & 2 pieds 10 pouces pour sa largeur, c'est pourquoi la hauteur sous la clef sera de 7 pieds un pouce. Si la Figure avoit 9 pieds, on trouvera par la même régle que la hauteur de la Niche sous la clef sera de 10 pieds 6 pouces. On peut donc de là tirer une régle pour la proportion de la hauteur des Niches avec celle des Figures, qui est d'ajoûter à la hauteur de la Figure, autant de fois 2 pouces qu'elle a de pieds, ainsi pour une Figure de 5 pieds, la Niche doit être haute de 5 pieds 10 pouces.

CHAPITRE ONZIE'ME.

De l'assemblage des Ordres, ou de plusieurs Ordres mis les uns sur les autres.

QUAND on veut décorer un Edifice de conséquence par plusieurs ordres d'Architecture differens, posés les uns sur les autres, on doit observer pour régle génerale que le fort porte le foible; c'est-à-dire que l'ordre superieur soit toûjours plus délicat que l'inferieur, ainsi il faut que le Toscan soit sous le Dorique, le Dorique sous l'Ionique, l'Ionique sous le Corinthien & le Corinthien sous le Composite; en sorte que les Axes des Colomnes se rencontrent toûjours en même aplomb.

Lorsque les Colomnes sont entierement isolées, & qu'elles portent tout le poids de l'Entablement, la régle de Vitruve est que celles du second ordre soient toûjours un quart moindre en grosseur que celles du premier, & celles du troisiéme un quart moindre que celles du second, parce que, dit-il, il est juste que ce qui porte soit plus fort que ce qui doit être porté, & d'ailleurs pour imiter les Arbres dont la grosseur diminüe toûjours à mesure que la tige s'éloigne de la racine.

Livre V. de la Décoration.

Ce qui nous est resté des Monumens antiques ne s'éloigne guére de cette régle, dit Mr Blondel, car les Colomnes du second ordre du Portique de la Scene qui est au Théâtre de Pole en Dalmatie, sont les trois quarts de celles de dessous; celles du troisiéme ordre du Settizone de Severe, étoient aussi les trois quarts de celles du second; mais celles du second ordre étoient plus hautes à l'égard de celles du premier; car celles-ci ne surpassoient les Colomnes du milieu que d'une 6e partie; c'est-à-dire que la hauteur des Colomnes de dessous, étoit à celles des Colomnes du milieu, comme 6 à 5.

Scamozzy blâme cette régle de Vitruve, disant qu'elle n'est fondée sur aucune raison; il veut que les Colomnes de dessus prennent la mesure de leur grosseur sur celles de dessous; c'est-à-dire que la grosseur du pied de la Colomne superieure doit être la même que celle du haut de la Colomne inferieure, comme si les Colomnes des differens ordres provenoient d'un grand Arbre coupé par piéces, dont les morceaux étant posés les uns sur les autres suivroient leur diminution naturelle.

Serlio donne aussi pour régle générale aux ordonnances que l'on doit mettre l'une sur l'autre, que la superieure soit toûjours les trois quarts de celle sur laquelle elle pose immediatement, excepté aux Edifices qui ont un rustique nud pour premiere ordonnance, parce qu'il est à propos que celle qui est au-dessus lui soit égale, car autrement les ordonnances plus hautes paroîtroient trop petites, & le rustique seroit trop élevé à proportion du reste, les Ordonnances de cet Auteur sont toutes avec Piédestal, ou toutes sans Piédestal, afin que les superieures étant divisées en même proportion que les inferieures, les Colomnes & les Entablemens de dessus, se trouvent toûjours les trois quarts de l'étage de dessous.

Sans m'arrêter à rapporter les differentes régles que les Architectes ont donné pour la composition des ordonnances des Colomnes qui doivent être mises les unes sur les autres, Nous nous en tiendrons à celle de Scamozzy qui me paroît bien entenduë, c'est pourquoi je dirai une fois pour tout, que lorsqu'on voudra mettre deux ordres l'un sur l'autre, il faut après avoir déterminé la diminution de la Colomne de l'ordre inferieur, se servir du demi diamêtre du haut du Fust pour le module qui doit régler l'ordonnance superieur, par exemple, voulant mettre le Corinthien sur l'Ionique, ayant vû dans le troisiéme Chapitre que la Colomne Ionique selon Vignole devoit diminuer par le haut de 3 parties de chaque côté; ensorte que le diamêtre du sommet du Fust soit réduit à un module 12 parties,

H iij

il faut faire une ligne égale à la moitié de cette quantité, c'est-à-dire qui vaille 15 parties, & s'en servir pour le module qui doit régler l'ordre Corinthien, après toutesfois qu'on l'aura divisé en 18 parties égales, afin de se conformer aux mesures dont Vignole se sert pour cet ordre, de même voulant mettre un troisiéme ordre sur les deux précedens; c'est-à-dire le Composite sur le Corinthien, l'on verra que la Colomne Corinthienne devant diminuer, de façon que le demi diamètre qui est de 18 parties par le bas soit réduit à 15 par le haut, on se servira encore de ce demi diamètre réduit pour le module qui doit régler la troisiéme ordonnance.

La régle précedente ne doit pourtant pas être regardée comme si générale qu'on ne puisse s'en écarter quelquefois; car il arrive assez souvent qu'on est obligé d'assujettir la hauteur des Colomnes à celle des étages, aussi-bien qu'à la difference de leurs ordres; car tantôt il faut avoir égard à la proportion que la hauteur d'une façade doit avoir avec sa largeur, tantôt à la hauteur de l'Edifice même; car à ceux qui sont fort élevés, le grand éloignement de la vûë peut alterer considerablement les mesures ordinaires & les rendre differentes de celles dont on se serviroit dans les distances moins éloignées, & c'est sans doute pour cette raison, dit Mr Blondel que l'Architecte du Colisée a donné plus de hauteur au Pilastre du dernier ordre, qu'aux Colomnes Corinthiennes du troisiéme, & à celles-ci plus de hauteur qu'aux Colomnes Ioniques du second; car après avoir disposé les deux premiers ordres, de maniere que les Colomnes Doriques du dessous fussent plus hautes que les Ioniques dans le raport de 38 à 35. qu'il a pris comme celui qui répondoit assez juste à leur élevation; c'est-à-dire à la distance d'où elles devoient être vûës, il a fait celles du troisiéme ordre plus hautes que celles du second, dans la raison de 37 à 35, & celles du dernier ordre encore plus hautes que celles du troisiéme, dans la raison de 38 à 37, parce qu'il a crû que ces hauteurs dans un si grand éloignement, seroient raisonnablement diminuées pour produire un bon effet aux yeux des Spectateurs.

La difficulté de bien déterminer les grosseurs des Colomnes que l'on met les unes sur les autres vient de la rigidité de cette régle d'Architecture qui ne souffre pas qu'il y ait aucune charge dans le Bâtiment, qui porte à faux; & comme elle veut que la Plinthe de la Base d'une Colomne réponde au vif du Dé du Piédestal sur lequel elle est assise, que l'Architrave réponde au vif du haut de la Colomne, & la Frise à celui de l'Architrave, aussi-bien que le nud du Timpan du Frontispice, il faudroit sur ce principe que la

Livre V. de la Décoration.

Plinthe de la Base du second étage au cas qu'elle se trouvât posée immédiatement sur la Corniche du premier, répondit au vif du haut de la Colomne de dessous, & que les membres que l'on voudroit mettre entre-deux soit Socle, soit Piédestal, fussent situés de même. Mais si l'on donne à toutes ces parties la saillie qui leur convient suivant la nature de leur ordre, il arrive ou que le vif de la Colomne de dessous se trouve le plus souvent reculé en arriere & en retraite hors de l'aplomb de celui de la Colomne de dessous, ou que son diamêtre est tellement diminué, que la Colomne devient hors de mesure, ce qui presente bien des difficultés qu'il n'est pas aisé de surmonter.

L'Architecte du Colisée, dit Mr Blondel, ne s'est pas soucié que les Colomnes superieures fussent aplomb sur celles de dessous, au contraire il les a reculées de beaucoup en arriere, les posant sur les retraites du corps du mur, & par ce moyen il a eu toute la facilité possible pour que rien ne reçût à faux.

„ Nous avons un exemple de cette pratique, dit-il encore, au
„ Portail de l'Eglise S. Loüis des PP. Jesuites de la ruë S. Antoine
„ à Paris, où les Colomnes des ordres superieurs se retirent par de-
„ gré en dedans; ce qui ne paroît point de front, mais seulement
„ lorsqu'on les regarde de profil: & cela suivant le sentiment de
„ quelques Modernes, fait un méchant effet à la vûë.

„ Ces mêmes Architectes pour éviter ces embarras, sont d'avis
„ que l'on ne mette jamais de Piédestaux dans les Ordonnances su-
„ perieures; mais seulement des Socles sous les Bases des Colom-
„ nes. Ce qui est contraire à la doctrine de Vitruve, qui met des
„ Piédestaux dans toutes les ordonnances de la Scene de son Théâ-
„ tre & par tout ailleurs & à la pratique des anciens dont il y a
„ peu d'exemples de Colomnes posées l'une sur l'autre sans Piédestal,
„ les Architectes modernes s'en servent presque toûjours pour mar-
„ quer la hauteur des appuis des Arcs ou des Fenêtres qui sont dans
„ les entre-Colomnes des ordres superieurs.

N'ayant rien trouvé d'assés précis dans les Auteurs pour savoir quel parti prendre dans le choix de tout ce qui a été dit & exécuté au sujet de la composition des ordres. Je suis obligé de convenir que cette partie de la décoration est très-difficile & demande bien des connoissances qui ne peuvent guére être dévelopées dans un Traité aussi abregé que celui-ci, c'est pourquoi tout ce que je puis faire de mieux est d'insinuer quelques observations generales, laissant à ceux qui voudront s'appliquer particulierement à l'Architecture, de s'instruire plus à fond par la lecture des bons Auteurs, &

l'examen des Edifices les plus aprouvés qui est à la verité un travail plus grand qu'on ne pense si j'en juge par ce que m'a coûté le peu d'acquis que j'ai dans ce genre d'étude.

Il ne paroît pas qu'on doive mettre plus de trois ordres de Colomnes l'un sur l'autre; car outre qu'un quatriéme se trouveroit avoir ses Colomnes trop écartées pour leur hauteur, il seroit à craindre que quatre étages de Colomnes ne fussent point assés solides, cependant on pourroit faire le premier étage selon un ordre rustique pour servir comme de soûbassement au premier des trois autres.

Quand on met plusieurs ordres de Pilastres les uns sur les autres, on rencontre moins de difficulté pour régler la composition des ordonnances, que lorsqu'il s'agit des Colomnes, puisqu'alors il suffit d'avoir égard à la difference des étages, sans que les saillies contraignent à aucune sujetion génante.

Les Pilastres étant de même largeur en haut qu'en bas, il semble d'abord que la régularité voudroit que ceux qui sont les uns sur les autres fussent aussi de même largeur. Mais deux raisons obligent à faire le contraire, la premiere est que les ordres devant augmenter en délicatesse, les Pilastres doivent aussi augmenter en hauteur par raport à leur largeur. Or si le module demeuroit le même pour les superieurs comme pour les inferieurs, il s'ensuivroit que les ordres & les étages augmenteroient en hauteur à mesure qu'ils s'éleveroient les uns sur les autres : Ce qui ne conviendroit point, sur tout aux façades qui n'ont point une grande élevation & dont l'œil qui les regarde n'est pas fort éloigné des parties qui composent l'ordonnance.

La seconde est que s'il y avoit des Colomnes avec des Pilastres, comme cela arrive souvent, le diamêtre des Pilastres superieurs se trouveroit plus fort que celui du haut de la Colomne inferieure, ce qui causeroit encore un autre défaut contraire à la bonne Architecture.

Suposant donc qu'on veüille mettre plusieurs ordres de Pilastres les uns sur les autres, je croi que la meilleure maniere est de commencer d'abord par régler la hauteur de chaque ordonnance selon les maximes de Vitruve; c'est-à-dire que l'étage superieur soit toûjours les trois quarts de celui qui est immediatement dessous, ensuite on suivra ce qui est enseigné dans le second Chapitre page 14. comme s'il étoit question de Colomnes, & alors le diamêtre des Colomnes déterminera la largeur & la hauteur des Pilastres, par conséquent la moitié de cette largeur, ou le demi diamêtre deviendra le module, qu'on n'aura plus qu'à diviser en autant de parties égales

que

que le prescrit Vignole pour l'ordre dont il sera question ; ainsi il sera aisé de régler toutes les parties de chaque ordonnance.

Lorsque les Pilastres servent d'arriere corps à des Colomnes Isolées, il faut prendre garde que ces Pilastres soient assés éloignés des Colomnes, pour empêcher que les Chapiteaux ne se confondent comme au Portail de la Sorbonne.

Quand on veut décorer un Edifice, & qu'on a des raisons pour lui donner un air de solidité, il faut faire le premier étage d'un goût rustique, sur lequel on pourra élever un ordre de Colomnes ou de Pilastres, (car j'entens ici par premier étage celui du rez-de-Chaussée,) surquoi il est à remarquer qu'on peut faire le second étage plus élevé que le premier, parce qu'alors le premier n'est regardé que comme le soûbassement du second ; mais s'il s'agissoit d'un corps de logis qu'on voulut faire plus élevé que les aîles qui doivent l'accompagner, alors il ne faut pas que l'ordre du rez-de-Chaussée soit plus élevé que celui des aîles ; mais il doit par tout regner également, & ce sera par le moyen d'un second ordre qu'on donnera au corps de logis du commandement sur les aîles.

Quand il y a des Appartemens qui tirent du jour sous des Portiques par des Croisées qui ont un appuy, alors les Pilastres doivent avoir des Piédestaux de la hauteur même des appuis, ou pour mieux dire les Piédestaux doivent être continués & servir d'appuis aux Croisées; mais si ces Croisées n'avoient point d'appuis, & qu'elles descendissent jusqu'au niveau du Parquet des Appartemens, alors il vaudroit beaucoup mieux ne point donner de Piédestaux aux Pilastres.

On doit aussi remarquer que des Colomnes de differentes grandeurs, ne doivent jamais se rencontrer à côté l'une de l'autre, ne pouvant faire que des dispositions très-désagréables, de même quand on veut ajoûter quelques piéces à un Bâtiment déja fait, il faut bien se garder de le faire d'un autre ordre, au contraire il faut que la piéce ajoûtée paroisse avoir été ordonnée par le même Architecte qui a conduit le reste du Bâtiment, & pour tout dire enfin, il faut que les parties se rapportent au tout autant qu'il est possible, c'est ce qui ne se rencontre pas bien exactement au Palais des Thuilleries du côté du Jardin, la façade toute magnifique qu'elle paroisse est remplie de défauts insuportables, parce qu'elle n'est composée que de piéces ajoûtées, dont le tout ne réüssit pas des mieux, au lieu que ce qui avoit été fait anciennement étoit un morceau achevé dans son espece avant qu'on l'eût accompagné de ce qui devoit contribuer au dessein general du Louvre.

Pour dire aussi quelque chose de l'ordre *Attique*, qui est un pe-

I

tit ordre toûjours élevé au-dessus d'un plus grand, parce qu'il sert de dernier étage pour terminer le haut d'une façade, il est bon qu'on sache qu'on ne lui donne ordinairement pour hauteur que le tiers de l'ordonnance du dessous lorsqu'il n'y en a qu'une seule; mais s'il s'en trouve plusieurs, il peut avoir jusqu'à la moitié & même les deux tiers de celle sur laquelle il est immediatement assis.

L'ornement le plus ordinaire des Attiques se fait avec des *Pilastres racourcis*, que l'on nomme ainsi, parce que ces Pilastres n'ayant pas moins de grosseur qu'en ont par le haut les Colomnes ou Pilastres qui sont à l'ordonnance de dessous, leur hauteur ne peut être assés grande pour se trouver conforme aux régles, puisque le plus souvent ils n'ont tout au plus que 5 ou 6 fois leur grosseur compris la Base & le Chapiteau. Leur Base se fait comme à l'ordinaire; mais les Chapiteaux sont presque toûjours quarrés; je veux dire aussi haut que le Pilastre est large. L'on prend un 7e de cette hauteur pour l'Abaque, & le reste est occupé par un Vase renversé d'un seul rang de Feüillage pareil à ceux du Chapiteau Corinthien. A l'égard de l'Entablement, il doit être proportionné à la hauteur de ces sortes de Pilastres; mais le plus souvent il n'est composé que d'une Corniche sans Frise ni Architrave.

Il y en a qui mettent un Attique entre-deux étages à l'exemple de Vitruve, qui dans la description de sa Basilique, semble placer une maniere d'Attique entre-deux ordonnances de Colomnes. Mais à vrai dire un Attique qui se trouve ailleurs qu'au haut d'une façade, me paroît faire un méchant effet.

L'assemblage des ordres a fait naître une question qui a fait beaucoup de bruit il y a 40 à 50 ans; sçavoir dans quel goût on pourroit faire une ordonnance qui pût être élevée au-dessus de l'ordre Composite; c'est-à-dire inventer un 6e ordre qui eût au-dessus du 5e les mêmes avantages en délicatesse & en grace que le Composite peut avoir sur les quatre autres, cet ordre qu'on devoit nommer *l'ordre François*, fut proposé de la part du Roy à tous les savans Architectes de l'Europe avec un prix considerable pour ceux qui produiroient quelque nouveau dessein qui meriteroit de porter un nom si glorieux; aussi-tôt les habiles Gens de toute nation & de tout pays, firent tous leurs efforts pour donner des productions de leurs genies; mais par une fatalité qui ne paroît presque pas croyable, il est arrivé que d'un million de differens desseins qui ont été proposés il ne s'en est pas trouvé un seul qui ait mérité le moindre applaudissement, Mr Blondel dit que la plûpart n'étoient remplis que d'extravagances, de chimeres gothiques & de fades allusions; j'ai vû aussi plusieurs morceaux qui n'avoient rien de recommandables, quoique fort ventés par des gens d'un certain rang, qui avoient apparemment interest de les faire valoir. Je conviendrai pourtant qu'il y a quelques profils de l'invention de *Sebastien le Clerc*, qui ne doivent point être confondus avec ceux dont je parle, le goût exquis de cet Auteur s'est assés fait admirer des gens les plus délicats pour avoir un sentiment avantageux de ce qui vient de luy.

Quoique les peines que l'on ait prises pour inventer un nouvel ordre, n'ayent pas fait beaucoup d'honneur au dernier siécle, on auroit pourtant tort d'en demeurer-là : il se rencontre quelquefois des genies heureux qui produisent sans effort ce que leurs prédecesseurs ont cherché en vain, car ce que la nature refuse dans un tems, elle le donne quelquefois avec usure dans un autre, nous admirons aujourd'hui les anciens Architectes, il en viendra peut-être par la suite pour lesquels on aura les mêmes sentimens ; mais en attendant l'on peut sur un ordre Composé, placer un ordre Composé à l'exemple des anciens qui n'ont pas fait difficulté de mettre un Corinthien sur un autre ; il ne seroit pas non plus mal-à-propos d'y mettre des Cariatides ou des Persiques, parce que ne faisant point d'ordre particulier, il semble qu'ils peuvent convenir l'un & l'autre à tous les ordres. Il ne faut pas avoir la délicatesse de ceux qui ne veulent rien souffrir dans l'Architecture dont on n'ait des exemples antiques ; car au sujet de l'ordre Composé, nous avons autant de droit de changer les pensées des Romains, que ceux-ci en ont eu d'alterer celles des Grecs ; mais on ne le doit faire qu'avec beaucoup de sagesse sans sortir de certaines régles generales dans lesquelles on remarque que ces mêmes Romains ont toûjours renfermé leur invention ; car la plûpart des choses qu'ils ont changé ou ajoûté ne sont point essentielles à la beauté de l'Architecture s'étant toûjours conformés aux régles légitimes.

Quelques Architectes de nos jours ont été bien plus hardis, ayant entierement abandonné les anciennes régles pour ne suivre que celles d'une folle imagination, & s'ils avoient eû beaucoup d'imitateurs, l'Architecture Gothique malgré son ridicule, auroit peut-être regné une seconde fois, l'Eglise des Théatins à Paris, nous en offre un exemple qu'on ne devoit pas attendre d'un siécle aussi éclairé que le nôtre ; car il semble que celui qui l'a bâti ait voulu épuiser tout ce que l'esprit humain peut inspirer de plus extravagant ; non-seulement dans l'ordonnance, dont le goût est mille fois plus bizarre que ce que l'on n'a jamais vû dans le Gothique, mais même dans la distribution du terrain, qui pêche contre le sens commun qu'on me permette encore cette réflexion, rien n'est plus dangereux dans la societé que ceux qui ne veulent pas se conformer aux maximes generalement reçûës; car comme le mépris qu'ils en font procede toûjours de ce qu'ils n'ont pas assés de capacité pour en connoître les avantages, ils cherchent à en établir suivant leur caprice, & quoiqu'ils donnent dans le faux, l'esprit de nouveauté fait que bien des gens se rengent de leur parti, ensuite il ne faut plus que du tems, pour que les choses les plus monstrueuses soient regardées comme des Loys sacrées: la raison veut en vain y trouver à redire, on lui impose silence, & ce n'est qu'en tremblant qu'on ose se déclarer pour elle.

CHAPITRE DOUZIE'ME.

De la Distribution & de la Décoration des Edifices en géneral.

J'ENTEND par la distribution l'usage qu'on doit faire d'un terrein dans lequel on peut élever un Bâtiment; cette partie de l'Architecture peut être regardée comme la principale & la plus essentielle, toutes les autres lui étant subordonnées, en effet quand on mettroit Colomnes sur Colomnes, que les profils seroient plus réguliers & plus délicats que ceux des plus beaux Edifices antiques, & qu'on employeroit les plus habiles Sculpteurs à la décoration, quel succès pourroit-on en attendre si le terrain est mal distribué, que les principales parties n'ayent pas la grandeur, la noblesse & les dégagemens qui leurs conviennent, ou si l'on manquoit dans quelque point essentiel qui répugnât à la qualité du Bâtiment dont il s'agit?

Il est vrai que cette partie a bien plus d'étenduë aujourd'huy qu'elle n'avoit autrefois, les François ont poussé la distribution à un point qui les met en cela fort au-dessus des autres Nations, nous avons en France & en Italie, des Palais faits dans les siécles précedens, dont l'exterieur est décoré d'une assés belle Architecture, tandis que la distribution des dedans n'a rien qui y réponde, on n'y trouve aucune commodité, il semble qu'on ait affecté d'en éloigner le grand jour & d'y faire regner un crepuscule perpetuel, les Cheminées occupent le plus grand espace des Apartemens, les Portes sont petites & donnent une foible idée des lieux où elles conduisent, mais quoique depuis un siécle on ait inventé un nou-

LIVRE V. DE LA DÉCORATION.

vel art de la diftribution, il ne faut pas croire que tout ce qu'on bâtit aujourd'hui foit exempt de deffauts ; par exemple on fait dans des Palais de conféquence des Veftibules, des Efcaliers, des Salons, des anti-Chambres, des Chambres de Parade, des Cabinets & plufieurs autres piéces de cette nature d'une grandeur au-deffus de l'ordinaire & proportionnée à celle de l'Edifice, cela eft en place, & il eft permis de fortir des proportions communes dans ces occafions ; mais il eft ridicule comme cela eft arrivé à plufieurs Architectes de faire de femblables piéces dans une place d'une médiocre étenduë, au lieu d'avoir menagé le terrein pour un meilleur ufage.

Il ne fuffit pas d'employer affés bien l'efpace que l'on veut occuper & de trouver à peu-près toutes les commodités néceffaires, il faut encore en faifant la diftribution avoir égard à la décoration des dehors, foit par des avants-Corps ou Pavillons proportionnés à la maffe de l'Edifice, foit en plaçant les Portes & Croifées, de maniere qu'elles faffent une parfaite fimetrie, ou en diftribuant les Tremeaux ; enforte qu'ils foient fufceptibles des ornemens qu'on voudra y mettre ; en un mot s'il n'y a un accord de toute part, il ne faut pas croire qu'on ait l'approbation des perfonnes de bon goût. On peut dire au contraire qu'en mariant les dehors avec les compofitions des dedans, on fait naître un plaifir fecret dans l'ame des Spectateurs qui fans pouvoir rendre raifon de la fatisfaction qu'ils reffentent ne favent à quoi l'attribuer quoiqu'ils ne voyent dans ce qu'ils admirent que des Croifées, des Pilaftres, des Mafques, des Confoles & d'autres pareils ornemens qu'ils ont remarqué cent fois ailleurs fans fentir la même émotion.

Je ne faurois m'empêcher de dire qu'il eft très-difficile pour ne pas dire impoffible d'atteindre à ce rapport parfait des parties interieures d'un Bâtiment avec celles des dehors lorfqu'un Architecte n'eft pas maître abfolu de fon fujet, & qu'on dérange fes idées le plus fouvent pour des bagatelles ; car s'il mollit & qu'il ait affaire à des perfonnes entêtées & prévenuës d'une prétenduë capacité, il ne peut qu'être blâmé dans la fuite, puifqu'on le rendra refponfable des fautes qu'on lui aura fait faire ; les demi favans font dangereux dans toute forte de genre ; mais ils font infuportables en fait de Bâtimens, & le fâcheux eft que tout le monde veut être Architecte.

Comme ce n'eft point ici le lieu d'enfeigner à faire une diftribution, & qu'on ne le pourroit même qu'en donnant les plans des plus beaux Hôtels de Paris avec les remarques neceffaires, je me contenterai de dire qu'on ne fauroit parvenir à faire un Plan achevé fi en compofant celui du rez-de-Chauffée on n'a égard aux fuperieurs,

I iij.

à commencer depuis les soûterrains jusqu'au comble, sans ces précautions on s'expose à des inconveniens très-facheux & qui deviennent quelquefois irréparables, car ce qui rend une distribution parfaite; c'est l'arrangement naturel de toutes les piéces de l'Edifice, dans lesquelles il faut conserver la noblesse, la grandeur & la proportion qui leur est convenable.

Si nous avons surpassé les anciens dans la distribution, parce qu'ils pouvoient avoir moins de délicatesse, ou que nous jugeons mal de leur magnificence, on peut dire avec justice que nous ne sommes que leurs copistes pour la décoration & que la plus belle Architecture de nos jours n'a de prix qu'autant qu'elle est conforme à la leur; mais il est plus difficile qu'on ne pense de la bien imiter, puisque quelque habile que l'on soit on ne peut jamais s'assurer du succès ne travaillant pour ainsi dire que par conjecture n'ayant point de principe démontré sur lesquelles on puisse se déterminer, Si l'on peut se fonder sur quelques régles certaines ce ne peut être que sur celle de la perspective qui pourra faire connoître les vrais proportions qu'on doit suivre. On doit donc s'apliquer avec tout le soin possible à l'étude d'une science si necessaire, & dont l'union est si étroite avec l'Architecture, qu'il est presque impossible d'atteindre à la perfection de celle-ci sans avoir une connoissance très distincte de l'autre; car il se trouve dans la décoration des grands Edifices tant de parties differentes dont les unes sont plus enfoncées que les autres, qu'il faut convenir qu'on ne sauroit guére juger de leurs effets par une simple élevation Géometralle.

PLANCH.
48.

Les saillies les plus utiles & les plus belles pour décorer les Bâtimens sont les Corniches, parce qu'elles les couronnent avec grace & conservent le parement contre les injures de l'air, la hauteur & la saillie des Entablemens dépendent de l'élevation des Edifices & de la distance d'où ils doivent être vûs, les moindres Corniches sont en Chanfrain & n'ont qu'une moulure couronnée comme un gros Talon, un quart de rond, ou une Doucine avec quelques Filets ou Astragales, elles ne s'employent qu'aux Bâtimens rustiques qu'on ne veut point décorer; mais quand on veut les faire plus riches, on peut employer à propos celles de l'Entablement d'un des cinq ordres, selon qu'on juge qu'elles pourront convenir à l'Edifice : ce qui ne se fait guére que lorsqu'on employe tout l'Entablement du même ordre, puisqu'à le bien prendre il vaut mieux composer la Corniche exprès afin d'avoir égard aux circonstances les plus essentielles, soit par raport aux differens effets que peuvent causer les moulures, ou à la nature de la pierre qui ne se rencontre pas toûjours propre pour exprimer des parties délicates ; la couleur même peut faire beaucoup ; car fi c'eſt une pierre colorée ou mêlée, il faut des moulures qui ayent beaucoup de relief & qu'on puiſſe diſtinguer aiſément, ſans quoi elles cauſent plus de confuſion que d'ornemens, au lieu que ſi la pierre eſt blanche il y a moins de ſujetion à cauſe que la lumiere qui s'y réfléchit, fait que rien ne ſe perd dans l'ombre.

Pour qu'une Corniche ſoit bien Profilée, il faut que les moulures ayent entr'elles un certain raport, pour cela on évite que deux ou trois moulures ſemblables ſe rencontrent de ſuite ainſi que pluſieurs d'une même hauteur ; car il doit ſe trouver un contraſte dans leur diſtribution par l'opoſé qui regne entr'elles en les faiſant alternativement circulaires & angulaires, ou par la difference de leur grandeur : mais en général la ſaillie d'une Corniche doit être à peu-près égale à ſa hauteur.

Quand le Bâtiment eſt fort exhauſſé & que ſon uſage le diſtingue des autres, un Entablement entier lui convient beaucoup mieux qu'une Corniche ſeule & la maſſe en eſt couronnée avec beaucoup de grace, la proportion doit s'en déterminer en le faiſant comme s'il y avoit un ordre entier, cependant quand on le juge à propos, on peut en diminuer l'Architrave & la Friſe, ce qui doit ſe faire avec beaucoup d'art : ſi l'Entablement eſt tout entier, on doit enrichir la Friſe de Conſoles, & la Corniche de Modillons ; on peut voir quelques exemples de tout ceci, en conſidérant les Corniches & Entablemens qui ſont raportés ſur la Planche 48e. deſquels on pourra tirer des idées pour s'en ſervir dans l'occaſion.

Il eſt bon d'ajoûter qu'on ne doit jamais interrompre le cours d'une Corniche en la coupant à l'endroit des Lucarnes des Etages en galetas, parce que cela choque le coup d'œil & eſt contre toutes les régles ; je dirai auſſi que quand on veut déterminer la proportion des moulures, on peut au lieu de ſe ſervir des parties du module, commencer par tracer la plus grande moulure, enſorte qu'elle ait avec toute la hauteur le raport qui conviendra le mieux, enſuite diviſer la hauteur de cette moulure en autant de parties égales qu'on jugera à propos & s'en ſervir pour régler les autres parties.

Quand aux ornemens des Fenêtres, les unes ſont compoſées d'un Chambranle ſimple ſans aucune moulure, les autres ont un Chambranle avec des moulures & une Corniche au-deſſus : enfin les plus belles ſont celles qui ont un Chambranle avec des Conſoles & un Fronton ſans montant aux côtés des Chambranles.

Les grandes Croiſées doivent avoir une Corniche aſſés ſaillante pour donner du couvert à ceux qui s'y préſentent, & alors on fait porter cette faillie par deux Confoles auffi-bien que l'appui ou accoudoir qui termine la Croifée par en bas.

Les Confoles de la Corniche doivent être auffi larges en bas qu'en haut, afin qu'elles fuivent régulierement le Chambranle & le montant; la largeur du Chambranle peut être d'une 6e partie de la Croifée ou Fenêtre. Au-delà du Chambranle, il y a une platte-Bande qui lui fert d'arriere-corps, elle peut avoir autant de largeur que le Chambranle, ou un peu moins, elle fert particulierement à placer les Confoles de la Corniche, fi la Corniche n'eft pas portée par des Confoles. Cet arriere-corps doit être moins large de moitié & fans aucune moulure que celles qui compofent fa Corniche. Les Confoles qui portent l'appui doivent être placées au-deffous du Chambranle & avoir même largeur, leurs enroulemens auront bonne grace s'ils fe portent en dehors par les côtés. La hauteur de ces Confoles peut être de la moitié de l'ouverture de la Fenêtre tout au plus ou du tiers au moins; on les fait ordinairement plus étroites en bas qu'en haut, cependant j'aimerois mieux qu'elles fuffent également larges. Souvent la hauteur du Perron termine le bas de ces Confoles.

La principale Porte d'un Edifice étant la partie la plus remarquable de la façade, il faut neceffairement qu'elle foit décorée à proportion de la conféquence du Bâtiment, fa grandeur doit même être affujettie à cette circonftance, par exemple fi la façade retient quelque partie d'un ordre d'Architecture, il faut pour le Tofcan & Dorique que la Porte ait de hauteur un peu moins du double de fa largeur, pour l'Ionique on pourra lui donner pofitivement le double de la largeur, & pour le Corinthien & le Compofite un peu plus; quant à leur Figure les plus belles font rondes ou quarrées; c'eft-à-dire qu'elles font terminées par un demi Cercle ou par une platte-Bande, il y en a d'autres qui approchent de ces figures, comme celles dont le ceintre eft en ance de panier ou furbaiffé, ou qui ayant la Figure d'une platte-Bande font un peu ceintrées. Quand on les fait comme cette derniere, le trait le plus parfait eft celui qui fe décrit fur la Bafe d'un Triangle équilateral dont le fommet eft le centre; je ne dis rien de celles qu'on fait à pan; c'eft-à-dire terminées par plufieurs faces, parce qu'elles ont mauvaife grace & ne font point aprouvées.

Si l'on veut avoir un Balcon au-deffus de la Porte, on peut le faire porter par des Colomnes quand le lieu le permet, en ce cas on fait faillir les ornemens d'Architecture, ou bien fi l'on ne fait pas de Colomnes, le Balcon eft porté par des Confoles; mais lorfqu'on eft

obligé

Livre V. de la Décoration. 73

obligé de ménager la Place, on fait des Pilastres ou avant-Corps qui ont peu de saillie, quelquefois même on prend la Porte dans un renfoncement, & alors les ornemens se distribuënt selon la necessité & les circonstances.

A l'égard des Entablemens qui couronnent les Portes, Scamozzy veut qu'ils ayent pour l'ordre Toscan la 4e partie de la hauteur du vuide, & la 5e partie pour l'ordre Composé, & qu'on prenne des moyennes proportionnelles entre ces deux ordres pour l'Ionique, le Dorique & le Composite ; ensuite la hauteur de l'Entablement doit être divisé en 15 parties, dont on en donne 5 à l'Architrave, 4 à la Frise & 6 à la Corniche & les moulures se font à proportion ; la largeur des piés-droits ou montans des Chambranles & ses moulures doivent être pareilles à celles du Linteau, dont le Profil est ordinairement semblable à celui de l'Architrave.

Il faut autant qu'il est possible laisser les venteaux des grandes Portes de toute leur hauteur, à moins qu'on en soit empêché par un entre-sole. Si la Porte est ronde & qu'on y mette un dormant, il doit occuper la partie ceintrée, ensorte que l'imposte continué serve de Linteau ; à l'égard de leur compartiment il y faut peu de panneaux, & que ceux d'enbas soient arrasés comme du Parquet, que la richesse des cadres & des moulures soient conformes à la décoration de l'Architecture ; si l'on y pratique des ornemens de Sculpture, il faut qu'ils ayent peu de relief, faisant ensorte qu'ils se trouvent dans l'épaisseur du bois sans être adaptés.

Pour dire aussi quelque chose de l'interieur des Edifices, il faut convenir qu'on n'a jamais eu tant de goût qu'on en remarque aujourd'hui dans les Appartemens de conséquence ; la maniere d'orner les Cheminées demanderoit elle seule un grand détail, si l'on vouloit raporter des exemples pour montrer l'art de mêler à propos le Marbre, la Sculpture & le Bronze doré pour accompagner les Glaces qui en font le principal ornement ; mais je renvoy le Lecteur au Livre de Daviler qui a traité ce sujet à fond, & me contenterai de parler des autres ornemens qui semblent apartenir essentiellement à l'Architecture.

Les anciens au rapport de Vitruve, ornoient leurs Plafonds de bois précieux & d'ouvrages de Marqueterie, fort riches par la diversité des bois de couleur, de l'Yvoire & de nacre de Perle dont ils composoient des compartimens qui étoient enrichis par des lames de Bronze. Il est constant que les Plafonds conviennent fort aux Salons & aux grandes piéces où la hauteur des Planchers donnent assés d'éloignement pour les voir d'une distance raisonnable, parce

K

que dans les petites piéces il faut le moins de relief qu'il se peut. Pour faire la division des compartimens, les cadres doivent répondre au vuide des murs, comme Fenêtres & Portes, ce que les Poûtres réglent affés facilement. Dans les grandes piéces il faut de grandes parties, particulierement une qui marque le milieu & qui soit differente des autres par sa figure, par exemple elle doit être ronde ou octogone pour les piéces quarrées, & ovale pour les longues : les enfoncemens peuvent être ornés de Roses tombantes qui ne doivent point exceder l'arrasement des Poûtres principales ; les Corniches ou Entablemens doivent être tellement proportionnés, que leurs profils ayent la même hauteur que s'il y avoit un ordre au-dessous, parce qu'alors on est sûr que la Corniche ne sera ni trop puissante, ni trop foible lorsqu'elle sera élevée à la hauteur de l'ordre qu'elle doit couronner ; à l'égard de la Frise elle peut recevoir de beaux ornemens ; mais il faut qu'ils soient répandus avec choix & avec goût, & qu'ils conviennent au lieu où ils sont employés ; mais pour régler d'une maniere generale la proportion que doivent avoir les Entablemens qui portent les Plafonds, s'il n'y a qu'un Architrave ou imposte, il faut selon Scamozzy qu'elle ait la 16e partie de la hauteur depuis le Plancher jusques sous le Plafond ; & si le lieu permet d'y mettre une Corniche, soit avec modillons ou sans modillons, il faut qu'elle ait alors la 13e partie & demi de cette hauteur. Daviler veut qu'on donne aux Corniches la 12e partie de la hauteur des Chambres, ou ce qui revient au même un pouce par pied, & cela pour les piéces qui auroient depuis 8 pieds jusqu'à 15 d'exhaussement, & pour celles qui en ont d'avantage & ou l'on a coûtume de faire des Entablemens, il prétend qu'un 10e de la hauteur conviendroit mieux.

Pour les ornemens des Portes des Appartemens, il faut en diviser la hauteur en 15 parties, dont on en dennera 5 à l'Architrave ou Linteau, 4 à la Frise & 6 à la Corniche, le Chambranle ne doit jamais avoir plus de 2 faces avec ses moulures ; on peut aussi mettre des Consoles avec de la Sculpture pour porter les Corniches & ces Consoles portent sur des petits montans au côté des Chambranles.

Je ne m'étend pas beaucoup sur la décoration interieure des Edifices, parce qu'il est bien difficile d'y appliquer des régles ausquelles le caprice veüille se soûmettre ; car sur ce sujet les Architectes ont tous les jours des idées nouvelles & s'il s'en trouve qui ont fait des choses dignes d'admiration, il faut avoüer qu'il y en a aussi un grand nombre d'autres qui en ont immaginés qui ne sont point fuportables, & pour faire voir que je n'en parle qu'après les plus habiles gens, voici ce que dit Mr *Courtonne*, Architecte du Roy, à la fin de son *Traité de Perspective*.

„ Pour dire à prefent quelque chofe des parties interieures des
„ Palais & des Hôtels les plus confidérables, on a fait de fi grands
„ changemens à leurs décorations depuis une trentaine d'années,
„ qu'on ne s'y reconnoît plus aujourd'hui & l'on auroit le dernier
„ mépris pour un Architecte qui n'ajoûteroit pas quelque nouveauté
„ finguliere à toutes celles qu'on a introduites depuis ce même tems
„ contre l'ufage & peut être même contre la raifon & le bon fens :
„ Je fçai bien qu'on s'y eft tellement accoûtumé qu'il feroit dan-
„ gereux d'aller contre le torrent & de fe roidir contre des modes
„ que trente années de prefcription femblent avoir affés autoritées;
„ auffi mon intention n'eft pas de les cenfurer ; mais on me per-
„ mettra de dire en paffant que l'inconftance de nôtre nation avoit
„ affés de matiere à s'exercer fur les chofes de peu de durée, comme
„ font toutes celles qui ont du mouvement ; les Meubles, les Car-
„ roffes, les Habillemens font de cette nature, au nombre def-
„ quelles on ne doit pas mettre les Edifices & tout ce qui en fait
„ partie, dont la durée doit aller jufqu'à nos derniers neveux.

„ Il eft vrai que des ornemens de Sculpture bien traités relevent
„ infiniment les beautés de l'Architecture & fur tout dans les parties
„ interieures des Bâtimens dont il s'agit en cet endroit ; mais com-
„ me ils ne font à proprement parler qu'acceffoires, & qu'on doit
„ toûjours regarder la proportion de tous les membres d'Architec-
„ ture comme le principal objet, il ne faut s'en fervir qu'avec beau-
„ coup de ménagement, fi l'on veut que l'œil foit fatisfait & qu'il
„ en goûte pleinement toutes les beautés : mais lorfqu'on jette des
„ ornemens fur toutes les parties fans choix & fans néceffité, il n'y a
„ plus que de la confufion, l'œil ne fait plus où fe repofer, l'Ar-
„ chitecture eft cachée fous ces voiles & rien ne nous frape parce
„ que rien ne nous émut affés pour le fentir.

„ Comme ces réflexions nous meneroient trop loin s'il falloit ci-
„ ter des exemples qui déplairoient fans doute aux perfonnes inte-
„ reffées, je me contenterai de dire que ce n'eft pas encore affés de
„ retrancher la confufion des ornemens de Sculpture, fi l'on n'en fait
„ pas faire le choix qui dépend ordinairement de la qualité des em-
„ ploys & même des inclinations particulieres des Seigneurs qui
„ font bâtir. On pourra donc choifir parmi tous les differens Tro-
„ phées ou Attributs de Guerre, de Marine, de Chaffe, de Mu-
„ fique, de Science & tant d'autres que je pourrois nommer, ceux

,, qui conviendront le mieux au sujet que l'on aura à traiter, & c'est
,, à quoi l'on doit s'étudier le plus, quand on veut avoir l'approba-
,, tion des connoisseurs.

,, Mais comme ces dedans sont aujourd'hui d'une très grande
,, importance par la grande dépense que la mode a rendu comme
,, necessaire, il faut que l'Architecte épuise tous les secrets de son
,, art à la distribution & l'arrangement de toutes leurs parties qui
,, consistent dans une belle proportion, dans un choix délicat des
,, plus beaux Profils & dans une grande varieté.

,, J'entens par la proportion la hauteur qu'il faut donner aux
,, Corniches sous les Plafonds, la distribution des Pilastres, Pan-
,, neaux, Cadres & autres parties des Lambris de Menuiserie dont
,, l'arrangement dépend de la grandeur des piéces, de leur hauteur
,, & des sujetions causées par les Portes, Croisées ou Cheminées.

,, Les Profils qui se font dans ces piéces, sont bien differens de
,, ceux que l'on fait au dehors, il doivent être fort délicats, avoir
,, peu de saillie aussi-bien que les ornemens de Sculpture qui s'y
,, font, & l'Architecte doit en faire lui-même les Profils & ne s'en
,, rapporter jamais aux Ouvriers.

,, A l'égard de la varieté, elle doit regner dans toutes les piéces
,, d'un Appartement; c'est-à-dire que les desseins en doivent être
,, differens aussi-bien que les Profils & les ornemens, avec cette
,, remarque que les premieres piéces se font pour l'ordinaire moins
,, riches que celles qui suivent.

,, Enfin si l'on veut donner toute la perfection à son ouvrage il ne
,, faut pas se contenter de donner aux Ouvriers un dessein bien lavé
,, & cotté pour chaque piéce, on doit le faire crayonner en grand
,, sur le lieu même où doit être posé le Lambris & y faire dessiner
,, le plus exactement que l'on pourra tous les ornemens qu'on vou-
,, dra y mettre, afin de pouvoir corriger, augmenter, ou diminuer
,, les parties qui paroîtront trop fortes ou trop foibles; car on juge
,, bien autrement de ces sortes d'ouvrages quand on les voit dans leur
,, grandeur naturelle, qu'on ne fait sur un dessein réduit en petit, ce
,, que l'experience apprendra beaucoup mieux que le discours.

,, On peut voir déja par le peu de remarques que nous avons fait
,, jusqu'ici que les connoissances necessaires à un bon Architecte,
,, ont plus d'étenduë qu'on ne s'imagine, & qu'il ne suffit pas d'avoir
,, exercé la fonction de dessinateur pendant quelques années pour
,, en mériter le titre, comme cela n'est que trop ordinaire; car bien
,, loin d'avoir acquis la plus grande partie des Sciences qui sont ab-
,, solument necessaires, on prend cette qualité sans avoir même la

ns pratique, ni cette experience consommée dans les Bâtimens &
» qui ne s'apprend point dans le Cabinet ; mais par des Travaux
» pénibles & non interrompus. Il ne faut plus donc s'étonner si l'Ar-
» chitecture a perdu beaucoup de son premier éclat depuis un cer-
» tain nombre d'années, & l'on doit même apprehender que ce mal
» n'augmente si l'on n'exige point d'autres dispositions de ceux qui
» se prévalent de cette qualité.

Comme ce discours de Mr Courtonne renferme plusieurs choses instructives, je n'y ai rien voulu changer, j'ai suprimé seulement un article où il m'a parû qu'il marquoit un peu trop d'aigreur contre quelques personnes de sa profession qu'il ne nomme pas à la verité; mais dont l'aplication est à craindre, au reste je reviens à l'explication de quelques sujets qui doivent finir ce Chapitre.

L'on fait toûjours un *Peron* aux grands Bâtimens, comme à l'entrée d'une Eglise, d'un Palais ou de tout autre Edifice considérable ; un Peron comme l'on sait est élevé par plusieurs marches ou dégrés, dont le Pallier pour bien faire doit s'étendre sur toute la largeur du Portail, les marches selon Vitruve doivent être en nombre impair de 5 à 6 pouces de hauteur au plus, sur 10 à 12 pouces de giron ; c'est-à-dire qu'il faut leur donner pour largeur environ le double de leur hauteur, afin de rendre la montée plus douce & plus facile.

Quand un Peron est élevé de 13 à 15 marches, il est à propos d'en interrompre la suite par un ou deux repos afin de n'avoir pas tant de dégrés à monter de suite, & que la vûë ne se trouve blessée en descendant une si grande hauteur sans appui ; mais il faut surtout prendre garde que le Peron soit toûjours pratiqué dans la hauteur du socle ou soûbassement de l'Edifice, observant que quoique le soûbassement tienne lieu ici de Piédestal continuë, il ne doit avoir ni Base ni Corniche.

Pour faire aussi mention des Balustres & Balustrades qui se pratiquent si utilement dans les Edifices, soit pour la commodité ou seulement pour la décoration comme quand on en fait au-dessus de la Corniche des Entablemens pour égaïer une façade & la terminer avec grace, l'on saura que les Balustrades ne sont autre chose qu'une suite de Balustres composé d'une ou de plusieurs travées terminés par des Piédestaux de même hauteur, le tout portant une tablette en maniere d'appui, ces travées doivent finir par des demi Pilastres joints aux Piédestaux, les Balustres se font de plusieurs figures ; mais les ronds & les quarrés sont préferables à tous les autres.

Au lieu de Balustres on fait quelquefois des entre-lacs qui n'ont

K iij

pas moins d'agrément, on les rend plus ou moins délicats suivant les lieux où ils doivent être placés, par exemple ceux qui sont élevés au-dessus d'un Bâtiment qu'on ne pourra voir que de loin, doivent être plus massifs que ceux qui sont faits pour être vûs de près.

Les Trophées composent encore dans l'Architecture un ornement fort noble, leur figure est un tronc d'Arbre chargé & environné d'Armes de toute sorte d'espece, leur origine vient des Grecs qui dressoient sur le Champ de Bataille un tronc chargé des dépoüilles des Ennemis pour marquer leur Victoire. Ces monumens étoient consacrés à Mars, & l'on n'y pouvoit toucher sans sacrilege si on en juge, parce que raporte Vitruve dans le huitiéme Chapitre de son second Livre, où il dit que la Reine Artemise ayant prise la Ville de Rodes, dressa un Trophée dans le milieu de la Place avec deux Statuës de Bronze, dont l'une étoit élevée à sa gloire & l'autre marquoit la Ville de Rhodes sous des signes de servitude, & que les Rhodiens dans la suite n'osant y toucher le renfermerent d'une enceinte, parce qu'ajoûte-il, il n'étoit pas permis d'ôter les Trophées consacrés aux Dieux.

Les Trophées peuvent se faire dans toute sorte de goût selon le genre de l'Edifice où on veut les apliquer, par exemple on en fait de Livres, de Spheres, de Globes & d'Instrumens de Mathematique, pour réprefenter les Arts & les Sciences, d'autres avec des Instrumens de Musique, d'autres qui conviennent à l'Agriculture, d'autres enfin pour la Marine, les Manufactures & les Magasins publics ou Arsenaux.

A l'égard des Trophées d'Armes qui sont les plus ordinaires & les plus considérables, il semble que lorsqu'il s'agit de quelque Edifice Militaire, il convient beaucoup mieux de se servir des Armes qui sont en usage aujourd'hui, que d'employer celles dont se servoient les Anciens, nos Canons, nos Mousquets, nos Mortiers, nos Bombes, nos Drapeaux, nos Picques, nos Tambours, nos Timbales, nos Trompettes, &c. ne sont point moins nobles ni moins beaux à la vûë quand ils sont disposés ensemble avec Art, que les Boucliers, les Carquois, les Fléches, les Balistes, les Catapules, les Belliers & les autres Armes des Anciens. Au reste tout ce qui s'appelle ornement doit dépendre du Jugement de l'Architecte ; c'est en cela qu'on connoîtra son goût & sa capacité, nonseulement dans l'invention des Sujets ; mais dans la juste aplication qu'il en saura faire.

Lorsque l'on veut décorer une Place publique qui doit contribuer à la beauté d'une Ville, on ne sauroit donner trop d'aparence

Livre V. de la Décoration.

aux Bâtimens qui l'environnent. Or pour que la magnificence & l'utilité se trouvent de concert, il est à propos de pratiquer 2 étages dans la hauteur de l'Ordonnance, & si on éleve le tout sur un ordre rustique, l'ordonnance en aura une augmentation de beauté; c'est ce que l'on a fait avec beaucoup de succès aux Places de Vendôme & de Victoire, à Paris.

On pourra élever une Balustrade au-dessus de l'Entablement pour terminer agréablement la façade & cacher en partie le comble qui ne fait jamais un bon effet quand il est question d'une belle Architecture; mais à propos des Balustrades, j'ai oublié de dire ci devant que le Socle sur lequel on posoit les Balustres devoit avoir une hauteur égale à la saillie entiere de l'Entablement & même quelque chose de plus. Et qu'il falloit donner aux Balustres 2 pieds de hauteur comme on l'a pratiqué aux plus beaux Bâtimens de Paris; j'ajoûterai encore qu'il faut observer de ne point faire leurs travées si longues qu'on soit obligé d'employer plusieurs pieces pour la Tablette, ce qui est contraire à la bonne grace & à la solidité; car rien n'est si sec que de voir 15 ou 20 Balustres de suite sans Pilastres & sans aucune liaison, ainsi je crois que 9 ou 10 au plus par travées doivent suffire.

L'on met quelquefois dans le milieu des Places Publiques des Piramides qui sont des *Monumens* servant à transmettre à la posterité la memoire des grands Princes, on *les* orne ordinairement d'un Trophée d'Armes, de Figures, de bas reliefs, qui représentent leurs actions mémorables, leurs victoires, leur vertu, leur puissance & les Ennemis qu'ils ont vaincus.

Une Piramide doit être d'une hauteur qui l'éleve au-dessus de tous les Bâtimens des environs; ensorte même qu'elle soit vûë de la Campagne, & qu'elle fasse un riche ornement pour la Ville ou elle sera érigée. Il faut prendre garde aussi qu'une Piramide doit être seule, autrement elle perdroit sa véritable signification, qui est de représenter la gloire du Prince qui regne ou qui a regné.

Je ne finirois jamais si je voulois parler de tout ce qui peut appartenir à la décoration des Edifices, ce sujet est si abondant, que plus on l'examine & plus l'on trouve matiere à de nouvelles reflections, l'inclination dont je me sens animé pour l'instruction des Lecteurs, fait que je voudrois ne leur rien laisser à désirer & leur donner au moins une connoissance generale de tout ce qui peut s'offrir aux yeux; cependant je suis souvent contraint de retenir ma plume crainte qu'on ne la trouve point assés interessante & qu'on ne se plaigne que je m'arrête à des choses qui paroissent trop éloignées de mon fujet, il ne faut pourtant pas croire que c'eſt la paſſion d'écrire qui me guide, je me ſuis preſcrit des bornes & elles paroîtront peut être trop étroites quand on entrera bien dans mes ſentimens; car voici comme j'ai raiſonné en compoſant ce 5e Livre.

L'ouvrage que je veux donner au Public a pour objet l'Inſtruction des jeunes Ingenieurs & de tous ceux qui ont la conduite des Travaux pour le Roy ou pour les Particuliers, les uns & les autres parlent ſans ceſſe Bâtimens, & je ſai par experience qu'on n'en peut raiſonner juſte ſans en avoir fait une longue & pénible étude, peu de gens ont aſſés de loiſir & aſſés de courage pour lire 25 ou 30 gros Volumes qu'on ne peut avoir qu'en faiſant des dépenſes conſidérables dont on n'eſt pas toûjours à portée, & que ce ſeroit leur abreger beaucoup de chemin de leur donner en peu de mots tout ce qui pourroit contribuer à les mettre en état non-ſeulement de travailler par eux-mêmes, mais de porter un jugement ſolide de tous les Edifices qui méritent quelqu'attention, ſoit que leur profeſſion les y engage ou ſeulement pour ſatisfaire leur curioſité, principalement ſur un ſujet qui étant purement de goût, tout le monde ſe croit en droit de blâmer ou d'aplaudir; je me ſuis donc chargé de toute la peine que pouvoit donner le ſoin de débroüiller & de mettre en ordre les penſées & les principes de tant d'Auteurs differens, dans l'eſperance qu'on ſeroit ſatisfait du motif qui me guide.

Fin du cinquiéme Livre.

LA SCIENCE DES INGENIEURS
DANS LA CONDUITE DES TRAVAUX
DE FORTIFICATION.

LIVRE SIXIÉME,

Qui comprend la maniere de faire les Devis pour la construction des Fortifications, & celle des Bâtimens civils.

OMME l'on ne peut bien faire les Devis, sans avoir une connoissance parfaite des ouvrages que l'on veut exécuter, il m'a paru qu'il convenoit de ne traiter cette matiere qu'après avoir enseigné tout ce que l'on a vû dans les quatre premiers Livres : car pour bien dresser un Devis, il faut non-seulement sçavoir faire un bon choix des matériaux, afin de spécifier les conditions de ceux que l'on voudra employer, & la maniere de les mettre en œuvre ; mais il faut encore régler les dimensions des ouvrages, afin qu'on puisse voir toutes les particularités du projet jusques dans

A

les moindres parties. C'est dans un Devis qu'un Ingénieur habile peut donner des marques de sa capacité, & c'est en effet l'endroit par lequel on peut en juger sûrement ; car s'il a du goût & de bons principes d'Architecture militaire & civile, il le fera voir par les dimensions qui seront prescrites dans son Devis ; s'il a l'esprit net & juste, on y appercevra un ordre & un arrangement qui rendront interessans les sujets les plus ingrats ; enfin s'il est capable de faire exécuter les travaux les plus difficiles, on en sera convaincu par les détails bien circonstanciés de tout ce qui doit entrer dans leur construction : sa pénétration ira même jusqu'à prévoir les accidens qui pourroient survenir, & rien ne lui échapera. On peut donc dire qu'un Devis doit être regardé comme le chef-d'œuvre de l'Ingénieur, & que c'est de là que dépend absolument l'exécution bonne ou mauvaise du dessein que l'on a en vûë. Combien de fois n'est-il pas arrivé que de grands ouvrages ont échoüé faute d'avoir été précedés d'un bon Devis ? Et que ne pourroit-on pas alléguer pour en prouver la conséquence ?

Dans l'usage ordinaire ce sont Messieurs les Directeurs de Fortifications qui font les Devis, & le plus souvent les Ingénieurs en chef ; mais comme il n'y a point d'Ingénieurs qui ne puissent se trouver dans le cas de projetter par eux-mêmes, on peut regarder ce sixiéme Livre comme celui qu'il importe le plus de bien sçavoir, puisque, comme je l'ai déja dit, les autres qui précedent, n'en font que l'introduction.

Le Devis est un mémoire instructif de toutes les parties d'un ouvrage qu'on veut construire ; il explique l'ordre & la conduite du travail, les qualités & façons des matériaux, & généralement tout ce qui a rapport à la construction & à la perfection de l'ouvrage.

Ses qualités principales sont que toutes les matieres soient mises dans un bel ordre, énoncées clairement & bien détaillées, sans confusion, n'omettant rien d'essentiel, & de ne laisser aucun équivoque qui puisse donner lieu dans la suite à des contestations avec les Entrepreneurs ; il doit être relatif au plan & profil du projet : quand il est revêtu de toutes ces conditions, il sert de guide à l'Entrepreneur, aux ouvriers & à l'Ingénieur même, parce qu'alors il assujettit les uns & les autres à travailler de concert & conformément à l'intention du Directeur, ou de celui qui a fait le projet.

Il n'y a point de sorte d'ouvrage qui ne demande son Devis particulier ; mais comme il faudroit un détail infini pour en circonstancier chaque espece, je me contenterai d'en donner une idée générale qui suffira pour en faire l'application à toute sorte de tra-

LIV. VI. DE LA MANIERE DE FAIRE LES DEVIS.

vaux, & à ceux même dont je ne ferai point mention; pour cela nous supposerons, comme nous l'avons fait jusqu'ici, qu'il s'agit de bâtir une Place neuve dont tous les desseins sont cottés & réglés définitivement, & qu'il n'est plus question que d'en faire le Devis pour ensuite proceder à l'adjudication: en remplissant ce dessein je remettrai sous les yeux du Lecteur toutes les differentes especes d'ouvrages dont j'ai fait mention jusqu'ici; mais avant cela il est à propos que je m'arrête un moment pour faire voir la disposition génerale d'un Devis tel que celui dont nous parlons.

Il faut commencer d'abord par faire mention de la situation de la Place & de son tracé, des principales pieces de fortifications qui doivent composer son enceinte, comme du corps de la Place, des ouvrages détachés & des chemins couverts, on doit dire un mot en passant des mesures qu'il faudra prendre pour établir le Rez-de-chaussée géneral, & pour former la distribution des ruës, de là on passe aux dimensions de chaque espece d'ouvrage, commençant par le corps de la Place, & continuant par les autres ouvrages détachés, & cela à mesure qu'il s'éloigne du centre; on fait mention des épaisseurs que doivent avoir les murs au sommet & sur la base, de leurs taluds, retraites & empatemens, de la hauteur & épaisseur des contreforts, de la largeur & profondeur des fossez, de la disposition des chemins couverts & glacis, des voûtes, portes, souterrains & latrines, le tout en géneral seulement; & c'est ce qui doit faire la premiere partie du Devis.

On entre ensuite dans le détail de la qualité des matériaux, comme des mortiers, ciment, sable, chaux, pierre de taille, moëlon, pierres de parement, carreaux & boutisses, joints, hauteur des assises, libages, fichages des pierres, fer, bois, pilotis, placage & gazonnage, ce qui forme la seconde partie; & on continuë en prenant chaque ouvrage l'un après l'autre suivant l'ordre de sa construction particuliere, détaillant toutes les précautions, assujettissemens, formes & régles du travail dans toutes leurs circonstances, observant toûjours de commencer par le corps de la Place, comme il vient d'être dit, & d'en épuiser la matiere avant que de passer aux autres ouvrages, qu'on doit ensuite traiter tour-à-tour avec la même méthode.

Enfin le Devis se termine par la construction des Ponts, Puits, Magasins, Arsenaux, Hôpitaux, Pavillons & corps de Cazernes, quoique cependant il soit d'usage de faire un Devis particulier pour ces derniers; en tout cas on doit garder le même ordre pour ces sortes de bâtimens, que pour la Place même, c'est-à-dire, désigner

A ij

d'abord leurs dimensions principales, parler ensuite de la qualité des matériaux, & suivre après en détail l'ordre de leur construction, commençant par les gros ouvrages, & finissant par les legers, après quoi l'on met les conditions qui regardent les Entrepreneurs.

Voilà ce qu'on peut dire en général sur l'ordre & l'arrangement des parties d'un Devis. Quant aux autres qualités qu'il demande pour être bien fait, elles se réduisent, comme je l'ai déja dit, à la netteté & à la précision, c'est-à-dire, à distinguer chaque chose clairement, à ne rien oublier d'essentiel, de même qu'à ne rien mettre d'inutile; à ne point faire des répétitions qu'autant qu'elles sont absolument nécessaires pour un plus parfait éclaircissement, à ne laisser aucun équivoque ou doute qui puisse donner matiere aux Entrepreneurs de contester, & à spécifier toûjours autant qu'il est possible, la qualité & la force de chaque nature d'ouvrage, afin que l'Entrepreneur soit obligé de s'y assujettir, & que non seulement on soit en droit de lui faire exécuter son marché dans toutes ses circonstances, mais encore qu'il ne puisse trouver aucun faux-fuyant pour se disculper des frais que le plus ou moins de propreté dans l'ouvrage, ou le plus ou moins de force dans chaque chose, pourroit occasionner.

Il ne faut pas non plus dans un Devis multiplier les titres mal à propos, ce défaut le rend ordinairement obscur, & lui ôte cet air de netteté qu'il doit avoir. Il vaut beaucoup mieux renfermer sous un seul titre toutes les matieres qui peuvent y avoir rapport, & les apostiller à la marge chacune en particulier, afin qu'on les puisse trouver du premier coup d'œil, quand l'occasion le demande.

J'ai tâché de me conformer dans le modele suivant aux régles que je viens de prescrire, & sa lecture sera plus instructive qu'un plus ample discours. On y trouvera la plûpart des dimensions & des conditions qui ont été observées au Neuf-Brisac, que j'ai choisi exprès préférablement à toute autre Place à cause de l'estime que l'on fait de la beauté de ses ouvrages. C'est effectivement le sujet le plus parfait qui puisse être traité; cependant je ne m'assujettirai point au Devis primitif qui en a été fait, quoique je le prendrois sans balancer pour unique modele, si cet abregé me permettoit d'entrer dans tout son détail.

J'ai ajoûté à la fin de ce Devis deux planches qui serviront à développer la fortification du Neuf-Brisac; les Tours bastionnées qui sont représentées sur la seconde, ne sont point tout-à-fait conformes à celles qui ont été exécutées, parce que je les ai tirées d'un

Liv. VI. DE LA MANIERE DE FAIRE LES DEVIS. 5

nouveau projet que M. le Marêchal de Vauban a fait quelqu'années avant sa mort, pour rectifier celui du Neuf-Brisac ; mais comme la différence est très peu de chose, j'ai crû qu'au lieu d'y trouver à redire, on me sçauroit bon gré d'avoir rapporté celles-ci préferablement aux autres qui sont connuës de tout le monde ; d'ailleurs il est bon que l'on sçache que ces deux planches que j'ai fait graver il y a plusieurs années, ne devoient point se trouver dans ce Volume-ci, leur veritable place étant dans celui où je parle de l'art de fortifier les Places, & de la maniere de faire les projets de Fortification, que je mettrai au jour dans la suite ; c'est pourquoi elles contiennent des lettres & des chiffres desquels je ne fais point mention presentement, parce qu'ils ont rapport à un discours qui n'est pas du sujet que je traite ici ; mais sans s'en mettre en peine, il suffira en lisant ce Devis de jetter de tems en tems les yeux sur les desseins, afin d'avoir une parfaite intelligence de l'objet de chaque article, & on ne trouvera pas moins ces deux planches avec leur dissertation dans le Volume dont je viens de parler.

MODELE D'UN DEVIS POUR UNE PLACE neuve, telle que le Neuf-Brisac.

Devis des ouvrages de Maçonnerie, Terre & Gazonnages, Charpente, Couverture, Menuiserie & autres que le Roy a ordonné être faits pour la Construction d'une nouvelle Place. On marque ici son nom & sa situation.

I.

SITUATION DE LA PLACE.

LA Place sera située dans la plaine de.... ou sur la riviere de.... & sera tracée suivant les mesures de son plan en octogone régulier, formant huit poligones égaux ; sur chaque angle desquels sera construite une Tour bastionnée suivant les dimensions qui seront spécifiées ci-après. *Figure & situation de la Place.*

Les dehors de la Place consisteront en huit bastions détachés, ou contregardes tracés sur la capitale de ces Tours, huit tenailles devant les courtines, huit réduits, huit demi-lunes devant ces réduits, & un ouvrage à corne devant tel.... front ; le tout enveloppé d'un chemin couvert. *Dehors de la Place.*

Rez-de-chauſſée.

Après que la Place aura été tracée, on fera courir le niveau tout au tour, & ſur ſes differentes élevations on prendra un milieu pour établir le Rez-de-chauſſée, ce qui ſe fera en abaiſſant les parties les plus élevées, & en relevant celles qui ſe trouveront trop baſſes. Ce même niveau réglera ceux de dedans & du dehors de la Place.

Diſtribution des ruës & pentes pour l'écoulement des eaux.

On fera en même tems la diſtribution des ruës qui doivent ſéparer les Places à bâtir, & on en marquera la deſtination par des grand piquets auſquels ſeront attachés des écriteaux de fer-blanc qui ſerviront d'indices; & pour avoir les pentes néceſſaires à l'écoulement des eaux, on relevera le centre de la Place de quatre pieds, & on chiffrera des piquets fixes qui régleront l'alignement des ruës, & indiqueront les rehauſſemens ou rabaiſſemens qu'il y aura à faire à chaque partie.

I I.

DIMENSIONS DES PARTIES PRINCIPALES
de la Place.

CORPS DE LA PLACE.

POLIGONE ET COURTINE.

Poligone.

CHaque Poligone extérieur aura 180 toiſes de longueur d'un angle à l'autre.

Courtines.

Les Courtines auront 124 toiſes 4 pieds $\frac{1}{4}$ chacune entre les Tours, & ſeront coupées en deux endroits par des flancs de 4 toiſes 4 pieds, formées par le prolongement de ceux des contregardes.

Revêtemens des Courtines.

Leur revêtement aura dix pieds deux pouces d'épaiſſeur au deſſus des fondemens, y compris le chanfrain des trois aſſiſes de pierre de taille, & ſera élevé de trente pieds depuis le deſſus des fondemens juſqu'à la hauteur du deſſus du cordon, où l'épaiſſeur ſera réduite à cinq.

Retraites & fondemens.

Au niveau du fond du foſſé ſera faite une retraite de trois pouces de ſaillie au dehors du nud dudit revêtement, & un peu au deſſous une autre pareille retraite, de ſorte que les fondemens auront dix pieds huit pouces d'épaiſſeur par le bas, ſur trois pieds de profondeur. On obſervera les même retraites, emparemens tant des Tours baſtionnées que des contregardes, tenailles, demi-lunes, réduits & autres pieces, ainſi il n'en ſera plus parlé dans la ſuite.

LIV. VI. DE LA MANIERE DE FAIRE LES DEVIS. 7

Les Contreforts seront construits aussi bas que le revêtement, *Contreforts.* & élevés à même hauteur, on les espacera à quinze pieds de distance les uns des autres de milieu en milieu, & ils auront huit pieds de long, cinq de large à la racine, & trois à la queuë.

Pour suppléer aux affaissemens des terres, les Remparts seront *Remparts.* élevés de trois pieds plus que la hauteur des revêtemens, & la surface de leur terre-plain sera dressée sur trente pieds de largeur en pente d'un pied & demi à prendre depuis la banquette jusqu'au talud intérieur des mêmes remparts, qui aura les deux tiers de sa hauteur; ces Remparts seront ornés de deux rangs d'arbres qui formeront une allée sur le terre-plain, & d'un troisiéme qui sera planté au pied du talud du rempart.

La Banquette aura quatre pieds & demi de large sur un pied & *Banquettes.* demi de haut, taluant de trois pieds.

Les Parapets auront dix-huit pieds d'épaisseur au sommet, & seront élevés pardevant de quatre pieds au-dessus du cordon, & de quatre pieds & demi au-dessus de la Banquette, formant une pente de deux pieds & demi du derriere au devant. Le talud du gazonnage intérieur sera du quart de sa hauteur.

TOURS BASTIONNE'ES.

Chaque Tour sera composée de deux faces, deux flancs & une *Tours bas-* gorge de Maçonnerie; chaque face aura deux toises cinq pieds *tionnées.* huit pouces de long, mesurés au cordon; chaque flanc six toises; chaque demi-gorge sept, & la capitale neuf toises deux pieds six pouces.

Son revêtement sera élevé de vingt-huit pieds depuis le dessus *Revête-* des fondemens où il y aura treize pieds un pouce d'épaisseur, jus- *ment & pa-* qu'au cordon où l'épaisseur se réduira à huit pieds, & sera sur- *rapet.* monté d'un Parapet de maçonnerie de briques aussi de huit pieds d'épaisseur & de six de hauteur, dans lequel seront observées aussi bien qu'à l'étage inferieur, toutes les embrasures, évents & Guérites marqués dans les Plans & Profils.

On élevera le long des faces deux Banquettes de maçonnerie, *Banquettes* faisant ensemble trois pieds de largeur sur trois de hauteur.

Le mur des gorges n'aura que six pieds d'épaisseur au-dessus des *Gorges.* fondemens, & sera érigé à plomb jusqu'à la hauteur du sommet du Parapet des Tours.

Au centre de chacune de ces Tours sera fait un noyau de ma- *Noyau &* çonnerie fondé aussi-bas que le revêtement, pour recevoir & sou- *Voûtes.*

tenir les voûtes qui regneront le long des flancs & gorges ; ces voûtes auront dix-huit pieds de longueur de vuide, & seront construites à plein-ceintre. Au milieu du noyau sera pratiqué un Magazin à poudre voûté aussi à plein-ceintre de quinze pieds de largeur dans œuvre, & de vingt pieds de longueur.

Poternes. Il sera fait aux deux côtés de chaque Tour une poterne voûtée pour communiquer aux contregardes, dont les allées déboucheront dans le fossé à côté des flancs, & auront six pieds de largeur chacune jusqu'à la jonction du gros mur de la courtine, où le passage de la porte sera masqué de maçonnerie pour n'être ouverte que dans le besoin, & réduit à quatre pieds & demi. Le mur qui soutiendra les terres du côté du Rempart, aura cinq pieds d'épaisseur au-dessus des fondemens, où sera faite une retraite de trois pouces de chaque côté, & cinq pieds & demi de hauteur jusqu'à la naissance des voûtes.

Passage & l'entrée des Tours. Le passage de l'entrée inferieure des Tours sera aussi voûté sur douze pieds de largeur à l'endroit du rempart, & formé par deux murs qui auront chacun cinq pieds & demi d'épaisseur au-dessus de leurs fondemens, avec trois pouces de retraite de chaque côté, & quatre pieds de hauteur au-dessus du rez-de-chaussée de l'interieur des Tours. Ces murs seront soutenus du côté des terres par des contreforts de six pieds de longueur, quatre & demi de largeur à la racine, & trois à la queuë.

Porte de l'entrée des Tours & escalier. A l'entrée de ces passages, & sur l'alignement du retour du rempart, sera faite une porte de pierre de taille avec ses fermetures de huit pieds de longueur, & neuf & demi de hauteur sous clef, dont les pieds droits seront prolongez en dehors jusqu'au pied du talud du rempart, formant deux aîles en rampe suivant le même talud, qui auront trois pieds d'épaisseur chacune aux extremitez avec des ébrassemens de part & d'autre ; & à chaque côté de cette entrée sera fait un escalier de pierre de taille, dont les marches auront quatre pieds & demi de longueur sur six pouces de hauteur, contregardé par un petit mur d'appui de deux pieds d'épaisseur.

GRANDES PORTES ET CORPS DE GARDE
DES ENTRÉES PRINCIPALES.

Portes d'Architecture. Sur le milieu des quatre courtines qui répondront aux entrées principales de la Place, sera fait quatre grandes portes d'Architecture. La hauteur du frontispice de chaque porte sera de huit
toises

Liv. VI. DE LA MANIERE DE FAIRE LES DEVIS. 9

toises depuis le deſſus des fondemens juſqu'au deſſus de la corniche de l'entablement, & ſa largeur de huit toiſes trois pieds au deſſus du ſoubaſſement, ſur onze pieds d'épaiſſeur par le bas, & ſept par le haut, non compris la ſaillie des pilaſtres. Le fronton aura douze pieds d'élevation dans ſon milieu. Chaque porte aura neuf pieds neuf pouces de largeur entre les pieds droits, treize pieds de hauteur entre le ſeüil & la clef, & ſera décorée conformément au deſſein.

Le paſſage des entrées aura douze pieds de largeur dans œuvre entre les doſſerets, non compris la refuite des côtés. Il ſera voûté au deſſus de l'impoſte, & formé par des murs de cinq pieds de hauteur juſqu'audit impoſte, & cinq pieds & demi d'épaiſſeur au deſſus de leur fondement, faiſant retraite de trois pouces de part & d'autre. Ces murs ſeront ſoutenus de chaque côté par deux contreforts qui auront chacun ſix pieds de longueur, cinq de largeur à la racine, & trois à la queuë. Ce paſſage ſera garni de toutes ſes fermetures, ponts-levis, orgues & baſcules conformement au deſſein, & ſera précedé d'un periſtile ou veſtibule de trente huit pieds de largeur dans un ſens, & vingt-un & demi dans l'autre, qui ſera voûté à même hauteur que le paſſage de la porte, & ſoûtenu par des doſſerets & piliers de pierre de taille de trois pieds ſur trois & demi d'épaiſſeur, cimetriſant avec la décoration des pieds droits du paſſage.

Paſſage.

Veſtibule.

La partie de ce periſtile qui regarde le dedans de la Place, ſera revêtuë de pierre de taille dedans & dehors ſur toute ſa hauteur, & aura cinq pieds d'épaiſſeur au deſſus des fondemens; elle ſera retraite de deux pouces à deux pieds au deſſus de ces fondemens, puis élevée de ſeize pieds depuis le deſſus de cette retraite juſqu'au deſſus du plinthe, formant trois arcades dont celle du milieu aura dix pieds d'ouverture, & les deux joignantes huit pieds ſeulement; toutes trois de quatorze pieds de hauteur.

A droite & à gauche du même periſtile ſeront faits deux Corps de garde & une Priſon, dont les murs de face & de retour auront quatre pieds & demi d'épaiſſeur au deſſus de toutes les retraites; ces pieces ſeront éclairées par quatre croiſées de quatre pieds de largeur & huit de hauteur chacune, diſpoſée & décorée avec cimetrie, deux de chaque côté du veſtibule, & auront enſemble dix toiſes un pied de longueur de face du côté de la Place.

Corps de garde.

Le logement au deſſus ſera conforme en tout à la diſtribution figurée dans le deſſein, & ſa façade qui ſera percée de neuf croiſées, & réduites à deux pieds d'épaiſſeur, ſera élevée de dix-ſept

Logement au deſſus & chambre aux orgues.

B

pieds depuis le dessus du plinthe jusqu'au dessus de l'entablement; le tout décoré suivant les élevations du même dessein, & surmonté d'un fronton, de quatre lucarnes & d'un comble de seize pieds de hauteur. La chambre aux orgues, la cage de bascule & les escaliers à droite & à gauche des portes pour monter sur le rempart, seront aussi construits suivant leur plans & profils particuliers. Ces escaliers seront de pierre de taille, ils auront quatre pieds & demi de largeur dans œuvre, & un mur d'apui rempant de deux pieds & demi d'épaisseur.

POTERNES DE SORTIE.

Poternes de sortie. Dans le milieu de chaque courtine où il n'y aura point de grande porte, sera faite une poterne pour communiquer aux tenailles; l'on y descendra par un escalier de pierre de taille hors œuvre, voûté sur six pieds de largeur, & surmonté à l'aplomb du talud superieur du rempart, d'un mur de brique d'un pied & demi d'épaisseur, & de quatre de hauteur au dessus du terre-plein.

Passage. Son passage sera enfoncé de cinq pieds au dessus du sol de la Place, & aura douze pieds de largeur. Ses portes ainsi que celles des poternes des Tours bastionnées, auront quatre pieds & demi de largeur, & seront garnies de leurs fermetures d'une force convenable, observant de les masquer toutes ensuite du côté du fossé d'une bonne maçonnerie de quatre pieds à quatre pieds & demi d'épaisseur, & de pratiquer un petit évent dans ce masque.

Les pieds droits de ce passage auront six pieds de hauteur & cinq d'épaisseur au dessus de leurs fondemens, faisant retraite de trois pouces de chaque côté, & seront soûtenus par des contreforts de trois pieds de large à la racine, deux à la queuë, & quatre & demi de long.

Aqueduc. Et pour faciliter l'écoulement des eaux de la Place, sera construit au dessous de ces Poternes un petit Aqueduc voûté de deux pieds de largeur dans œuvre, sur trois de hauteur, dont les pieds droits auront chacun deux pieds & demi d'épaisseur. On en fera de pareil à chaque côté des quatre grandes portes.

SOUTERRAINS.

Souterrains. Il sera fait des souterrains sous les brisures de chaque courtine, qui feront l'office de flanc bas, à l'exception de deux seulement, qui seront conduits en pente douce, & perceront du dedans de la

Place jufqu'au fond du foffé, pour y abreuver les chevaux en tems de Siége. Ces fouterrains feront pavés proprement, & fermés par des portes fûres à chaque extrémité, puis murées folidement pour n'être ouvertes que dans les befoins preffans ; ils auront dix-huit pieds de largeur dans œuvre, leurs pieds droits fept pieds & demi jufqu'à la naiffance des voûtes, & quatre pieds & demi d'épaiffeur, leurs contreforts fix pieds de longueur, quatre de largeur à la racine, & trois à la queuë.

Pour defcendre dans les premiers de ces fouterrains, on pratiquera intérieurement à leur entrée un efcalier de pierre de taille de fept pieds de largeur, fondé fur un bon maffif avec des murs d'apui d'un pied & demi d'épaiffeur. Les pieds droits de cette entrée feront prolongés par dehors jufqu'au pied du talud du rempart, & ébrafés de fix pieds de chaque côté. Ils auront cinq pieds d'épaiffeur au deffus des fondemens, & feront réduits à trois à leur fommet. On obfervera de pratiquer dans un des pieds droits de ces fouterrains & contiguëment à l'entrée, un petit magazin à poudre de huit fur douze pieds de largeur dans œuvre, & d'élever fur cette entrée un petit mur d'un pied & demi d'épaiffeur qui furmonte de trois à quatre pieds le terre-plein du rempart. On obfervera de même toutes les cheminées, évens & embrafures qui font marqués dans le plan. *Efcalier*

BASTIONS DETACHÉS, OU CONTREGARDES.

Les faces des contregardes auront foixante toifes de longueur chacune, & les flancs vingt-deux. Ces faces & ces flancs feront élevés à demi-revêtement depuis le deffus de leurs fondemens, & auront dix-huit pieds de hauteur à l'angle du flanc & de la gorge, dix-huit & demi à celui de l'épaule, & vingt à l'angle flanqué, taluant d'un fur fix; ce revêtement aura fept pieds huit pouces d'épaiffeur au deffus des fondemens, & à trois pieds près du fommet dudit revêtement; la maçonnerie fera arrangée & réduite par fon talud à cinq pieds d'épaiffeur. Les trois autres pieds d'élévation feront continués fuivant le talud du parement extérieur fur trois pieds d'épaiffeur par le bas, revenant à deux pieds & demi au fommet. *Faces & flancs des contregardes. Exécuté à Brifac.*

Sur tout on aura foin d'élever fur chaque angle flanqué un petit mur en forme de furtout de quarante-deux pieds de longueur, & de quatre & demi de hauteur, dont le couronnement fe racordera à celui des faces par une rechûte en talud de douze pieds.

12   La Science des Ingenieurs,

Gorges.   Le revêtement des gorges aura deux pieds & demi d'épaisseur au sommet, & seize de hauteur à prendre depuis le dessus des fondemens, il taluera aussi d'un sur six, & suivra le profil des parapets, banquettes & remparts.

Contreforts   Les contreforts des flancs & des faces auront les mêmes dimensions que ceux des courtines, & seront espacés du même intervalle. On les élevera à trois pieds près du sommet des revêtemens. Ceux des gorges n'auront que quatre pieds de longueur, trois d'épaisseur à la racine, & deux à la queuë, & seront d'un pied plus bas que le sommet des gorges.

Berme & parapet.   Au niveau de la brique-de-cant qui terminera le revêtement des flancs & des faces, sera faite une berme de dix pieds de largeur, sur laquelle on plantera une haye vive, après quoi on continuëra l'élevation des remparts & des parapets de ces pieces, en parement de gazon ou avec placage seulement, en taluant des deux tiers de la hauteur. L'interieur de ces parapets aussi bien que les banquettes seront en tout semblables à ce qui a été dit pour ceux du corps de la Place, & leur extérieur surmontera de quatre pieds le niveau du terre-plein du rempart.

Remparts.   Ces remparts auront trente pieds de largeur depuis le bord de leur talud interieur jusqu'au pied de la banquette, à l'endroit de laquelle ils seront élevés de dix pieds au dessus de la berme des ouvrages avec pente d'un pied & demi du côté de la Place, observant de les élever d'un pied plus à l'angle de l'épaule, qu'à celui du flanc & de la gorge, & de trois pieds à l'angle flanqué plus qu'à celui de l'épaule. Dans cette hauteur de dix pieds sont compris les trois pieds qu'on donnera pour suppléer aux affaissemens des terres, & ces mêmes dix pieds joints aux quatre pieds du parapet, donneront en tout quatorze pieds de hauteur par devant de gazonnage ou placage. L'on observera aussi les rempes nécessaires pour la montée du canon, & elles auront onze toises de longueur sur neuf pieds de largeur.

Communication.   Il sera fait un souterrain sous le rempart de chaque flanc, pour communiquer aux tenailles ; son passage sera conduit en pente depuis l'interieur des contregardes jusqu'au niveau de la rempe, qui sera prise dans ces mêmes tenailles huit pieds au dessus des fondemens, il aura six pieds de largeur, & ses pieds droits auront trois pieds d'épaisseur, & cinq de hauteur jusqu'à la naissance des voûtes. L'entrée de ces souterrains sera formée par un mur élevé à l'aplomb du talud superieur du rempart par un profil de dix-huit pieds de longueur. Ces deux murs seront érigés perpendiculairement, & auront chacun trois pieds d'épaisseur.

TENAILLES.

Chaque tenaille sera composée de deux faces qui auront vingt huit toises de longueur chacune, & sera revêtuë devant & derriere. Elle sera coupée dans son angle rentrant par un passage pris sous son parapet, & voûté de six pieds de largeur qui servira de communication aux demi-lunes par le milieu du fossé. *Tenailles.*

Le revêtement des faces aura cinq pieds huit pouces d'épaisseur au dessus des fondemens, & sera élevé de neuf pieds taluant d'un sur six par devant, à laquelle hauteur il sera réduit à quatre pieds d'épais, puis sera continué suivant le même talud jusqu'à trois pieds plus haut sur trois d'épaisseur seulement, réduite à deux & demi au sommet, observant que ce sommet ne soit pas plus élevé que la surface du chemin couvert. *Revêtement.* *Executé à Brisac.*

A cette hauteur sera faite une berme semblable à celle des contregardes, mais d'un pied six pouces de largeur seulement, & sans haye vive; sur laquelle on élevera le parapet de la tenaille en gazonnage ou placage, & ce parapet aura huit pieds de hauteur par dehors, & sept & demi par dedans, avec une banquette de deux pieds de haut, du pied de laquelle le terre-plein de la tenaille ira gagner le sommet de la gorge. *Bermes & parapet.* *Executé à Brisac.*

Les gorges n'auront que quatre pieds dix pouces d'épaisseur par le bas, & deux pieds & demi par le haut, elles seront élevées de quatorze pieds au dessus des fondemens. *Gorges.*

Les contreforts des faces auront cinq pieds de long, quatre de largeur à la racine, & trois à la queuë, & ne seront élevés que de neuf pieds, ceux des gorges auront quatre pieds de longueur, trois de largeur à la racine, deux à la queuë, & seront de deux pieds plus bas que le sommet des gorges, ils seront tous espacés à quinze pieds de distance les uns des autres de milieu en milieu. *Contreforts.*

Pour communiquer au pont qui forme le passage de la contregarde à la tenaille, il faudra pratiquer à l'extrémité de ce pont une rempe de six à sept pieds de largeur dont les côtés seront revêtus, & former deux autres rempes joignant l'angle des gorges de douze à quinze pieds de largeur, sur trois toises cinq pieds de longueur, pour descendre dans le fossé. *Rempes.*

DEMI-LUNES.

Les faces des demi-lunes auront quarante-huit toises de longueur chacune, & les flancs sept. *Demi-lunes.*

Revêtement des demi-lunes, gorges & contreforts.

Leur revêtement sera de sept pieds quatre pouces d'épaisseur au-dessus des fondemens, de cinq à la hauteur de treize pieds, & de deux pieds six pouces au sommet, faisant en tout seize pieds d'élevation avec talud d'un sur six. Les gorges auront quinze pieds de hauteur, & tous les contreforts de ces pieces seront entierement conformes à ce qui a été dit pour ceux des contregardes.

Bermes.

Il sera fait au niveau du sommet du revêtement de ces faces & flancs, une berme de dix pieds de largeur garnie d'une haye vive, sur laquelle seront élevés les remparts & parapets avec parement exterieur de gazonnage taluant d'un tiers, ou avec placage seulement taluant des deux tiers, sur quinze pieds de hauteur à l'endroit des angles flanqués, & quatorze pieds aux angles d'épaule, y compris les trois pieds donnés pour l'affaissement des terres.

Parapets & banquettes.

Les parapets & banquettes auront d'ailleurs les mêmes dimensions qu'aux contregardes.

Rempart.

Le terre-plein du rempart aura vingt pieds de largeur depuis le pied de la banquette jusqu'au bord du talud interieur, & sera dressé en pente d'un pied & demi du devant au derriere. On y observera toutes les rempes & escaliers qui sont figurés dans le plan.

Portes d'architecture.

A chacune des quatre demi-lunes qui couvriront les courtines des entrées principales de la Place, sera faite une porte d'Architecture de neuf pieds neuf pouces de largeur, & treize de hauteur sous clef, avec les ornemens conformes aux desseins qui en ont été réglés.

Passage des entrées.

Sera fait ensuite le revêtement du passage des entrées de ces demi-lunes, sur toute la largeur de leur rempart & parapet, & les murs de ces revêtemens seront élevés à plomb des deux côtés jusqu'à la hauteur des parties qu'ils profileront sur quatre pieds & demi d'épaisseur au dessus des fondemens, avec retraite de trois pouces de chaque côté. Les contreforts auront cinq pieds de long, quatre de large à la racine, trois à la queuë, & seront espacés comme ceux dont il a été parlé ci-dessus. Les passages seront accompagnés de leurs ponts-levis, bascules & descentes, suivant les mesures de leurs plans & profils particuliers.

Reduits dans les Demi-lunes.

Reduits. Executé à Brisac.

Les faces des reduits auront dix-huit toises de longueur, les flancs trois toises, & les retours des demi-gorges six, le tout bien revêtu. Le revêtement des faces & flancs aura vingt-trois pieds de hauteur depuis le dessus des fondemens jusqu'au dessus du cordon, où l'é-

LIV. VI. DE LA MANIERE DE FAIRE LES DEVIS. 15
paiſſeur ſera réduite à cinq pieds, taluant par dehors d'un ſur ſix,
de ſorte qu'il aura neuf pieds d'épaiſſeur au deſſus deſdits fondemens, y compris les deux pouces de la ſaillie du ſoubaſſement. *Contreforts*

Les contreforts derriere ce revêtement ſeront élevés à même hauteur que le deſſus du cordon, & auront ſept pieds de longueur
chacun, quatre pieds de largeur à la racine, & trois à la queuë.

Au deſſus du cordon ſera élevé le revêtement du parapet en ma- *Parapet.*
çonnerie de brique ſur quatre pieds de hauteur & trois d'épaiſſeur, & le revêtement ſera remblayé de douze pieds de terre qui
formeront un parapet de quinze pieds d'épaiſſeur au ſommet, avec
plongée de deux pieds & demi du dedans au dehors.

Les banquettes de ces pieces ſeront ſemblables à celles des demi- *Banquet-*
lunes ; les remparts auront quinze pieds de largeur avec pente d'un *tes, rem-*
pied & demi du côté de la Place, & dix pieds de talud interieur ; *parts & gor-*
les gorges ſeront revêtues comme celles des demi-lunes, & auront *ges.*
les mêmes dimenſions.

Quatre de ces réduits ſeront percés d'un paſſage de ſix pieds de *Commu-*
largeur, revêtu & voûté pour ſervir de communication aux de- *nication.*
mi-lunes. Le revêtement de ce paſſage ſera élevé à plomb, & aura
quatre pieds & demi d'épaiſſeur au deſſus de ſes fondemens, ſur autant de hauteur, où la maçonnerie ſera miſe de niveau pour commencer la naiſſance des voûtes qui ſeront conſtruites à plein ceintre. Les entrées & ſorties du paſſage auront quatre pieds & demi
de largeur entre les pieds droits qui auront chacun double feüillure, ainſi que tous ceux des autres poternes, pour y poſer des portes de quatre pouces d'épaiſſeur. On obſervera dans ces réduits,
comme aux demi-lunes, les rempes & eſcaliers néceſſaires pour établir les communications, & on y pratiquera de plus une deſcente
au foſſé de trois pieds de largeur dans œuvre, ſur vingt de longueur,
joignant le mur de la gorge qui ſera percé d'un paſſage de trois
pieds de largeur pour communiquer au foſſé ; le mur qui ſoutien-
dra les marches du côté des terres, aura auſſi trois pieds d'épaiſſeur, & le deſſus de cette deſcente ſera recouvert par une trape
garnie de ferrures & ſerrures néceſſaires, pour empêcher qu'on n'y
entre qu'en cas de beſoin. On formera auſſi quatre grands paſſages pour les voitures, ſemblables à ceux des demi-lunes, aux quatre réduits qui ſe trouveront ſur les entrées principales, & ſur chacun deſdits paſſages ſera érigé une porte d'architecture conforme
à ſon deſſein particulier, de même qu'un petit corps de garde.

Ouvrage a corne.

Ouvrage corne. — Les branches de l'ouvrage à corne auront cent vingt toises de longueur chacune, son poligone cent cinquante, ses faces quarante, ses flancs quinze, & la courtine soixante-neuf.

Tous les revêtemens de cet ouvrage, aussi-bien que les remparts, banquettes & parapets, seront conformes en toutes choses à ceux des demi-lunes, avec cette seule différence que la tête des branches sera plus élevée de quatre pieds que leurs extremités, dont la hauteur ne surpassera pas celle du chemin couvert, observant encore de ne terrasser les revêtemens que jusqu'à dix-huit toises près dudit chemin convert, & de diminuer la largeur du rempart depuis le canal de l'Hôpital qui y sera renfermé, jusqu'à cette distance, de manière que le tout se réduise dans le cours des dix-huit toises ci-dessus marquées aux banquettes pures & simples.

Barbettes. — On observera au surplus de faire des batteries à barbette sur les pointes des bastions & demi-lunes de l'ouvrage à corne, qui seront retournées de sept à huit toises de part & d'autre des angles flanqués.

Revêtement du passage du canal. — Vis-à-vis le rempart sera fait le revêtement en parement de pierre de taille du canal qui traverse les deux longs côtés, & cela sur sept pieds & demi d'épaisseur, non compris six pouces pour les retraites des fondemens. On fera aussi des arcades de pierre de taille aux entrées & sorties dudit canal, & on y pratiquera les coulisses nécessaires pour leurs fermetures. Le reste de ce passage qui sera compris entre les arcades & le talud des banquettes, sera voûté de briques sur trois pieds d'épaisseur, & recouvert d'une chape de ciment *.

*Comme il est dit dans le 3ᵉ. Livre.

Fossez.

Largeur des Fossez. — Les fossez du pourtour de la Place auront les largeurs suivantes, mesurées à l'aplomb du cordon, ou du trait principal des ouvrages & du sommet de la contrescarpe. Sçavoir aux angles flanqués des Tours bastionnées, sept toises; vis-à-vis le milieu des courtines, seize toises trois pieds; entre les contregardes & les tenailles, cinq toises; vis-à-vis le milieu des faces des contregardes, quinze à seize selon le besoin qu'on aura de terre; vis-à-vis les faces des réduits, six toises; vis-à-vis celles des demi-lunes, dix; vis-à-vis les branches & demi-bastions de l'ouvrage à corne, dix; vis-à-vis la demi-lune de cet ouvrage à corne, sept.

Tous

LIV. VI. DE LA MANIERE DE FAIRE LES DEVIS. 17

Tous ces foffez en général feront approfondis de quatorze à quinze pieds au deſſus du rez-de-chauſſée de la Place, & revêtus d'un mur de pareille hauteur taluant de fon fixiéme par dehors, & réduits à trois pieds d'épaiſſeur au fommet. *Profondeur & revêtement des foffez.*

Il fera fait en même tems des contreforts derriere le mur à quinze pieds de diſtance les uns des autres de milieu en milieu, dont la longueur fera de quatre pieds, la largeur de quatre & demi à la racine, & de trois à la queuë, & la hauteur un pied plus bas que le fommet du revêtement. *Contreforts*

En faiſant la diſtribution de ces contreforts, on aura foin d'en placer deux à l'endroit de toutes les traverſes du chemin couvert, afin que les profils des traverſes qui feront auſſi revêtus, en foien mieux foutenus & plus ſolidement établis. Ces contreforts doivent avoir un pied de largeur & fix pouces d'épaiſſeur en tous fens st plus que les précedens.

Quant à l'excavation des grands foffez de la Place, il faut avoir attention de donner près de vingt pieds de profondeur vis-à-vis les angles flanqués des contregardes, & de remonter inſenſiblement vers le milieu des tenailles & courtines. On obſervera encore d'approfondir le petit foſſé qui fera entre le derriere des tenailles & les petits flancs des courtines, de trois ou quatre pieds plus que celui de la Place, afin qu'il puiſſe y avoir de l'eau en tout tems. Pareille attention fera faite le long des flancs des contregardes, & le revêtement de ces parties qui fera fondé plus bas que les autres à proportion.

CHEMIN COUVERT.

Tous les chemins couverts feront tracés parallelement aux foffez de la Place fur cinq toiſes de largeur, à compter depuis le pied de la banquette juſqu'au bord de ces mêmes foffez, & feront dreſſés en pente d'un pied & demi du côté des ouvrages, on y obſervera tous les petits retours, redens & traverſes qui ſont figurés fur le plan. *Chemin couvert.*

Les Places d'armes auront dix toiſes & demie de gorge, & treize de face. *Places d'armes.*

Les traverſes dix-huit pieds d'épaiſſeur meſurés au fommet, & les banquettes cinq pieds de largeur, un pied & demi de hauteur, & trois pieds de talud. *Traverſes.*

Le parapet fera élevé de quatre pieds & demi au deſſus de la banquette, & revêtu de deux pieds & demi d'épaiſſeur avec talud d'un *Parapet.*

C

sixiéme par devant jusqu'à un pied ¼ près du sommet, qui sera ensuite achevé en gazonnage, & bordé ainsi que les traverses d'un rang de palissades plantées & conditionnées, comme il est dit en son lieu.

Passage de sortie. Le Parapet sera coupé en plusieurs endroits le long des branches du chemin couvert, & dans les faces des Places d'armes, par des passages de sortie de dix à douze pieds d'ouverture, dont la rempe se prendra dans le glacis, & s'étendra à deux ou trois toises. Ces passages de même que ceux qui aboutissent aux entrées principales de la Place, seront revêtus de maçonnerie, & fermés par des barrieres de force suffisante à deux venteaux; on posera aussi des barrieres à un seul ventail au passage de chaque traverse.

GLACIS.

Glacis. Le glacis sera bien dressé & parfaitement soumis à la découverte des contregardes & demi-lunes, desquels il sera défendu; il sera étendu de vingt-cinq ou trente toises au moins, & sa pente sera reglée suivant le sommet du parapet du chemin couvert, fichant à un pied au dessous du sommet des parapets, des demi-lunes & contregardes.

PONTS.

Ponts-dormans. Il se fera des ponts de charpente de quinze pieds dans œuvre, sur les travers tant du grand fossé, que de ceux des réduits, demi-lunes & tenailles des quatre entrées principales de la Place, dont les fermes seront espacées à douze pieds les unes des autres de milieu en milieu, & posées sur une pile de maçonnerie de pierre de taille d'un pied & demi de largeur, & d'un pied de hauteur au dessus du fond du fossé.

Il sera fait aussi les petits ponts de communication des Tours bastionnées aux contregardes, & des contregardes aux tenailles, qui auront chacun cinq pieds de largeur dans œuvre, & seront construits avec les mêmes précautions que les précedens.

Tous les ponts-levis des entrées principales joignant les courtines & demi-lunes, seront à bascules, & les autres à fleches; on posera des grandes barrieres à doubles ventaux, tant aux tenailles qu'à la tête des ponts-dormans, & à l'entrée du chemin couvert; de sorte qu'il y aura quatre ponts-levis à chaque entrée principale, sçavoir un à la grande porte du corps de la Place, un autre à la tenaille, un au réduit, & un à la demi-lune; & trois barrieres, sçavoir une

Liv. VI. DE LA MANIERE DE FAIRE LES DEVIS. 19

à la tête du grand pont, une à la tête de celui de la demi-lune, & la troisiéme au chemin couvert, le tout construit & executé suivant les desseins qui en ont été reglés. On fera aussi les petits ponts-levis nécessaires aux ponts de communication des contregardes aux tenailles.

PUITS ET PAVE' DE LA PLACE

Il sera fait quatre Puits sur la grande Place, de cinq pieds de diametre chacun, & sur toute l'étenduë de la Place sera fait un pavé de cailloux avec toutes les pentes & ruisseaux nécessaires.

BATIMENS PRINCIPAUX.

Il sera construit dans l'enceinte de ces ouvrages, sçavoir au pied du rempart de chaque front, un corps de cazernes avec un pavillon pour les Officiers à chacune de ses extremités, une Eglise, une Maison de Ville, un Arsenal & une munition, des Magazins & Hangards tant pour les vivres que pour l'artillerie, un logement pour le Gouverneur, un pour le Lieutenant de Roi & Major, un pour les Aides Majors & Capitaines des portes, un pour l'Intendant & le Commissaire, & un pour les Ingenieurs. Tous ces bâtimens aussi-bien que les corps de gardes & latrines, seront construits chacun selon leurs desseins & devis particuliers. A l'égard de l'Hôpital, il convient qu'il soit placé dans l'interieur de l'ouvrage à corne.

I I I.

QUALITÉS ET FAÇONS DES MATERIAUX
qui seront employés aux susdits Ouvrages.

CHAUX, SABLE, MORTIER ET CIMENT.

LA chaux qui sera employée à la construction de la maçonnerie, sera prise à .... & autres lieux où elle se trouvera de même qualité. On observera, 1°. qu'elle soit bien cuite, sans biscuit, non éventée; 2°. qu'elle soit éteinte un jour ou deux au moins avant que de l'employer; & on aura soin d'en faire ôter tous les biscuits & durillons qui pourront s'y rencontrer. *Chaux.*

Le sable sera de deux especes, l'un gros, & l'autre fin, tous deux tirés de la riviere de .... du fossé de la Place, ou de ses environs: le gros sera employé à faire le mortier de la maçonnerie de moë- *Sable.*

C ij

lon, & le fin à faire celui de la maçonnerie de brique, des paremens & des pierres de taille ; on aura foin qu'il foit fec, criant à la main, bien lavé & non gras, ni terreux.

Mortier. Le mortier fera compofé d'un tiers de chaux mefurée vive, & de deux tiers de fable, mêlé, broyé & incorporé avec la chaux tant & fi long-tems, que les efpeces foient totalement confondues l'une dans l'autre, jufqu'à n'y plus reconnoître de différence. On n'y employera que l'eau fimplement néceffaire à leur mêlange, & cela une feule fois, & non plus.

Si on n'employe la chaux qu'après avoir été éteinte, comme il eft d'ufage en plufieurs endroits, il faudra en augmenter la dofe à proportion de fa qualité, ce qui va quelquefois à la moitié.

Ciment. Le ciment fera fait de vieux tuileaux bien cuits & réduits en farine par la meule, puis paffés au tamis du Boulanger, ou au bluteau. Il fera compofé des deux tiers de cette farine, & d'un tiers de chaux mefurée vive ; le tout bien battu & corroyé enfemble, & démêlé pendant un long efpace de tems & à plufieurs reprifes, dans un petit baffin de planches, quarré, fait exprès ; obfervant de n'y mettre de l'eau qu'une feule fois, & de l'employer, autant que faire fe pourra, tout chaud & frais battu, de même que de ne le dofer que par rapport à la force de la chaux, & à la qualité du ciment.

PIERRE DE TAILLE, MOELON ET BRIQUE.

Pierres de taille. Toute la pierre de taille, tant des angles faillans des ouvrages, que des foubaffemens, cordons & autres parties où il en fera befoin, fera tirée des carrieres de .... ou autres lieux qui en pourront fournir de pareille qualité, c'eft-à-dire, qui foit pleine, dure, non fujette à la lune ni à la gelée ; obfervant de n'employer que celle qui fera bien éboufinée, fans fil, ni moye qui la traverfe ou qui paroiffe, à fix pouces près des paremens.

Pierres de parement. Les carreaux qui formeront ces paremens, feront taillés avec cizelure relevée aux arêtes, piqués proprement à la petite pointe dans leurs faces, auffi-bien que dreffés à la régle, & démaigris pour le mortier, de même que leurs lits & joints ; ils feront pofés à petits joints, & en bonne liaifon, par affife reglée de neuf à dix pouces de hauteur au moins, fur douze à quinze pouces de lit. On aura foin dans l'emploi de ces carreaux, qu'ils foient toûjours mêlés d'un tiers de boutiffes de vingt à vingt-cinq pouces de queuë, qu'ils ayent au moins fix pouces de joint quarré, & le tout bien lié avec le refte de la maçonnerie.

LIV. VI. DE LA MANIERE DE FAIRE LES DEVIS.

Les pierres des foubaffemens qui feront pofées au deffus des fondemens, feront auffi taillées proprement dans leurs faces, lits & joints, & auront douze, quinze à dix-huit pouces de lit, & huit à dix de joint à l'équerre. Seront de plus mêlées d'un tiers de boutiffes qui auront au moins deux pieds de queuë, le tout pofé en bonne liaifon, à petits joints & en bain de mortier. *Pierres de foubaffemens.*

Tous les angles faillans tant du corps de la Place que des contregardes, tenailles, demi-lunes, ouvrages à cornes & reduits, feront armés de pierres de taille de graifferie, taillées en petit boffage d'un pouce & demi de relief, & pofées par affifes reglées d'un pied de hauteur, ayant les joints d'équerre fur dix-huit pouces de long, deux pieds de lit, & trois de queuë, le tout mêlé d'un tiers de boutiffes, retourné & pofé alternativement, de maniere qu'il fe trouve de chaque côté des harpies d'un pied élevées à l'aplomb par les bouts les unes fur les autres, & que les affifes les plus courtes reviennent fous le cordon à quatre pieds de longueur de part & d'autre des angles. *Pierres des angles.*

Les cordons feront auffi de pierres de taille de graifferie d'un pied de hauteur, taillées en demi rond, & pofées en faillie de la moitié de leur diametre, ayant les joints d'équerre fur feize à dix-huit pouces de long, & deux pieds de lit, non compris la faillie, le tout mêlé d'un tiers de boutiffes qui auront trois pieds de queuë. *Cordons.*

Tous les autres moëlons dont on fe fervira pour remplir & garnir le corps de la maçonnerie brute, feront tirés ou de l'excavation du foffé, ou des carrieres de.... obfervant de choifir les plus gros libages pour en former les fondemens, & de réferver les moindres pour le revêtement au deffus, comme auffi d'arrafer de niveau toute la maçonnerie à chaque levée que l'on fera de dix-huit pouces, & de la traverfer, s'il eft jugé néceffaire pour plus grande folidité, par des chaînes de brique fur toute l'épaiffeur des murs, ce qui formera un renouvellement d'affiette. *Moëlon.*

Les cailloux de la riviere de.... ou de la plaine de.... & ceux qui fe trouveront dans les excavations, pourront auffi être employés dans la garniture du corps de la maçonnerie, en les pofant par affifes reglées, mais en cas de befoin feulement, & au défaut de moëlon, encore faudra-t-il que la quantité de ces cailloux n'excede pas le tiers du folide de la maçonnerie, & que chaque levée de dix-huit pouces de hauteur foit auffi recouverte d'une chaîne de brique. *Cailloux.*

Toutes ces pierres en general feront proprement affifes & bien callées aux paremens, pofées, coulées, fichées & jointoyées les *Fichage des pierres.*

unes en mortier de ciment, les autres en mortier de chaux & fable, fuivant que les qualités de l'ouvrage l'exigeront. Les libages & moëlons de rempliffage, feront pofés dans le maffif des revêtemens à bain de mortier, avec des bonnes liaifons de quatre à cinq pouces au moins les unes contre les autres, & d'autant des unes fur les autres.

Briques. À l'égard des revêtemens qui fe feront en parement de brique, on n'y employera que les neuves & les mieux cuites, & de la meilleure qualité, dont les plus belles feront choifies pour former le parement, & pofées par affifes liaifonnées fur cinq rangs de hauteur, élevées par diminution d'une demie brique à chaque rang, c'eft-à-dire, depuis trois briques & demie au premier rang, jufqu'à une & demie au cinquiéme; obfervant de bien froter ces briques, & de les dreffer l'une contre l'autre avant que de les employer; & qu'il y ait toûjours moitié de boutiffes en paremens. Si l'on employe des cailloux dans le corps de la maçonnerie faute de moëlon, on fera, comme il vient d'être dit, à chaque levée de dix-huit pouces, une chaîne ou recouvrement de deux briques de hauteur, qui garnira toute la furface du revêtement & des contreforts, & traverfera toute leur épaiffeur. Le premier rang qu'on pofera enfuite en parement au deffus de ladite chaîne, recommencera par trois briques & demie d'épaiffeur, finiffant toûjours par une demie.

Placage et Gazonnage.

Placage. Le placage fera fait de terre noire de jardin ou de labeur, non pierreufe, il aura fix pouces d'épaiffeur, & non taluant de huit pouces par pied.

Gazon. Le gazon fera coupé de biais en prez bien herbus & racineux, ou vieilles pâtures un peu humides & non tourbeufes, ni fabloneufes. On pofera de trois lits en trois lits une couche de fafcines, & chacun de ces lits fera bien garni de terre fur toute fa hauteur, & bien battu à la dame, pour être lié parfaitement avec les terres du rempart.

Bois.

Bois. La charpente des ponts dormans, ponts-levis & barriere, de même que celles de madriers des fondemens de toutes les principales parties des Bâtimens, fera de bois de chêne bien fain, coupé en bonne faifon, & bien équarri à vive arête, fans aubier, non piqué, ni échauffé, roulé, vermineux, ni trop nouveau, non plus que sur le retour, mais de bon âge, de droit fil & de bon emploi.

I V.

CONSTRUCTION DES OUVRAGES.

COURTINES.

Après que les alignemens auront été donnés & rectifiés par l'In- *Déblais des* genieur, qui aura la principale conduite des ouvrages, ils *fondemens.* seront montrés aux Entrepreneurs qui feront faire aussi-tôt les déblais des revêtemens de toute l'enceinte de la Place, sur quinze à seize pieds de profondeur au dessous du niveau des chemins couverts, & comprendront en même tems la moitié de la largeur des fossez, reservant l'autre pour être remblayée derriere les revêtemens, à mesure qu'ils s'éleveront. Ensuite de quoi seront approfondis les fondemens de trois pieds au dessous du fossé, & plus bas, s'il est nécessaire, pour trouver le fond solide, dont les terres ainsi que celles qui proviendront des autres déblais, seront portées à la masse des remparts, où elles seront dressées par lit d'un pied de hauteur sur toute l'étendüe des alignemens, & dans l'ordre qu'il sera expliqué ci-après.

Pour prévenir les affaissemens que la transpiration des eaux de.... *Madriers* pourroit causer, on assûrera le fond des fondemens par un rang de *en fonde-* madriers de bois de chêne de quatre à douze pouces de grosseur, *mens.* qui sera posé sur le devant, & fera saillie d'un pouce au dehors du nud du mur. Que si quelque partie des fondemens se trouve tendre ou douteuse, on continuëra de mettre un rang de madriers sur le milieu & sur le derriere du revêtement. Enfin si le fond se trouve trop foible, on le fortifiera par un grillage de charpente composé de longrines & racineaux de bois de chêne, ou sapin rouge, de neuf à dix pouces de gros, assemblés à leur extrémité par entaille à queuë d'hironde, & tenus en raison par un rang de pilots-de-garde battus sur le devant au refus du mouton ; ce qui *Fondemens* étant ainsi préparé, & les fondemens dressés à plomb par dehors & par dedans, & mis bien de niveau par devant avec six pouces de pente par derriere, on les remplira de bonne & solide maçonnerie construite des plus gros libages & moëlons qui se pourront trouver, lesquels seront bien garnis & posés en bain de mortier composé comme il est dit cidevant, de sorte qu'il ne reste aucun vuide dans le corps de la maçonnerie, & que preſſant les pierres de la main & du marteau, le mortier ſouffle de toute part ; ce qui doit être obſervé dans tout le compoſé de la maçonnerie, de même que les retraites ſur le devant.

Soubaſſe-mens. Sur la ſeconde de ces retraites, & à trois pouces près de ſon bord exterieur, ſeront poſées en parement ſuivant le talud du revêtement, trois aſſiſes de pierre de taille de façon & qualité ſuſdites, qui formeront un ſoubaſſement de trois pieds de hauteur, dont le ſommet ſera taillé en chanfrain de deux pouces, & bien garni par derriere, au deſſus du quel ſera fait parement net de moëlon piqué, garni de groſſe maçonnerie qui ſera élevée juſqu'au deſſus du cordon avec talud d'un ſur ſix par devant, & à plomb par derriere; on obſervera de maçonner le parement de ce ſoubaſſement en mortier de ciment, & de jointoyer de même tout ce qui ſera expoſé aux flots de l'eau.

Contreforts On établira en même tems les contreforts ſuivant l'ordre de leur diſtribution, & on les fondera auſſi bas que le revêtement, pour les élever enſuite à la hauteur du deſſus du même cordon à plomb de deux côtés, & avec ébraſement égal de part & d'autre d'après leur milieu, au ſurplus conſtruits & maçonnés comme le corps des revêtemens, à l'exception des paremens qui ſeront aſſis de hazard & ſoumis ſeulement aux ſimples alignemens des cordeaux.

Cordon & revêtement des parapets. Le ſommet de ces revêtemens ſera terminé par un cordon de pierre de taille des façons & qualitez ci-devant énoncées, & ſera ſurmonté d'un mur de brique de quatre pieds de haut & trois d'épaiſſeur, maçonné en bain de mortier ordinaire, qui ſervira de revêtement aux parapets; ce mur ſera auſſi terminé ſur toute ſon épaiſſeur par une aſſiſe de briques poſées en liaiſon alternative de quatre briques de cant, & d'autant debout, avec pente de quatre pouces du derriere au devant, obſervant d'y faire un larmier débordant d'un pouce ſur le foſſé, & conſtruit à petits joints en bonne liaiſon & avec mortier de ciment bien reciré à la truelle.

Angles de pierres de taille. Les angles d'épaule des petits flancs des courtines ſeront armés de pierres de taille conditionnées comme ci-deſſus, & ſur le milieu de chaque courtine ſera fait une guérite auſſi de pierre de taille, ſuivant les plans & profils qui en ont été arrêtés, & ce qui en ſera encore dit dans la ſuite.

A meſure que les revêtemens s'éleveront, on continuëra le déblais des terres du foſſé, dont les plus douces ſeront choiſies & miſes à part ſur le chemin couvert, pour en former les parapets tant dudit chemin couvert, que des ouvrages de la Place, & le ſurplus

ſera

Liv. VI. DE LA MANIERE DE FAIRE LES DEVIS.

fera porté à la maſſe des remparts derriere & joignant les revêtemens & contreforts, où elles feront rangées & battues avec dames du poids de ving-cinq à trente livres, par lits de ſix pouces de hauteur ſur douze pieds de largeur, & dreſſées à chacun de ces lits en pente de ſix pouces ſur le derriere, tant pour ſoulager ces revêtemens du poids des terres, que pour empêcher la penetration des eaux au pied des fondemens.

Le côté des terres qui joindra la maçonnerie, relevera d'autant & ſur chaque deux lits, faiſant enſemble un pied de hauteur, bien battus & bien dreſſés, comme il vient d'être dit, ſera poſé un rang de faſcines, & eſpacés brins à brins à deux doigts de diſtance l'un de l'autre, le gros bout appuyé contre le derriere du revêtement, ce qui ſera ainſi réiteré à chaque pied de hauteur juſqu'à l'entiere élevation des remparts; faiſant attention que ces remparts doivent être élevés de trois pieds plus que les revêtemens pour les raiſons qui ont été ſpécifiées, & que leur terre-plein doit être dreſſé en pente d'un pied & demi depuis la banquette juſqu'au talud interieur, ainſi que celle du terre-plein, ſera recouverte de la moins mauvaiſe terre qu'il ſe pourra trouver, & de la plus épierrée. *Terraſſement des remparts.*

Les parapets & banquettes ſeront conſtruits dans le même ordre que les remparts; c'eſt-à-dire, que l'on obſervera ce qui a été dit au ſujet du battement des terres & de l'arrangement des faſcines, avec cette difference qu'on n'y employera que des terres douces, choiſies & bien épierrées, que s'il ne s'en trouvoit pas ſuffiſamment de cette qualité, il en faudroit paſſer avec des clayes aſſez fines, pour qu'il n'y reſte aucun gravier, ni cailloutage. *Terraſſement des parapets & banquettes.*

On gazonnera le parement interieur de ce parapet avec les précautions dont il a été parlé, & le gros bout de la faſcine appuyera ſur la queuë du gazon. *Gazonnage des parapets.*

TOURS BASTIONNÉES.

Les Tours baſtionnées ſeront fondées avec les mêmes précautions que les courtines, & à la même profondeur, ſuppoſé que le fond s'y trouve vif & ſolide, auquel cas on ne changera rien à la diſpoſition qui a été marquée pour les fondemens du corps de la Place, excepté que les madriers ſeront redoublés au droit des angles, & retournés de douze pieds de chaque côté. Que ſi le fond ſe trouve tendre ou douteux, après l'avoir approfondi autant qu'on aura pû, on donnera ſix & douze pouces d'épaiſſeur aux madriers, & on en poſera ſur le milieu & ſur le derriere des fondemens, com- *Fondement des Tours.*

D

me fur le devant, finon il faudra griller; & s'il y a encore plus de précaution à prendre, on couvrira la fuperficie de la grille d'un plancher de madrier de fix pouces d'épaiffeur.

Revête-mens. Au furplus tout fe fera comme il vient d'être dit pour la conf-truction des courtines, & on obfervera tant les deux retraites dans les fondemens, que les trois affifes de pierre de taille qui forment le foubaffement & la retraite qui eft au deffus. On fera auffi une retraite de trois pouces du côté des terres, & cela au niveau du dedans des Tours, qui fera élevée de fix pieds au deffus du fond du foffé, à laquelle hauteur toute l'épaiffeur du revêtement fera ré-duite à douze pieds un pouce; & ce revêtement continué extérieure-ment en même parement & même garniture, que celui des cour-tines, taluant toûjours d'un fur fix, & à plomb par derriere. Le pa-rement interieur qui formera le pied droit des voûtes, fera fait de brique fur un pied & demi d'épaiffeur, & fera pofé fur deux af-fifes de pierre de taille qui regneront autour des faces, flancs & gorges parallelement au plan du noyau.

Parapets. Le cordon qui terminera ce revêtement fera de qualité & façon fufdites; & le parapet qui le furmontera fera entierement fait de maçonnerie de brique, dans laquelle feront pratiquées quatre em-brafures, deux à chaque flanc auffi à parement de briques choifies, frottées l'une contre l'autre jufqu'à ce qu'elles foient bien droites, & pofées enfuite de cant & debout en bonne liaifon fur trois pieds d'épaiffeur, tant par le fond que par les côtés; & ces embrafures feront reglées fuivant les mefures de leurs plans & profils, avec leurs rempes & plongées; ce qui s'obfervera de même pour les em-brafures du bas étage. Enfin ledit parapet fera terminé par une af-fife de briques pofées alternativement de cant & debout, faifant faillie d'un pouce fur le foffé, & maçonnées en bain de ciment com-pofé comme il eft dit.

Evens. Seront auffi conftruit à parement de brique les évens & chemi-nées néceffaires pour l'évaporation de la fumée, fuivant qu'ils font marqués fur le plan, c'eft-à-dire, entre les embrafures du bas étage, & chacun de ces évens aura trois pieds de longueur fur neuf pouces de largeur par le bas, revenant à fix pouces par le haut, où il débouchera dans l'épaiffeur des parapets.

Banquettes On a dit en fon lieu quelles doivent être les dimenfions des ban-quettes de ces pieces, on obfervera feulement qu'elles foient tou-tes de maçonnerie.

Angles & guerites. Les angles du parement exterieur feront tous armés de pierres de taille de façon & qualité fufdites, & fur l'angle flanqué de chaque

Tour sera faite une guerite aussi de pierre de taille, conformement à ce qui sera dit ci-après.

Noyau. Le noyau sera fondé aussi bas que les autres parties de la Tour, & avec les mêmes précautions. Il sera élevé à parement brute jusqu'au niveau du rez-de-chaussée interieur de ladite Tour, & après que ses alignemens auront été dressés, & ses pans réduits à leur juste mesure, on fera parement net par deux assises de pierre de taille, qui regneront tout autour parallelement à l'interieur des flancs, faces & gorges, de même qu'autour des côtés du Magazin à poudre, puis on élevera le surplus de la hauteur en grosse maçonnerie avec parement de brique d'un pied & demi d'épaisseur, & à plomb de quatre pieds & demi au dessus des fondemens, à laquelle hauteur la maçonnerie sera proprement arrasée & disposée pour commencer la naissance des voûtes.

Gorges. Les angles du noyau seront aussi de pierres de taille posées par assises retournées de deux en trois ; on observera la même construction aux gorges des Tours qu'à leur noyau, c'est-à-dire, même parement, même garniture, même profondeur des fondemens, & même retraite. Au milieu de ces gorges & au niveau du rez-de-chaussée de ces Tours, sera fait une porte de huit pieds de largeur sur huit & demi de hauteur, dont les pieds droits & voussoirs seront de pierre de taille, ainsi que les seüils & arrieres-voussoirs. On aura attention d'y faire double feüilleure, & de pratiquer à chacun de ces côtés des creneaux plongeans & bien voyans dans lesdites Tours. Ce passage sera fermé par une porte de bois de chêne de quatre pouces d'épaisseur, garnie de ferrures & verroüils de force suffisante, & de deux bonnes serrures ; sera fait une pareille ouverture dans le niveau de cette gorge au milieu du rempart, avec une fermeture aussi de bois de chêne, garnie des ferrures nécessaires, le tout de force convenable.

Voûtes. L'intervale qui se trouvera entre les noyaux des Tours & leurs faces, flancs & gorges, sera voûté à plein-ceintre sur dix-huit pieds de largeur, & trois & demi d'épaisseur, le tout de brique, sur quoi sera élevé en chape avec moëlon & mortier de chaux & sable, la maçonnerie du couronnement des voûtes, dont la pente sera prolongée de part & d'autre pour donner de l'écoulement aux eaux ; cette pente aboutira à un petit ruisseau qui sera formé le long des parapets à un pied & demi, puis les eaux s'écouleront dans le fossé par le moyen de quelques gargoüilles, qui les porteront à trois pieds au-delà du talud des revêtemens ; on voûtera de même le Magazin à poudre sur toute sa largeur, & on y pratiquera les portes & évens nécessaires.

D ij

LA SCIENCE DES INGENIEURS,

Chapes de Ciment. — Les voûtes étant terminées, on les couvrira sur toute leur longueur & largeur d'une chape de ciment.

Terrassement des voûtes. — L'ouvrage étant bien conditionné & exactement visité, on terrassera sur les voûtes, commençant par un lit de gros sable ou de gravier, si on en a, ou de menuës recoupes de pierres de cinq à six pouces d'épaisseur, étendu & posé également sur toute la superficie de la chape, & continuant par un lit de terre douce d'un pied d'épais, qu'on battera bien à la dame, & qu'on rechargera de même terre lit par lit jusqu'à l'entier terrassement qui sera élevé au moins de trois pieds au dessus de l'arête ou sommet des chapes.

Poternes de sortie. — Les pieds droits, ou côtés des poternes de sortie joignant les flancs des Tours, seront fondés avec les mêmes précautions & solidité qu'il a été dit ci-devant, & seront élevés à plomb au dessus de leurs fondemens en grosse maçonnerie, avec parement de brique d'un pied & demi d'épaisseur du côté de la galerie seulement.

Pierrées. — On adossera l'exterieur de ces pieds droits, de pierres ou petits murs secs de deux pieds d'épaisseur, qui seront faits avec blocailles arrangées proprement à la main sans mortier, & arrasées à chaque levée de goises ou gros gravier pour en remplir les joints. Ces murs seront élevés jusqu'à deux pieds près de la superficie du terre-plein des remparts, & ces deux pieds seront continués en maçonnerie de chaux & sable jusqu'à la rencontre de la chape de ciment, qu'il faudra prolonger sur toute leur épaisseur, afin que la transpiration & humidité ne se fassent point sentir dans les gros murs. Il faudra fonder ces pierrées un pied ou deux plus bas que l'aire des souterrains, & on aura soin d'y pratiquer des conduits proprement moussés pour faciliter l'égout des eaux. On fera aussi de pareilles pierrées aux passages de l'entrée des Tours, & à ceux des portes, poternes, flancs bas, souterrains, & generalement à tous les autres murs qui soutiendront des terres, quand même ils seroient couverts, afin que les eaux s'y rassemblent, & qu'elles ne penetrent point dans les souterrains.

Voûtes des poternes. — La voûte qui portera sur les pieds droits de ces poternes, sera construite en plein-ceintre de deux pieds d'épaisseur seulement, & le surplus sera de grosse maçonnerie, & élevée en demi cape contre la gorge de la Tour, recouvrant le mur sec, & recouvert ensuite d'une chape de ciment.

Il sera érigé dans le souterrain deux portes de pierre de taille de quatre pieds & demi de largeur chacune, sur sept de hauteur sous clef, observant de faire dans les pieds droits les feüilleures nécessaires pour y appliquer les fermetures.

LIV. VI. DE LA MANIERE DE FAIRE LES DEVIS. 29

Les murs du passage de l'entrée des Tours aussi-bien que leur ébrasement exterieur, seront construits dans le même ordre que les poternes, & leur voûte faite en plein-ceintre de trois pieds d'épaisseur de brique, surmontés d'une petite chape de maçonnerie & d'une autre de ciment. Les pieds droits de la porte auront chacun dix-huit pouces de tableau, & trois pieds de coinçon, ce qui fera quatre pieds six pouces d'épaisseur de mur au dessus des fondemens ; cette porte sera voûtée à plein-ceintre, & aura son arriere voussoir par derriere, & un seüil de pierre de taille d'un pied d'épaisseur, & de la longueur des tableaux. A l'égard des embrasemens, ils seront terminés par une assise de briques posées de cant & debout en bain de ciment, qui formera une tablette ou larmier débordant d'un pouce sur le devant.

Passage de l'entrée des Tours.

Toutes les portes de menuiserie, tant des Tours que de leur passages & poternes, seront de bon bois de chêne bien sec, de deux pouces d'épaisseur pour les petites portes, & de quatre pouces pour les grandes d'assemblage, redoublées avec gonds & fortes pentures à queuë d'hirondelle, bien attachées aux portes avec un clou rivé au collet, plusieurs autres clous limés à tête ronde le long des branches, & trois aux extrémités des queuës d'hirondelle traversant toute l'épaisseur du bois, à pointe rabattuë & contre-cognée, le tout de force suffisante, ainsi que les serrures & autres ferrures.

Portes de menuiserie.

On fondera les escaliers qui seront joignans l'entrée des Tours, sur un massif de maçonnerie de vingt & un pieds de long, & six & demi de largeur. Toutes les marches seront de pierre de taille, ainsi que les encoignures du mur d'apui, qui sera recouvert d'une tablette aussi de pierres de taille de six pouces d'épaisseur, & deux pieds deux pouces de largeur, bien jointes & bien cramponées avec crampons de fer coulés en plomb, & proprement enchassés de leur épaisseur dans ladite tablette.

Escaliers.

Le rez-de-chaussée des Tours, aussi-bien que celui de tous leurs passages, poternes & sorties, sera pavé de briques choisies, dressées l'une contre l'autre, & posées de cant en bain de mortier de chaux & sable fin, & bien de niveau ; quant aux Tours qui serviront de Magazin à poudre, on y fera un plancher de poutrelles de huit à neuf pouces de gros, recouvert de madriers de chêne de deux pouces d'épaisseur, bien chevillés sur les poutrelles, & proprement joints & assemblés, sur lesquels seront ensuite chevillés les chantiers destinés à porter les barils.

Pavé des Tours, & plancher.

GRANDES PORTES, PASSAGES ET CORPS DE GARDE DES ENTRÉES PRINCIPALES.

Fondemens des soubaſſemens.   Les façades exterieures des quatre grandes portes d'architecture, de même que les murs de leurs paſſages, ſeront fondés en même tems que les revêtemens du corps de la Place, & avec les mêmes précautions. Chaque façade aura neuf toiſes & demie de longueur en fondemens, ſur quatorze & demie de largeur, & après avoir été élevée à plomb devant & derriere en groſſe maçonnerie, avec des retraites pareilles à celles des courtines, elle ſera arraſée bien de niveau d'après le fond du foſſé; ſur lequel arraſement ſera érigé en pierre de taille liſſe & mortier de ciment, le ſoubaſſement de la façade avec le corps & arriere-corps figurés ſur le plan, & avec talud juſqu'au rez-de-chauſſée de la Place, où il ſera terminé par un cordon de pierre de taille de dix pouces de hauteur, & de cinq de ſaillie.

Cage de la baſcule.   On obſervera en conſtruiſant ce ſoubaſſement, de ne lui donner qu'un pied & demi d'épaiſſeur par le haut à l'endroit du baſculage, afin que rien ne gêne le mouvement de la baſcule, dont la cage aura douze pieds & demi de largeur ſur treize de profondeur, & ſera revêtuë du côté des terres en groſſe maçonnerie d'un mur de trois pieds & demi d'épaiſſeur au deſſus de ſes fondemens, & réduits à deux pieds & demi par le haut. On obſervera encore, pour deſcendre dans ladite cage, de pratiquer dans un de ſes côtés un petit eſcalier voûté, de deux pieds & demi de largeur; & de donner un peu de pente au fond de la cage avec une gargoüille pour écouler les eaux qui pourroient y ſéjourner.

Façades des portes   Au deſſus du cordon du ſoubaſſement, ſeront érigées les façades des portes ſuivant les dimenſions qui ont été marquées ci-deſſus; elles ſeront décorées de quatre pilaſtres d'architecture dans les proportions de l'ordre Toſcan, avec tous les refends, ſocles, baſes, impoſtes, chapiteaux, architraves, friſes, corniches, frontons & autres accompagnemens dudit ordre; ſeront de plus ſculptées les Armes du Roi dans l'arcade au deſſus de la porte, & la Deviſe de Sa Majeſté dans le fronton, le tout raillé-liſſe, poſé en mortier de ciment, bien appareillé, & proprement mis en œuvre; obſervant de plus que tous les joints ſoient d'équerre ſur dix-huit pouces de long, que les carreaux ſoient mêlés d'un tiers de boutiſſes de deux pieds de queuë, & que les arrieres-corps, écoinçons, & generalement toute la decoration, ſoient abſolument conformes aux plans

& aux profils. Les arrieres voussures seront aussi toutes de pierre de taille, de même que le derriere des gros murs des portes, & les retours du haut & du bas des façades.

Les fondemens des murs qui formeront le passage de ces portes, *Passage des entrées.* seront élevés jusqu'au niveau de ce passage ; puis aprés avoir fait trois pouces de retraites de chaque côté, on posera du côté du passage deux assises de pierres de taille lisse d'un pied de hauteur chacune, & mêlées d'un tiers de boutisses d'un pied & demi de longueur ou environ ; sur ces assises on fera une autre retraite de deux pouces, pour élever ensuite à plomb les murs en parement de brique d'un pied & demi d'épaisseur, & le surplus du côté des terres en moëlon, caillou & brique jusqu'à cinq pied de hauteur, où la maçonnerie sera arrasée bien de niveau pour recevoir un imposte de pierre de taille de huit pouces de haut, sur lequel commencera la naissance des voûtes. Les contreforts de ces murs seront fondés à même profondeur, & construits de grosse maçonnerie ; les dosserets ou arcs doubleaux, seront aussi de pierre de taille, & auront *Dosserets.* deux pieds de largeur sur deux de saillie ; ceux dans lesquels se trouvera le passage des orgues, auront quatre pieds dix pouces de largeur, y compris les feüillures qui auront dix pouces d'ouverture, & autant d'enfoncement, & ceux du milieu du passage n'auront que quatre pieds. Ils seront tous espacés à neuf pieds & demi de distance les uns contre les autres, & les assises dont ils seront composés, feront parpin entre deux une, observant que celles qui ne le feront point, soient de deux pieces seulement, & non plus ; ce qui se continuëra jusqu'à la fermeture des arcades.

On fera une pierrée à chaque côté de ces murs, puis on commencera la naissance des voûtes au dessus de l'imposte. Ces voûtes seront construites de brique sur deux pieds d'épaisseur, à petits joints sur le devant, & grossissant insensiblement sur le derriere, suivant la coupe de leur ceintre, puis seront recouvertes d'une chape de ciment d'un pouce d'épaisseur ; mais cela, aux endroits seulement où elles ne seront point couvertes par les bâtimens.

Les vestibules & corps de garde de ces passages, seront fondés *Vestibules* & élevés avec la même attention, & seront parfaitement conformes *& corps de* aux mesures & décorations de leurs plans & profils. *garde.*

A droite & à gauche de ce passage sera posé des bornes de pierre de *Bornes &* taille pour empêcher que les moyeux des roües des voitures n'offensent *pavé.* les dosserets & pieds droits des voûtes, & chacune de ces bornes aura cinq pieds & demi de hauteur, dont deux pieds & demi seront enterrés & scellés dans un petit massif de maçonnerie, dix-huit pouces de diamettre au niveau du pavé, & onze à douze à la tête; seront toutes aussi arondies & piquées proprement à leur place.

Pavé. Le rez-de-chaussée, tant du passage que des corps de gardes & vestibules, sera pavé avec cailloux posés dans une forme de sable conditionnée comme il sera dit ci-après.

Escaliers & latrines. Les escaliers pour monter sur le rempart, seront construits de la même maniere que ceux des Tours bastionnées, avec cette différence qu'on pratiquera sous chacun de ceux-ci une latrine, dans laquelle tomberont par un égoût les eaux de la Ville, pour ensuite dégorger dans le fossé. Les murs d'enceinte de ces latrines, de même que celui du retour de leur entrée, n'aura qu'un pied & demi d'épaisseur. Les fermetures, orgues, bascules seront construites suivant leurs desseins particuliers.

LOGEMENT AU DESSUS.

Mur de face & de refend. Les murs de face & de refend, tant du logement au dessus des vestibules & corps de garde, que de la chambre des orgues, seront construits de brique, crêpis proprement par dehors, enduits & blanchis par dedans, & garnis de pierre de taille dans leurs angles. Les pieds droits des jambages, portes, croisées de leurs seüils, appuis & fermetures seront aussi de pierres de taille proprement apareillées.

Cheminées. Les cheminées seront construites de brique sur six pouces d'épaisseur, elles seront enfoncées de trois pouces dans l'épaisseur des murs de refend & pignon, élevées de trois pieds au dessus du comble, & crêpies & enduites des deux côtés avec plinte de brique au niveau du faîtage, & un autre à trois pieds plus haut à l'endroit de la fermeture. Les tuyaux de ces cheminées auront trois pieds de longueur dans œuvre, & dix pouces de largeur.

Croisées de menuiserie. Les croisées seront faites de bois de chêne bien sec, leurs chassis dormans auront deux pouces d'épaisseur, leurs chassis à verre un pouce & demi, & les volets un pouce, le tout bien assemblé à rainure & abouëment. Seront de plus garnies de toutes leurs ferrures, sçavoir seize gonds, seize fiches à charniere, seize targettes ovales, & seize crampons, le tout proprement limé, & mis en œuvre, les vîtres seront de verre blanc, & mis en plomb de force suffisante, puis arrêtées avec trois vergettes bien soudées à chaque panneau.

Portes de menuiserie. Les portes communes seront faites des hauteurs & largeurs des bayes avec bois de chêne bien sec, d'un pouce & demi d'épaisseur,
assemblées

Liv. VI. DE LA MANIERE DE FAIRE LES DEVIS. 33
assemblées à raînure, collées & emboëtées par les deux bouts de six pouces de hauteur ; seront aussi garnies des gonds en pierre d'un pied de long sur un pouce & demi en quarré, bien scellés & coulés en plomb, avec penture à queuë d'hironde de deux pouces de largeur, sur deux pieds & demi de longueur, attachée ausdites portes avec un clou rivé au collet, le tout bruni & bien limé, de même que la serrure qui sera à tour & demi avec deux verroüils garnis de leurs gâches & de la boule pour les tirer.

La partie du plancher dudit bâtiment qui se trouvera au dessus *Charpente* du vestibule, portera sur des petites lambourdes qui seront posées *& plancher* au dessus de la voûte, & l'autre partie se trouvant sur les corps de garde qui ne sont point voûtés, portera sur des solives soutenues par des poutres qui auront treize à quinze pouces de gros, & les solives sept à cinq ; les unes & les autres seront des longueurs & qualités requises, & d'un bon bois de chêne bien équarri à vive arête & sans aubier. Les arbalêtriers du comble, ses jambes de force, entraits, poinçons, blochets & plattes formes seront de même bois, le surplus de l'assemblage sera de bois de sapin, & des longueurs & grosseurs dont il sera donné un détail ci-après. Les planchers seront aussi de sapin, bien dressés & bien blanchis, à l'exception de ceux qu'on pavera de brique.

La couverture de ces bâtimens sera faite double, & de tuiles bien *Couverture* cuites du moule ordinaire du pays, posées sur un latis de sapin bien attaché aux chevrons, & de quatre pouces de pureau. Les égoûts y seront redoublés, & les faîtieres & arêtieres recouvertes de tuiles creuses, posées en mortier de chaux & sable.

POTERNES DE SORTIE, SOUTERRAINS, ET AQUEDUCS.

On fondera les pieds droits des poternes de sortie & des souter- *Poternes* rains ou flancs bas, sur un bon & vif fond avec grosse maçonnerie, *& souter-* de même que les escaliers pour y descendre, puis toute retraite *rains.* faite, on les élevera en parement de brique d'un pied & demi d'épaisseur du côté de leur passage, & le surplus en maçonnerie brute, de même que les contreforts, observant d'y pratiquer tous les évens & cheminées qui sont marqués sur le plan. Les voûtes seront aussi construites avec briques choisies sur trois pieds d'épaisseur, puis seront recouvertes d'une chape de ciment.

Les portes des entrées seront de pierre de taille toute simple & *Portes.* sans aucune façon, que celle des feüillures, où seront appliquées des portes de bois de chênes à deux ventaux de quatre pouces d'é-

E

paisseur, garnies de quatre gonds, quatre pentures, deux verroüils & deux serrures de force suffisante.

Aqueducs.   Les massifs qui porteront les aqueducs, seront fondés sur bon & vif fond de sept pieds de largeur, & les pieds droits seront revêtus par dedans de deux assises de pierres de taille, d'un pied de hauteur chacune, posées & garnies en ciment, & bien crampponnées avec crampons de fer coulés en plomb. Le fond de ces aqueducs sera pavé de pierres de taille à joints recouverts, aussi posées en ciment suivant sa pente, puis sera surmonté d'une voûte de brique de deux pieds d'épaisseur terminée pardessus en talud, & dont les joints seront bien recirés avant que d'être recouverts de terre; on aura soin de griller l'entrée de ces aqueducs du côté de la Place, & leur sortie du côté du fossé, laquelle sortie sera réduite à dix pouces de largeur sur un pied de hauteur, avec une gargoüille de pierre de taille, qui portera les eaux au de-là du talud du revêtement.

CONTREGARDES, DEMI-LUNES, TENAILLES, ET OUVRAGE A CORNE.

Revêtement.   Les revêtemens des contregardes, demi-lunes, tenailles & ouvrage à corne, seront fondés aussi bas que ceux du corps de la Place, & avec même materiaux & mêmes précautions, puis seront élevés comme les courtines, en parement de moëlon piqué, posé sur deux assises de pierres de taille seulement avec retraite de deux pouces par devant, & talud d'un sixiéme de leur hauteur. Le derriere de ce parement sera élevé à plomb & construit de grosse maçonnerie composée comme il est dit ci-devant. Puis à la hauteur qui a été spécifiée en son lieu, la maçonnerie sera arrasée & terminée par une assise de briques posées de cant & debout, en bonne liaison & bain de mortier fin. On armera les angles de grosses pierres de taille des mesures & qualités susdites; & on observera de pratiquer dans les gorges les rempes & escaliers désignés dans le plan, de même que l'exacte distribution des contreforts qui seront aussi de grosse maçonnerie.

Terrassement.   Les terres des fossez de ces pieces seront portées à la masse de leurs remparts & parapets, & employées à les terrasser; ce qui se fera par lits battus d'un pied de hauteur, & fascinés dans le même ordre qu'il a été dit pour le corps de la Place.

Berme.   A la hauteur du sommet du revêtement des faces & flancs des ouvrages, & depuis le bord exterieur dudit sommet, sera faite une berme de dix pieds de largeur aux contregardes, d'un pied & demi

Liv. VI. DE LA MANIERE DE FAIRE LES DEVIS. 35

aux tenailles, & de dix aux demi-lunes & à l'ouvrage à corne; le long de laquelle sera continuée l'élevation des remparts & parapets en gazonnage, ou placage seulement, observant de mettre à part toutes les meilleures terres qui ont été portées dans ces pieces pour être ensuite passées à la claye, & employées tant à la construction des parapets, qu'à recouvrir d'un pied & demi de hauteur toutes les superficies des terre-plein & taluds des remparts, qui seront ainsi que les banquettes, bien battus, bien dressés & arrasés suivant leur niveau & alignement.

On plantera sur ces bermes, à l'exception toutefois de celles des tenailles, une haye vive d'épine blanche, conditionnée comme il a été dit ailleurs. *Haye vive.*

Les poternes de communication des contregardes aux tenailles, seront construites dans le même ordre que celles des courtines, n'y ayant de différence que dans leurs dimensions, qui ont déja été expliquées dans leur article. *Poternes des contregardes.*

Il sera fait au passage des quatre demi-lunes qui sont aux entrées principales de la Place, des portes d'architecture des dimensions & qualités énoncées ci-dessus; & ces portes seront ornées de deux pilastres érigés suivant les proportions de l'ordre Toscan avec leurs focles, bases, chapiteaux, architraves, frises & corniches, puis seront terminées par un fronton dans lequel seront sculptées les Armes du Roi, & sur lequel seront posées trois boules à feu, montées sur leurs pieds d'estaux, garnies de leurs flames, & scellées avec goujon de fer d'un pied de long coulé en plomb. L'une de ces boules sera mise sur le milieu du timpan, & les deux autres sur les pilastres. Le soubassement sera de pierre de taille depuis le dessus de ses fondemens jusqu'au dessous du pont-levis, ainsi que tout le composé desdites portes. L'on y observera tous les corps & arrieres-corps marqués au dessein, de même que les basculages & autres assortimens. *Portes d'architecture.*

Les fondemens des profils du passage, ainsi que leurs contreforts, seront assis sur bon & vif fond, & construits de grosse maçonnerie; & après avoir fait les retraites ordinaires au niveau de ce passage, on commencera l'élevation des murs par deux assises de pierre de taille d'un pied de hauteur chacune, que l'on continuëra ensuite à plomb de deux côtés, & en parement de brique d'un pied & demi d'épaisseur du côté du passage; le surplus en grosse maçonnerie jusqu'à la hauteur du rempart, au dessus duquel la maçonnerie des parties excedentes sera faite de brique sur toute son épaisseur. Sur quoi on observera d'arraser bien de niveau dès le bas, ladite ma- *Profils du passage.*

E ij

çonnerie à chaque pied & demi de hauteur, & d'y mettre des traverses de brique pour faire plus de liaison; après quoi on la terminera à la hauteur du rempart par une assise aussi de briques posées de cant & debout en bain de ciment.

REDUITS DANS LES DEMI-LUNES.

Reduits. La construction des reduits sera conforme en toutes choses à ce qui a été dit pour celle du corps de la Place; on y observera mêmes angles, mêmes soubassemens, mêmes paremens, cordon, garniture & terrassemens, avec les portes, passages, rempes, escaliers & generalement tout ce qui est exprimé dans leurs plans & profils.

REVETEMENT DES FOSSEZ.

Revêtement des Fossez. La maçonnerie des revêtemens des fossez sera semblable à celle des gros revêtemens, & terminée au sommet par une assise de briques choisies, posées de cant & debout en bain de ciment avec un pouce de saillie sur le fossé, & un pouce & demi de pente par dessus vers le même côté. Les angles saillans seront arondis, & les rentrans garnis de pierre de taille sur deux ou trois pieds de part & d'autre; observant de pratiquer des montées & des descentes de trois pieds & demi de largeur en rempe d'escaliers, dont les marches seront aussi de pierres de taille, & d'une seule piece, & auront huit pouces de hauteur sur dix de giron, posées & jointoyées en mortier de ciment. On aura attention d'augmenter de deux pieds d'épaisseur de ces revêtemens à l'endroit des escaliers.

CHEMIN COUVERT ET GLACIS.

Chemin couvert. Le parapet des chemins couverts sera revêtu, comme il a été dit, jusqu'à un pied & demi près de son sommet; ce revêtement sera fondé deux pieds plus bas que le dessus de la banquette, & établi sur deux rangs de madriers de quatre à douze pouces de gros, au dessus desquels il sera élevé à plomb jusqu'au niveau de la banquette, puis suivant le talud du gazon jusqu'à la hauteur de trois pieds & à plomb par derriere, le tout en grosse maçonnerie.

Glacis. Le surplus de la hauteur sera gazonné jusqu'au sommet, & fasciné à l'ordinaire, observant d'y employer trois pieds de hauteur de terre douce qu'il faudra étendre jusqu'à cinq toises de la palissade, & bien épierrée, de même que toute la surface du gla-

Liv. VI. DE LA MANIERE DE FAIRE LES DEVIS. 37
cis qu'on aura soin de bien unir, & de dresser parfaitement suivant sa pente.

On élevera l'interieur du parapet des traverses à même hauteur que celui du chemin couvert, & avec pente d'un pied ou un pied & demi du côté de la Place ; on le revêtira de maçonnerie comme celui du chemin couvert, ou de gazonnage seulement, & l'exterieur de placage, observant aussi de mettre trois pieds de terre douce sur toute la surface superieure de la traverse, & de la battre par lits de six pouces, & fasciner de pied en pied. Leurs profils tant du côté du fossé, que de celui de leur passage de communication, seront revêtus sur toute leur hauteur, & leur sommet terminé par une assise de briques posées de cant & debout en mortier de ciment. Les passages de ces traverses auront chacun quatre pieds & demi de largeur prise dans l'épaisseur du glacis, & une toise de retour pour se couvrir des enfilades. Les banquettes seront semblables à celles des chemins couverts. *Traverses.*

On revêtira aussi à même hauteur que celle des revêtemens des chemins couverts, tous les profils des sorties & passages des barrieres. A l'égard de ceux qui se trouveront vis-à-vis les entrées des quatre grandes portes de la Place, on les revêtira d'un mur de brique de deux pieds neuf pouces d'épaisseur du côté du chemin couvert, & de deux pieds trois pouces à son autre extremité du côté du glacis, avec talud & retraite en saillie de trois pouces pour les fondemens. Ce mur sera élevé à la hauteur du glacis dont il suivra la pente & son sommet terminé par une assise de briques posées de cant & debout en bain de ciment. *Profils des passages des barrieres.*

Les palissades du chemin couvert des traverses seront faites de bois de chêne, & auront huit pieds de hauteur sur dix-huit à vingt pouces de tour, on les espacera de deux doigts marqués sur leur litteau, l'une de l'autre, après les avoir bien appointées. *Palissades.*

Pour fermer les passages & sorties du chemin couvert, sera fait des barrieres de la longueur des passages, à deux ventaux tournans sur pivots, arrêtés par le haut avec des collets & assemblés par des traverses & contre-fiches. Ces barrieres seront entretenuës par des poteaux de dix à onze pouces de gros, & neuf pieds & demi de longueur, ayant la pointe à même hauteur que celle des palissades, tenus en raison chacun par un patin de sept pieds de long, & sept à huit pouces de gros, & assemblés par deux seüils de la longueur des bayes, & de neuf à dix pouces de grosseur, dont l'un sera enterré de deux à trois pieds, & l'autre posé au niveau du passage ; le tout de bois de chêne conditionné comme il est dit en son lieu, & garni de ses ferrures & serrures de force convenable. *Grandes barrieres.*

Petites barrieres. Il fera auſſi poſé de petites barrieres à un ſeul ventail de quatre pieds & demi de largeur à l'entrée des paſſages de chaque traverſe, & feront des mêmes hauteurs, bois, aſſemblages & ferrures que les précedens, à l'exception des poteaux qui n'auront que neuf à dix pouces de groſſeur.

PONTS DE LA PLACE.

Ponts-dormans des entrées principales. Les ponts dormans des entrées principales de la Place, tant ſur le grand foſſé, que ſur celui des demi-lunes & reduits, porteront ſur des fermes eſpacées à douze pieds de diſtance l'une de l'autre de milieu en milieu, & chacune de ces fermes ſur une pile de maçonnerie de pierre de taille d'un pied de hauteur & d'un & demi de largeur, qui ſaillira hors du nud des ſeüils, & ſera érigé au deſſus d'un maſſif de groſſe maçonnerie fondé ſur des madriers de chêne.

Ces fermes ſeront compoſées de cinq poteaux, chacun de douze à quatorze pouces de groſſeur, dont un ſera poſé dans le milieu & à plomb, & deux autres de chaque côté en talud avec des contrefiches & liens de neuf à dix pouces, le tout aſſemblé à tenons & mortoiſes avec renfort dans le ſeüil & dans le chapeau.

On poſera ſur chaque travée cinq poutrelles de treize pieds de longueur chacune, & de douze à treize pouces de groſſeur, qu'on aura ſoin d'eſpacer également ſur quinze pieds de largeur qui ſera celle de ces ponts, puis on les couvrira en travers d'un couchis de madriers de chêne de ſeize pieds de longueur & de quatre pouces d'épaiſſeur ſeulement, ſur le milieu deſquels ſera fait en redoublement d'autres madriers de même bois de dix pieds de longueur, & de trois pouce d'épaiſſeur, pour garantir le premier plancher de l'effort & frottement des voitures.

Les poteaux des appuis ſeront enſuite dreſſés ſur les chapeaux, & auront chacun ſix pieds de long, & ſept à huit pouces de gros; ils ſeront garnis de leurs liens pendans, appuis, ſous-appuis, potelets & croix de ſaint André. Les liens pendans auront chacun ſix pieds de longueur ſur ſix à douze de groſſeur; les appuis & ſous-appuis chacun douze pieds de long, & ſix à ſix de gros; les potelets chacun trois pieds de long ſur cinq à ſix de gros, & les croix de ſaint André ſix pieds de long ſur cinq à ſix de gros. Si l'on pavoit ces ponts, le garde pavé aura neuf à neuf pouces d'épaiſſeur ſur toute la longueur des ponts.

Ponts-levis. Les ponts-levis ſeront faits de longueur & ouverture des portes de la Place, & ſeront aſſortis de leurs fléches, baſcules, chaſſis,

Liv. VI. DE LA MANIERE DE FAIRE LES DEVIS. 39
entre-toiſes, chaînes, ſerrures & ferrures néceſſaires, le tout bien arrêté & attaché avec boulons, vis & écrou proprement enchaſſés & mis en œuvre conformement aux deſſeins qui en ſeront donnés. Obſervant en general de donner vingt-ſept pieds de longueur aux fleches ſur douze & quatorze pouces de groſſeur par le gros bout, & neuf à dix par le petit; reglant au ſurplus leurs aſſemblages ſelon les calibres néceſſaires pour lever le marche-pied de ces ponts, dont il n'y doit avoir que le chaſſis de bois de chêne, & le reſte de bois de ſapin pour être plus leger & plus facile à lever & à mouvoir.

Les ponts de communication des contregardes aux tenailles ſeront plus legers que les précedens, & conſiſteront ſeulement en trois fermes eſpacées à dix pieds neuf pouces de diſtance les unes des autres de milieu en milieu, dont chacune ſera compoſée d'un feüil, d'un chapeau, de deux montans & des liens néceſſaires. Les feüils auront dix pieds onze pouces de long ſur ſept à huit pouces de gros; les poteaux ſept pieds cinq pouces de longueur entre feüil & chapeau, ſur ſept à ſept de groſſeur; les chapeaux ſix pieds trois pouces de long ſur ſept à ſept; les liens trois pieds ſur ſix à ſix; les poutrelles vingt-quatre pieds & demi ſur ſix à ſept, & les madriers du plancher quatre pouces d'épaiſſeur. Leſdites fermes ſeront auſſi poſées ſur un maſſif de maçonnerie, & le pont-levis ſera de la grandeur de l'ouverture de la porte du ſouterrain avec des groſſeurs proportionnées.

Ponts de communication des contregardes aux tenailles.

GUERITES.

Les guerites de pierre de taille ſe feront à chaque angle flanqué des Tours baſtionnées, de même qu'au milieu de chaque courtine, feront de figure pentagonale, & auront quatre pieds & demi de diametre dans œuvre, & huit pouces d'épaiſſeur de parpin. On pratiquera à leur entrée une porte de deux pieds de largeur ſur ſix de hauteur, & à chacune de leurs faces un petit creneau de deux pieds de hauteur & de ſix pouces de largeur dans le milieu de ſon épaiſſeur, faiſant dedans & dehors un ébraſement de trois pouces de chaque côté de ce creneau. On obſervera d'ailleurs tous les panneaux, boſſages, cordons & ornemens qui ſont marqués dans le deſſein. Ces guerites ſeront poſées ſur un cul de lampe auſſi de pierres de taille, dans la face duquel ſeront proprement ſculptées les Armes du Roy, puis elles ſeront ſurmontées d'une voûte en dôme taillées & poſées à joints recouverts par aſſiſes égales, bien travaillées & miſes en mortier de ciment. Au deſſus du dôme ſera élevée une

Guerites de pierre de taille.

fleur de lys de même pierre, arrêtée sur son pied d'estal avec un goujon de fer d'un pied de longueur, bien scellée en plomb.

Passage des Gueri-tes.
On communiquera à ces guerites par un passage de deux pieds & demi à trois pieds de largeur, revêtu de chaque côté d'un mur de brique d'un pied & demi d'épaisseur qui profilera les parapets & banquettes.

Guerites de bois.
Toutes les autres guerites, tant des contregardes que des demi-lunes, ouvrages à corne & autres de la Place, où il en sera besoin, seront de charpente de bois de chêne, & auront deux pieds & demi de largeur en quarré dans œuvre, sur cinq pieds huit pouces de hauteur, non comprise sa couverture. Les bois des montans & entre-toises auront six pouces de gros, & le chassis d'en bas sept à huit. Elles seront recouvertes par les flancs & par le dessus, de planches de sapin bien attachées, & seront percées des creneaux par les côtés.

PUITS.

Puits.
Les puits de la Place seront approfondis jusqu'à ce qu'il y ait quatre à cinq pieds d'eau vive, & plus, s'il est possible, après quoi on placera dans le fond un roüet de bois de chêne de quatre à douze pouces de grosseur, & de quatre pieds de diametre dans œuvre, sur lequel seront posées quatre assises de pierres de taille l'une sur l'autre, d'un pied de hauteur chacune, faisant parpin de dix-huit pouces d'épaisseur, taillées dedans & dehors, posées en ciment & bien cramponées avec crampons de fer coulés en plomb. Le surplus sera élevé en maçonnerie de brique ou de moëlon, faite avec un mortier de chaux & sable jusqu'à trois pouces près de la hauteur du rez-de-chaussée de la Place, puis sera surmonté de trois autres assises aussi de pierres de taille d'un pied de hauteur chacune, faisant parpin & proprement taillées dedans & dehors, la derniere desquelles servira de margelle, & ces trois assises seront posées en ciment, & cramponées comme il vient d'être dit; au surplus les puits seront garnis de leurs chaînes, poulies, seaux & assemblage de charpente nécessaire tant pour le suport des poulies, que pour la couverture, s'il en est besoin.

PAVÉ DE LA PLACE.

Pavé.
Le pavé de la grande Place sera construit de plus gros cailloux que l'on pourra trouver, & sera conduit regulierement sur une pente égale pour faciliter l'écoulement des eaux; on élevera pour cet

cet effet le centre de la Place de quatre pieds, comme il a été dit, ce qui reviendra à trois ou quatre lignes par toise ou environ, & on observera non seulement de placer les ruisseaux dans le milieu des ruës avec pentes d'environ deux pouces & demi par toise, à commencer du pied des maisons jusqu'auſdits ruiſſeaux ; mais encore de diriger les pentes de longueur ſuivant la pente generale qu'il y aura depuis le centre de la Place juſqu'aux remparts. Ce pavé ſera ſur une forme de ſable de huit pouces de hauteur à petits joints & en bonne liaiſon, puis ſera bien battu & dreſſé avec la damoiſelle le plus uniment que faire ſe pourra.

Voilà à peu près tout ce qui concerne la conſtruction d'une Place neuve, & l'arrangement qu'on doit obſerver dans ſon Devis. S'il ſe trouvoit d'ailleurs des pilotages, écluſes & autres ouvrages à faire dont il n'a pas été parlé, parce que nous nous propoſons d'en faire le détail dans l'architecture hydraulique, il faudroit les y inferer, n'ayant mis ici préciſement que ce qui a rapport au Neuf-Briſac, dont j'ai tâché de ne rien omettre, tant pour ce qui regarde la diſtribution des parties, que l'ordre de l'execution. Je n'y ai point parlé non plus des magazins à poudre ordinaires, parce que leur conſtruction a été ſuffiſamment traitée dans le quatriéme Livre.

A l'égard des Devis qui ſe font annuellement pour l'entretien ou la réparation des Places, on ſuit communément l'ordre des articles de l'état de la Cour, & on traite chaque article en particulier & définitivement, ſans s'aſſujettir aux diviſions que j'ai obſervées dans le Devis précedent, qui n'ont lieu que dans les ouvrages de conſequence. Cependant s'il ſe trouve dans les Devis annuels quelque choſe de neuf à conſtruire, & qui demande une attention particuliere, il ſera bon d'en faire un article détaillé, conformément au modele ci-deſſus, & d'y obſerver toutes les conditions & formalités juſques dans les moindres circonſtances.

CONDITIONS ELEMENTAIRES DU DEVIS
d'un Bâtiment civil.

DÉBLAIS DES TERRES.

APrès avoir tracé les murs du Bâtiment, & rectifié ſon alignement, il ſera fait le déblais des terres des fondemens ſur environ quatre pieds de largeur par le haut, & trois par le bas, juſqu'à ce qu'on ait trouvé un fond ferme & ſolide, lequel ſera ensuite dressé bien de niveau dans toute son étenduë, & assuré, s'il est besoin, par des madriers de trois à quatre pouces d'épaisseur.

MAÇONNERIE.

Les fondemens des murs de face auront deux pieds & demi d'épaisseur, & seront non bloqués contre les terres, mais élevés à plomb & parallelement entre deux lignes, faisant parement de chaque côté, puis seront bien garnis & arrasés de niveau, le tout posé en bonne liaison, & maçonné avec bon moëlon & mortier composé d'un tiers de chaux mesurée vive, & de deux tiers de sable; au dessus de ces fondemens & avec même materiaux, on érigera les murs des faces sur deux pieds d'épaisseur, non comprise la saillie du soubassement, hors du nud duquel sera fait retraite de trois pouces par dehors & de deux par dedans, & ces murs seront élevés de onze pieds jusqu'à la hauteur du dessous du plinte qui aura un pouce de saillie, & huit de hauteur.

On élevera ensuite les murs du premier étage de dix pieds au dessus du plinte, & on observera de leur faire faire une retraite d'un pouce par devant sur l'aplomb des murs inferieurs (ce qui s'executera de même au dessus du plinte du second étage) & leur sommet sera terminé par un entablement decoré suivant le dessein, mis bien de niveau, & construit de pierre de taille, ainsi que le plinte, ou de briques choisies, posées en liaison dans le corps du mur.

Tous les murs de refend auront deux pieds d'épaisseur dans les fondemens, & seront réduits à un pied & demi au dessus, observant de leur donner aussi trois pouces de retraite de chaque côté, & de les élever avec un peu de fruit pour être réduits à seize pouces d'épaisseur au dessus du premier plancher, & à quatorze au-dessus du second, le tout construit de même que les murs de face, avec moëlon & mortier composé comme ci-devant, puis crépis proprement, & blanchis des deux côtés.

Les murs de cloison, ainsi que les aîles & faces des lucarnes, seront construits de brique; sçavoir, les faces sur dix-huit pouces d'épaisseur, & les aîles & cloisons sur six pouces seulement. Les contre-cœurs des grandes cheminées seront aussi faits de brique sur neuf pieds de hauteur, & ceux des communes sur quatre seulement avec un pouce de fruit par pied. Les hottes des manteaux, languettes & fermetures des cheminées, seront également construites d'une épaisseur de brique, & les ouvertures des tuyaux auront

LIV. VI. DE LA MANIERE DE FAIRE LES DEVIS. 43
trois pieds & demi de long fur dix à onze pouces de large, & trois pieds d'élevation au deſſus du faîte, le tout bien uni & crépi, & enduit dedans & dehors.

PIERRE DE TAILLE.

Les angles du Bâtiment feront armés de pierres de taille, choiſies dans la meilleure carriere du pays, non geliſſes, ni filtreuſes, poſées en bonne liaiſon par aſſiſes d'un pied de hauteur ſur ſeize à dix-huit pouces de lit, ayant les joints d'équerre avec harpe de ſix pouces de chaque côté, & faiſant retour alternativement de vingt & un pouces de face, & de deux pieds & demi. Les encognures des plintes & entablement feront de même pierres, ainſi que les pieds droits des grandes portes d'entrées & leurs fermetures, qui porteront parpin d'une pierre entre deux; la plus courte deſquelles fera au moins neuf pouces de liaiſon, & aura un pied & demi de longueur en tête, & un pied en retour de l'écoinçon; les pierres des pieds droits qui feront de deux pieces, auront leurs joints bien à l'équerre, & les deux pierres formeront l'épaiſſeur du mur.

On eſpacera les croiſées & autres portes ſuivant les meſures de leur deſſein, leur fermeture ſera bombée par dehors & par dedans, conſtruite de pierre de taille ou de brique, ainſi que les pieds droits avec un ſeüil ou appui de pierre dure d'une ſeule piece, de ſept pouces d'épaiſſeur & dix de largeur. Après quoi ſera faite une décharge au deſſus de ces portes, & croiſées pour ſoulager leurs plattes bandes.

CHARPENTE.

La charpente conſiſtera dans les pieces ſuivantes, dont tous les bois feront bien équarris & ſans aubier, proprement taillés & aſſemblés les uns aux autres avec tenons & mortoiſes bien chevillées.
1°. Les jambes des forces des combles auront chacune dix pouces de gros ſur.... de longueur; les liens dix pouces de gros ſur.... de longueur; les entraits dix à douze pouces ſur....; les blochets huit à dix pouces ſur....; & les plattes formes ſur l'entablement quatre, & douze pouces de gros : le tout de bois de chêne. Le ſurplus de l'aſſembage ſera de bois de ſapin.

2°. Les arbalêtriers auront.... de longueur ſur huit à neuf de gros; les poinçons.... de longueur ſur neuf à dix; les pannes porteront ſur les jambes de force, & auront les longueurs néceſſaires ſur ſept à huit de gros; les contrefiches.... de longueur ſur ſept à

F ij

sept de gros; les chevrons.... de long & quatre pouces de gros, lesquels chevrons seront d'une seule piece, & espacés à un pied de distance les uns des autres, bien brandis & arrêtés sur les pannes, & les empanons bien dressés à la ligne.

Tous les soliveaux des planchers seront posés bien de niveau à deux pieds de distance l'un de l'autre de milieu en milieu, & auront.... de longueur sur huit à neuf pouces de grosseur; on y observera les enchevetrures nécessaires. Les gistes ou lambourdes sous le plancher du rez-de-chaussée, auront quatre à cinq pouces de gros sur les longueurs nécessaires, & seront espacées de deux pieds & demi de milieu en milieu. La sabliere qui doit être posée sur les murs, aura douze pouces de largeur sur trois à quatre d'épaisseur. Les poteaux des cloisons auront cinq à six pouces de grosseur, & seront assemblés haut & bas à tenons & mortoises dans des sablieres de six à sept pouces de grosseur, & delardés pour retenir la maçonnerie des panneaux.

Tous les bois des escaliers seront de la même qualité & dressés au rabot à vive arête avec les moulures convenables. Les balustres seront aussi de même bois, & tournés ou faits à la main. Les marches massives, délardées avec un demi rond sur le devant; les limons seront gros de cinq à dix; les noyaux de cinq; les appuis & les potelets de trois à cinq.

COUVERTURE.

On n'employera aux couvertures que des tuiles choisies & bien cuites. Les lattes seront de bon bois de sapin de droit fil sans aubier, bien clouées sur chaques chevrons d'un clou à latte, & posées à distance égale & de niveau, afin que les pureaux le soient aussi.

MENUISERIE.

Les planchers au-dessus des solives seront faits de planches de sapin bien sec d'un pouce ou un pouce & demi d'épaisseur, blanchies du côté vû, assemblées à rainure & languette, bien dressées & attachées aux solives avec autant de clous qu'il sera nécessaire pour les empêcher de se déjetter.

Toutes les croisées de menuiserie auront sept pieds & demi de hauteur sur quatre pieds quatre pouces de largeur, & seront assemblées à bouëment. Les chassis dormans auront deux pouces d'épaisseur, & seront ornés de meneaux ronds sur les montans & traverses, avec

Liv. VI. D'E LA MANIERE DE FAIRE LES DEVIS. 45

un quart de rond fur l'apui élegi dans ces traverfes. Les chaffis à verre auront un pouce & demi d'épaiffeur, & les volets un pouce, le tout de bon bois de chêne bien fec & bien affemblé, garni de fes ferrures qui confifteront pour chaque croifée en huit gonds, huit fiches ou gonds à charniere, quatre targettes, quatre crampons & huit équerres proprement limés & mis en œuvre. Chaque panneau des croifées fera garni de verre blanc pofé en plomb ou en maftic, foutenu & arrêté par trois vergettes de fer arrondies, bien clouées aux panneaux, & attachées avec bonnes attaches de plomb fuivant l'ufage.

S'il eft jugé néceffaire de barrer ces croifées, on y employera des barreaux de fer quarré de trois quarts de pouce de groffeur, qui entreront de quatre pouces dans les appuis & couvertes, & feront fcellés en plomb. Les portes communes feront auffi de bon bois de chêne bien fec, de fix pieds & demi de hauteur, de trois de largeur, & un pouce & demi d'épaiffeur, bien affemblées avec clef, collées & emboëttées par les deux bouts avec des emboëtures de cinq à fix pouces de haut, & garnies chacune d'une ferrure à tour & demi, benardée à l'ufage de France, bien limée & polie de même que fes pentures & gonds qui feront feulement limés, brunis & d'une force convenable.

Les portes à deux ventaux auront chacune quatre pieds & demi de large, & fept à huit de hauteur, & feront de bois de chêne d'un pouce & demi à deux pouces d'épaiffeur d'affemblage, & d'un pouce feulement pour les panneaux. Elles feront collées & emboëtées comme les précedentes, fur la largeur & épaiffeur du bois, & bien rabottées de deux côtés. Seront de plus garnies de refforts, verroüils, ferrures & autres ferrures néceffaires, le tout proprement limé & de force fuffifante.

Les grandes portes cocheres auront neuf pieds de largeur fur douze à treize de hauteur, leurs battans feront épais de quatre pouces & larges de huit à neuf, les batis de trois pouces d'épaiffeur, les cadres de quatre, & les panneaux d'un pouce & demi.

Le lambris des plafonds & côtés des chambres, fera fait de bon bois de chêne ou de fapin bien fec, à grands panneaux affemblés, collés & bien arrêtés dans les murs, ou de planches feulement bien blanchies du côté vû, & recouvertes de liteau fur tous les joints.

Les conditions de cet abregé peuvent s'appliquer aux Cazernes, Pavillons, Arfenaux, Logemens d'Etat-Major & autres, en changeant feulement ce qui pourra faire quelque différence tant dans la décoration, que dans la pierre de taille & la qualité des materiaux qui font tous arbitraires suivant les lieux, la destination & la dépense qu'on juge à propos d'y faire.

DE LA FORME DES ADJUDICATIONS,
Formalités qui s'y observent, & du stile dans lequel elles sont conçûës.

LE Devis étant reglé, & partie des fonds assignée, l'Intendant de la Province fait publier & afficher dans toutes les Places de son Département, & même dans les Provinces voisines, qu'à tel jour nommé, il sera procedé en son Hôtel & par devant lui, à l'adjudication des ouvrages à faire pour la construction de la nouvelle Place, où seront admis tous ceux qui voudront se charger de cette entreprise, & faire la condition du Roi la meilleure, en donnant bonne & suffisante caution.

Le jour arrivé, l'Intendant accompagné du Directeur des Fortifications, & autres assemblés à ce sujet, fait lire à haute voix le Devis tout entier, afin que les prétendans à ladite entreprise puissent être informés de la nature des ouvrages qu'on veut construire, & des conditions auxquelles ils doivent s'assujettir ; après quoi commencent les differentes mises des Entrepreneurs, espece d'ouvrage par espece d'ouvrage, qu'on inscrit à mesure qu'elles se font. Puis quand il ne se trouve plus personne qui mette au rabais, on allume trois feux de bougie consecutifs, pendant la durée desquels un nouvel Entrepreneur peut encore être reçu à faire un nouveau rabais ; & enfin après l'extinction desdits feux, l'entreprise est adjugée à celui qui a fait la condition du Roy la meilleure, & on en dresse procès verbal à peu près dans les termes suivans.

Ce jourd'hui... mois, an & jour.... Nous.... noms & qualités de l'Intendant de la Province, étant en notre Hôtel à... *nom de la Ville*, après plusieurs affiches & publications faites tant dans ladite Ville, que dans les autres Places de la Province, portant que ledit jour il seroit par nous procedé à l'adjudication & au rabais des ouvrages que le Roy a ordonné être faits pour la construction d'une Place neuve à..., *nom du lieu qu'on doit fortifier*, suivant le dessein de M..... y avons procedé en presence & de l'avis de M.... Ingenieur-Directeur des Fortifications desdites Places, aux clauses & conditions dont la teneur s'ensuit.

Liv. VI. DE LA MANIERE DE FAIRE LES DEVIS. 47

Devis des ouvrages, &c. *On copie ici le Devis tout entier dans la forme qui a été prescrite, & après quoi on continuë le procès verbal de maniere suivante.*

Les Entrepreneurs acceptant les conditions du present Devis, se fourniront de tous les materiaux, peines d'ouvriers, voitures, échaffaudages, ponts, planches, outils, engins, cordages & generalement de toutes les choses nécessaires à l'execution de leur entreprise, seront aussi à leurs frais tous les épuisemens d'eaux, & seront obligés un an après la construction de la Place, de refaire tous les joints de la maçonnerie avec bon mortier de chaux & sable, sans qu'ils puissent prétendre autre chose de la part de Sa Majesté, que les prix portés par l'adjudication qui leur en sera faite, observans qu'aucune terre ne soit toisée deux fois, quoique parties soient sujettes à un second transport, à l'exception toutefois de celles qui seront passées à la claye, & des terres douces qui seront mises à part pour former les parapets, dont on tiendra compte pour le second transport; on observera encore qu'aucun remblais ne soit toisé, ni aucun vuide dans le cube de la maçonnerie. Seront au surplus lesdits ouvrages executés avec toute la diligence possible, sujets aux verifications & receptions suivant la maniere accoutumée, & garantis un an après qu'ils auront été reçûs par les Ingenieurs qui en seront chargés.

Au moyen desdits prix, les Entrepreneurs seront exemts de guet & garde, de toute corvée & logement des gens de guerre, & il leur sera permis de faire couper tous les gazons dont ils auront besoin, dans les prairies ou vieilles pâtures les plus à portée, qui leur seront marquées par notre Subdelegué, ou par les Magistrats des lieux, & l'Ingenieur en chef de la Place, sans que lesdits Entrepreneurs soient obligés d'en rien payer aux Proprietaires des terres. *Si la Place est bien frontiere & qu'on soit en tems de guerre, on pourra ajoûter qu'il sera donné à l'Entrepreneur les escortes nécessaires pour la conservation de ses bestiaux, soit chevaux ou bœufs employés à voiturer les materiaux pour la construction des ouvrages. Que si lesdits chevaux ou bœufs viennent à être pris avec les escortes par quelque parti ennemi, soit de troupes reglées ou autres, en voiturant les materiaux, l'Entrepreneur en sera indemnisé suivant leur juste valeur. Qu'au cas que ledit Entrepreneur, ou ses Commis soient pris prisonniers par les ennemis en faisant le service du Roy; leur rançon sera payée par Sa Majesté.*

Et après lecture faite du Devis ci-dessus à haute & intelligible voix que les Entrepreneurs assemblés pour mettre leur rabais, ont dit entendre, lesdits ouvrages ont été mis à prix, sçavoir, *Suite du procès verbal.*

La toife cube de groffe maçonnerie, par le fieur... à trente liv. par le fieur... à vingt-cinq livres, par le fieur... à vingt-deux livres, & par le fieur... à vingt livres.

La toife cube des terres, &c.

Et ainfi de fuite, défignant chaque efpece différente d'ouvrages, fans en oublier aucun, s'il eft poffible, pour éviter toute conteftation dans la fuite, & fpecifiant à chaque article toutes les mifes qui y ont été faites fuivant l'ordre, & finiffant par la derniere & la plus foible.

Suite du procès verbal.

Après quoi nous avons fait allumer trois feux confecutifs, pour voir fi pendant leur durée quelque Particulier de ladite affemblée ne feroit point quelque nouveau rabais; mais lefdits feux s'étant tous éteints, & ayant fait trois autres remifes à differens jours, fans qu'il fe foit prefenté perfonne qui ait voulu mettre lefdits ouvrages à plus bas prix, ni faire la condition du Roy plus avantageufe que le fieur... Nous de l'avis de M.... Directeur, & fous le bon plaifir de Sa Majefté, lui avons adjugé & adjugeons lefdits ouvrages, à charge de donner bonne & fuffifante caution. Sçavoir,

Audit fieur.... la toife cube de maçonnerie à vingt livres.

La toife cube des terres, &c.

Reprenant ainfi de fuite toutes les dernieres mifes audit Entrepreneur.

Suite du procès verbal.

Lefquels prix feront payés audit Entrepreneur des deniers de Sa Majefté fur les fonds faits & à faire pour lefdits ouvrages au fur & à mefure de leur avancement, & fur les billets de l'Ingenieur qui aura la principale conduite. Fait à... jour & an que deffus, figné l'Intendant, le Directeur & l'Entrepreneur.

Et à l'inftant ledit fieur... nous a prefenté pour caution la perfonne de Guillaume... demeurant à... lequel tant en cette qualité, qu'en celle d'affocié, s'eft obligé pour ce prefent, & s'oblige folidairement comme pour les propres deniers & affaires de Sa Majefté, & par les mêmes voyes que ledit Entrepreneur eft tenu. Fait lefdits jour & an que deffus. Signé l'Intendant de la Province & la caution.

Pour la conduite que les Ingenieurs doivent avoir avec les Entrepreneurs, il faut d'abord fe perfuader que comme les entreprifes ne fe font qu'en vûe du gain, on a befoin de toute fon attention pour empêcher que ce motif n'occafionne bien des mal-façons, ou de la négligence dans le travail. Ainfi pour y obvier, il eft du devoir de l'Ingenieur de n'épargner ni fes foins, ni fes peines, pour que toutes chofes foient faites dans l'ordre, & d'être toûjours prefent,

Liv. VI. DE LA MANIERE DE FAIRE LES DEVIS. 49

sent, autant qu'il est possible à tout ce qui s'execute. Les maçonneries sur tout demandent une presence actuelle, de même que la façon des mortiers, & le choix de l'emploi des pierres, il ne faut avoir sur cela aucune indulgence, les ouvriers se relâchent assez d'ailleurs. On doit aussi avoir beaucoup de regularité dans ses registres, dans la presse des attachemens, dans la distribution des témoins, dans l'acceptation des materiaux, & ne pas oublier de fixer la grosseur des bois avant que l'ouvrage se fasse, de crainte que l'Entrepreneur ne mésuse de la condescendance qu'on auroit de lui laisser employer à sa volonté, & qu'il ne multiplie mal à propos le nombre de cent de solives; abus qui n'est pas moins grand, & qui souvent n'est pas moins préjudiciable à l'ouvrage, que celui d'employer des bois trop foibles; il en est de même des ferrures & de plusieurs autres choses, qu'il seroit trop long de détailler.

D'un autre côté il ne faut pas non plus être inquiet, ni vetiller sans sujet; le bien du service veut que l'Entrepreneur s'execute, & qu'il n'épargne rien pour la bonté des ouvrages, mais il veut aussi que le même Entrepreneur trouve en travaillant bien, de quoi se dédommager de ses frais & de ses peines. Si cependant il a fait un mauvais marché, ou qu'il lui arrive dans le cours du travail des contre-tems fâcheux & inévitables, ce n'est point à l'Ingenieur à y entrer, l'Entrepreneur a la voye de representation à la Cour, comme cela est arrivé plusieurs fois; & quand il est bien fondé, il est comme assûré de trouver dans la bonté du Roy de quoi l'indemniser de ses pertes. Mais qu'on s'embarasse peu d'ailleurs des tons plaintifs qui sont assez ordinaires à ces Messieurs. Un Ingenieur qui sçait son métier, voit aisément ce qui est juste & raisonnable à faire, & pour peu qu'il prenne la peine d'entrer dans le détail de chaque chose, il connoît d'un coup d'œil à quoi il doit s'en tenir.

On demande s'il est plus avantageux de n'avoir à faire qu'à un seul Entrepreneur general, qu'à plusieurs qui seroient chargés de differentes especes d'ouvrages. L'un & l'autre peut avoir lieu, comme cela arrive quelquefois: cependant il convient mieux qu'un seul en soit chargé, & plusieurs raisons semblent autoriser mon sentiment.

1°. Quand tout est réüni dans la même personne, le travail se suit mieux, il survient moins de discussions & de faux-fuyans.

2°. Les interêts du Roy ne périclitent pas tant, & il est plus aisé de faire des recherches, si le cas y échoit.

3°. L'Entrepreneur general trouve toûjours lui-même des gens solvables & capables pour soutraiter avec lui; & enfin dans les diffe-

G

rentes manœuvres qui surviennent, on sçait d'abord à qui s'adresser, & sur qui cela doit rouler, sans être exposé aux mauvais procedés qui arrivent souvent, quand plusieurs Entrepreneurs s'en mêlent; ainsi il n'y a point à balancer dans ce choix, & il est même d'usage dans une grosse entreprise de donner le tout à celui qui est chargé des plus gros ouvrages, quand même il s'en seroit trouvé d'autres qui eussent détaché quelque chose; mais aussi l'Entrepreneur general ne peut exiger que le prix des mises qui auront été faites.

AVERTISSEMENT.

Voici le Devis des Cazernes de Bethune, relatif aux desseins de la trentiéme Planche, tel qu'il m'a été envoyé par M. Dartezay qui étoit alors Ingenieur en chef de cette Place. Comme ce Devis est fort ample & très instructif, on y trouvera quantité de détails, dont il n'a pas été fait mention dans les autres précedens. Il y a quelques endroits qui auroient eu besoin d'être retouchés pour rendre le stile plus net; & sans doute que M. Dartezay l'auroit fait avec plaisir, s'il avoit eu le tems de le repasser; mais comme l'Impression de mon Livre étoit fort avancée, quand je le lui ai demandé, c'est à moi qu'on doit s'en prendre, & non pas à lui. J'ajoûterai que ce Devis étoit accompagné d'un autre pour la Citerne qui a été construite sous le même Bâtiment, que j'ai supprimée, parce que rapportant celui de la grande Citerne de Calais, il étoi inutile de multiplier les êtres sans nécessité.

DEVIS ET CONDITIONS QU'OBSERVERONT les Entrepreneurs des Cazernes ordonnées à faire à Bethune.

Premierement.

Les terres pour les fondemens seront enlevées & posées dans les lieux indiqués, conformement aux alignemens & piquets de hauteur qui seront donnés, pour relever le terrain autant qu'il sera jugé convenir par l'Ingenieur-Directeur, ou celui en chef, pour remplir les trous, & mettre à hauteur les ruës qui y communiquent, afin de rendre le terrain bien uni, avec les pentes d'eau nécessaires, observant de les arrranger & dresser par lits dans toute l'étenduë qu'elles devront occuper, & de les bien battre avec des dames ou masses de bois; & s'il s'en trouve trop, l'Entrepreneur les fera porter hors la Ville aux endroits qui lui seront marqués; & quand il s'en trouvera de mal mises, il sera obligé de les ôter, & rétablir à ses frais. *Terres.*

Ces terres seront mesurées & reduites à la toise cube dans les lieux de leur déblai, & payées au pris de l'adjudication.

II.

L'excavation faite en profondeur suffisante, & le fond reconnu bon par l'Ingenieur, il sera applani bien de niveau; après que les alignemens auront été verifiés, on y commencera la maçonnerie en libage & gros moëlon jusqu'à un pied au dessous du rez, laquelle aura de largeur ou d'empatement, sçavoir, le pignon qui regarde la Ville, & la partie du mur de face qui regarde le rempart des deux bouts qui doivent butter les voûtes des écuries, cinq pieds huit pouces jusqu'à la premiere retraite; cinq pieds quatre pouces pour la deuxiéme, & cinq pieds en nette maçonnerie. *Maçonnerie des fondemens.*

Le pignon qui regarde le Château, trois pieds quatre pouces jusqu'à la premiere retraite, trois pieds pour la deuxiéme, & deux pieds huit pouces en nette maçonnerie.

Les murs de faces, trois pieds deux pouces jusqu'à la premiere retraite, deux pieds dix pouces pour la deuxiéme, & deux pieds six pouces en nette maçonnerie.

Ceux de refends qui doivent contenir les cheminées, & l'entrefends qui traverse en long les écuries dans le milieu du bâtiment au quartier des soldats, trois pieds jusqu'à la premiere retraite, deux pieds huit pouces pour la deuxiéme, & deux pieds quatre pouces, ou trois briques & demie de huit pouces en nette maçonnerie.

Les dix contreforts des cinq angles, de cinq pieds jusqu'à la premiere retraite, quatre pieds huit pouces pour la deuxiéme, & quatre pieds quatre pouces en nette maçonnerie.

Les autres murs qui font la cage des deux escaliers, de deux pieds quatre pouces jusqu'à la premiere retraite, deux pieds pour la deuxiéme, & un pied huit pouces, ou deux briques & demie en nette maçonnerie.

Le mur d'échiffe au quartier des soldats, d'un pied huit pouces jusqu'à la premiere retraite, un pied quatre pouces pour la deuxiéme, & un pied, ou brique & demie en nette maçonnerie.

Les deux murs d'entrefends pour le corridor au quartier des Officiers, deux pieds jusqu'à la premiere retraite, un pied huit pouces pour la deuxiéme, & un pied quatre pouces en nette maçonnerie.

Le mur qui separe le quartier des Officiers de celui des soldats, deux pieds jusqu'à la premiere retraite, un pied huit pouces pour la deuxiéme, & un pied quatre pouces ou deux briques en nette maçonnerie.

Et l'autre mur traversant les deux dernieres écuries, de trois pieds jusqu'à la premiere retraite, deux pieds huit pouces pour la deuxiéme, & deux pieds, quatre ou trois briques & demie en nette maçonnerie.

Les parties qui se trouveront plus basses que six à sept pieds, auront une augmentation d'épaisseur, à raison de quatre pouces par retraite sur deux pieds & demi de hauteur; & si l'on rencontre le sable boüillant, on diligentera les fondemens en les découvrant, lui donnant toute l'épaisseur, ou empatement qu'on croira nécessaire, qui sera toûjours réduit en nette maçonnerie aux épaisseurs dites ci-dessus jusqu'au plancher du premier étage.

Les murs des latrines seront de même construction que ceux des faces des bâtimens.

Puis après avoir élevé trois rangs de brique bien de niveau, faisant chaîne sur toute l'épaisseur de ces murs, & verifié de nouveau les alignemens & les angles, on y posera une graisserie servant de base en dehors, laquelle aura trois pieds de hauteur, où l'on laissera un chanfrain de deux pouces coupé en glacis, qui sera une retraite.

Liv. VI. DE LA MANIERE DE FAIRE LES DEVIS. 53

La même graisserie sera continuée en dedans des écuries pour la conservation des murs, il en sera pareillement des pilastres des angles, ou encoignures du rez-de-chaussée, qui feront un avant-corps de deux pouces de saillie; des pieds droits, ou jambages des fenêtres & portes, lesquels feront élevés jusqu'à la hauteur de sept pieds, observant les ébrasemens & battées suivant l'usage.

Les appuis des fenêtres, les seüils des portes en dehors, les premieres marches, feront aussi de grès d'une seule pierre, le tout proprement piqué conformement au modele du nouveau Pavillon de saint Prix; les marches de l'escalier au quartier des soldats aussi d'une seule pierre, feront débruties, & mises en œuvre à joints quarrés & recouverts; elles auront douze pouces de giron sur six de hauteur, à porter dans les murs de trois à quatre pouces de chaque côté, ce qui fera quatre pieds deux pouces de longueur totale ou environ, sans défauts, ni défectuosités vicieuses; après quoi l'on achevera de même façon les angles, les portes, les fenêtres, les cordons à chaque étage, les entablemens, & les souches des cheminées au-dessus des toits, en pierres blanches, ainsi que les ornemens qu'on laissera en attente de sculpture.

Le reste de la maçonnerie sera fait en brique depuis le dessus de la graisserie, ainsi que les voûtes des écuries, & celles des escaliers au quartier des soldats.

On gardera bien exactement les distributions des chambres & écuries, & les décorations suivant les desseins, plans & profils qui seront donnés à l'Entrepreneur, ainsi que les retraites, sçavoir, au premier étage, le pignon & la partie de mur de face, qui butteront les deux bouts des voûtes des écuries, seront réduits à la même épaisseur, & tout ainsi que les autres murs de même nature diminuent une demie brique, de sorte que les deux pignons auront seulement deux pieds quatre pouces, ou trois briques & demie d'épaisseur, les murs de faces deux pieds ou trois briques, ceux des cordons au quartier des Officiers, & à celui des soldats au dessus des voûtes des écuries; les murs qui font la cage des escaliers, & celui qui separe les deux quartiers, seront reduits à un pied ou une brique & demie depuis le premier étage jusqu'à leur hauteur totale.

Les murs de refends qui contiennent les cheminées, lesquelles seront dévoyées à côté l'une de l'autre dans l'épaisseur des murs du bas en haut, ne peuvent souffrir de réduction.

Tous les autres murs diminuëront de quatre pouces à chaque étage. Le bâtiment des latrines sera de même construction, & des dimensions des murs de face, dont les voûtes en plein ceintre auront les ouvertures nécessaires pour le passage des matieres, le fond pavé de grès avec une décharge dans la riviere.

Les chambre du rez auront onze pieds de hauteur, les autres des étages au dessus dix, non compris l'épaisseur des planchers, les galetas auront aussi dix pieds d'élevation jusques sous les entraits, tous lesquels planchers seront compassés, de sorte que l'appui des fenêtres & l'entablement se trouvent à trois pieds de hauteur au dessus tout au plus.

Les murs du dedans en general seront élevés bien à plomb; & ceux qui font face, auront environ un pouce & demi de fruit en dehors.

Qualité des materiaux. Les materiaux pour la construction de ces choses, seront bons, bien choisis, conditionnés, & de l'échantillon ordinaire, les blancs ou gros libages pour les fondemens, provenans des carrieres de la Bussiere ou de Barloüin, tirés au moins d'un an, en bonne saison, il en sera de même des grès dont les boutisses dans les murs auront dix-huit à vingt pouces de queuë, espacés de trois en trois pieds de milieu en milieu en dedans & en dehors alternativement, & les paneresses ou carreaux dix à douze.

Les pierres de taille pour les pilastres des angles, les pieds droits, les ouvertures, les cordons, les entablemens, les fenêtres du galetas, & les ornemens des souches des cheminées, seront aussi tirées au moins d'un an, en bonne saison, ayant été exposées aux injures de l'hyver, bien éboussinées jusqu'au vif, en sorte qu'il n'y reste ni fil, ni moye, ni veines jaunes, proprement taillées & ragrées au fer suivant les panneaux & desseins qui enseigneront aussi les saillies qu'elles devront avoir.

Les briques seront toutes de même échantillon ordinaire, bien cuites & bien conditionnées, dont on choisira les plus belles pour les paremens, posées en bain flotant de mortier, de même que les pierres de taille, avec attention de les placer dans leur lit, ainsi que la graisserie, le tout par assises égales de niveau & en liaison, bien & dûement frottées, reparées & dans les joints, recirées au fer à mesure que le travail avancera, observant de les bien appareiller; principalement les pierres de taille, & les graisseries jointoyées au mortier de cendrée.

Dans les grandes chaleurs on aura soin de moüiller en employant chaque brique, afin qu'elles ne refusent pas le mortier.

L'Entrepreneur ne commencera à travailler à tous ces ouvrages, qu'après que les attachemens des fondemens lui auront été marqués par l'Ingenieur.

LIV. VI. DE LA MANIERE DE FAIRE LES DEVIS. 55

Cette maçonnerie sera mesurée & réduite à la toise cube pour les fondemens, & celle au-dessus à la toise quarrée d'une brique d'epaisseur suivant l'usage du lieu, toisée tant plein que vuide, sans rien diminuer des ouvertures.

La graisserie comptée au cent de pieds quarrés, mesurée paremens vûs pour la taille ainsi que les pierres blanches.

Les appuis des fenêtres & les marches à la piece, mises en place, lesquelles choses seront payées au prix de l'adjudication.

III.

Le mortier qu'on employera pour toutes ces maçonneries, sera composé d'un tiers de chaux vive de bonne qualité & cuisson, sans biscuit, & non éventée, bien éteinte, & de deux tiers de sable pur du meilleur des environs, criant à la main; il sera dosé en presence d'un Ingenieur, & on ne l'employera que trois jours au moins après qu'il aura été bien battu, conroyé & broyé de façon qu'on ne puisse plus distinguer la chaux d'avec le sable; & que l'un & l'autre étant confondus ne fassent plus qu'un même corps.

Celui dont on se servira pour les grès en paremens, encognures & autres, sera composé d'un tiers de chaux vive, & de deux tiers de bonne cendrée, façonné comme il vient d'être dit, n'y mettant qu'une fois de l'eau; puis étant rebattu pendant plusieurs jours, il sera employé tout frais battu autant que faire se pourra.

IV.

Le pavé de grès pour la ruë qui communique à ces Cazernes, pour la bande qu'on se propose tout autour, celui des cours, &c. sera du meilleur du pays, d'une dure & bonne qualité; il aura six à sept pouces de tête sur huit à neuf de queuë, de figure presque cubique, & les bordures de dix-huit pouces sur huit à neuf de large, & au moins douze de long, seront de même quarré sur les deux bouts; il sera appareillé & par routes égales, en liaison, sur un lit ou forme de sable de neuf pouces de hauteur, battu & affermi au refus de la damoiselle, observant les pentes & bombages qui seront reglés.

La même chose se pratiquera pour le pavé à relever, & ils seront tous mesurés à la toise quarrée, payés au prix de l'adjudication, bordures comprises.

V.

Toutes les charpentes qui se trouveront à faire pour la construction de ces Cazernes, seront executées suivant le memoire ci-joint, & les desseins qui seront donnés à l'Entrepreneur pour les longeurs, façons & positions des bois, qu'il suivra de point en point, sans y pouvoir rien changer; tous lesquels bois seront bien sains & secs, coupés au moins de deux ans, & abbatus en bonne saison, à vive arête, à l'exception des sommiers ausquels on pourra laisser deux petits chanfrains d'un pouce & demi aux angles du dessous, les posant toûjours de cant, & leur bombage en dessus, mais les angles du dessus à vive arête; toutes lesquelles charpentes sans aubier, capelures, ventelures, ni mauvais nœuds, seront mises en œuvre, assemblées à abreuvement; tenons & mortoises avec toute la justesse, solidité & propreté possible, & bien chevillées; & au cas que l'Entrepreneur livre des pieces plus grosses, elles ne lui seront mesurées que suivant lesdits desseins & memoires.

L'Entrepreneur sera obligé de faire à toutes les marches massives de l'escalier au quartier des Officiers, une astragale avec une moulûre poussée de deux pouces, & de faire aussi tourner au tour, suivant un dessein approuvé pour servir de modéle, les poteaux & potelets qui y seront employés.

Les premiers limons des deux escaliers au même lieu seront placés sur chacun une marche massive d'épaisseur & longueur suffisante pour être arondie en dehors; dans tous lesquels limons en general on assemblera ces marches, & ils n'auront d'autres ornemens que l'arête du dessous arondie entre deux petites moulûres.

MEMOIRE POUR SERVIR A LA DISTRIBUTION
des bois employés aux Cazernes de S. Jor, détaillés par étage.

Les Bois du Rez.

	Grosseurs.
Les supports mis en attente dans les murs pour porter les auges des écuries,	8. & 4.
Idem. Ceux du dessous des auges,	6. & 4.
Idem. Ceux pour les rateliers,	4. & 4.
Les pieces de bois, ou linteaux encastrés dans les murs des huit chambres d'Officiers, pour servir de porte-manteaux,	6 & 4.
Les madriers du dessus des portes en dedans,	10. & 4.

Ceux

Liv. VI. DE LA MANIERE DE FAIRE LES DEVIS.

Ceux des fenêtres aussi en dedans. 27. & 4.

LE PREMIER ETAGE. *Grosseurs.*

Les huit sommiers des chambres d'Officiers, 12. & 10.
Les semelles ou coussinets sous ces sommiers, 6. & 4.
Les soliveaux des chambres d'Officiers & ceux du coridor, 6. & 4.
Les autres soliveaux qui portent les jambages des cheminées, 8. & 6.
Les cours des plattes formes pour servir de tirans ancrés dans les murs à chaque étage, 6. & 4.
Les linteaux encastrés dans les murs des deux quartiers à chaque étage, pour servir de porte-manteaux, 6. & 4.
Les madriers au dessus des portes en dedans, 9. & 4.
Ceux au dessus des fenêtres des deux pignons, 17. & 4.
Les appuis des mêmes, 6. & 4.
Les madriers du dessus des autres fenêtres, 11. & 4.
Les appuis des mêmes, 6. & 4.
Les pieces de bois qui traversent les murs de refends, pour porter sur les jambages les ceintres des cheminées, & servir à tenir les chambranles, 4. & 4.
Les chassis des portes au quartier des soldats, 14. & 6.

LE DEUXIE'ME ETAGE.

Les huit sommiers du quartier des Officiers, & neuf à celui des soldats, 12. & 10.
Trois autres dans la premiere chambre joignant la citerne, & celle dans l'angle qui la suit, 14. & 12.
Les semelles ou coussinets pour les mêmes, 6. & 4.
Les soliveaux pour les hausses des escaliers au quartier des Officiers, & ceux qui portent les jambages des cheminées aux deux quartiers, 8. & 6.
Les autres soliveaux des planchers des deux quartiers, 6. & 4.
Les pieces traversant les murs de refends, pour porter les ceintres des cheminées aux deux quartiers, 4. & 4.
Les chassis des portes au quartier des soldats, 14. & 6.
Les madriers pour le dessus en dedans des fenêtres des pignons, 13. & 4.
Ceux des appuis des mêmes, 6. & 4.
Les madriers pour le dessus en dedans des autres fenêtres, 8. & 4.
Les appuis des mêmes, 6. & 4.

H

Les madriers du dessus des portes des chambres d'Officiers en dedans, 6. & 4.

LE TROISIE'ME ETAGE, OU GALETAS.

Grosseurs.

Les huit sommiers du quartier des Officiers, & quatre aux chambres du côté du pignon qui regarde la Ville, à celui des soldats, 12. & 10.

Dix-huit autres sommiers aux chambres du pan coupé, & autres le long de la face qui regarde le rempart, & ceux qui soutiennent la mansarde, 14. & 12.

Les femelles ou coussinets en general, 6. & 4.
Les soliveaux pour les hausses des escaliers, 8. & 6.
Ceux pour porter les jambages des cheminées aux deux quartiers, 8. & 6.
Les autres pour les planchers des deux quartiers, 6. & 4.
Les pieces traversant les murs pour porter les manteaux des cheminées des deux quartiers, 4. & 4.
Les chassis des portes au quartier des soldats, 14. & 6.

LE COMBLE ET LE PLANCHER EN DESSOUS.

Cours de pannes de brisis, 12. & 6.
Les goussets, ou enraînures des angles, 10. & 8.

* Les entraits portent sur les deux murs du coridor, car autrement il leur faudroit plus de grosseur.

Les jambes de force, les blochets, les entraits*, ceux des croupes, les arbalêtriers ou petites forces, les poinçons, les coliers ou enraînures, les arêtiers sur les angles du faux comble, sur la panne de brisis, les soliveaux ou gîtes des escaliers des deux quartiers, ceux servant de lissoirs le long des souches des cheminées, & qui portent les planchers des deux quartiers, 7. & 6.

Cours des sablieres ou plattes, 10. & 4.
Cours d'autres sablieres sur l'entablement, pour porter les coyaux au comble des fenêtres, 6. & 4.
Cours de pannes, ou ventrieres au faux comble, sur deux rangs de chaque côté, 6. & 4.
Cours de faîtes & sous-faîtes, 6. & 4.
Les pieces d'entre-toises faisant les croix de saint André entre les faîtes & sous-faîtes, les liens ou braçons des fermes & autres, les plattes-formes ou coussinets pour toutes les pieces qui portent sur les murs, 6. & 4.
Les pieces qui portent les jouës des fenêtres du troi-

LIV. VI. DE LA MANIERE DE FAIRE LES DEVIS.

fiéme étage, ou galetas, 8. & 4.
Les montans, & les petites pannes, & les appuis des petites fenêtres des greniers, 6. & 4.
Les ceintres qui font le devant des mêmes, 10. & 4.
Les deux chaſſis des portes des greniers ſous le faux comble, 9. & 5.

LES DEUX ESCALIERS AU QUARTIER DES OFFICIERS.

Les limons, & les patins ſous les deux premiers limons, 10. & 5.
Les cent ſoixante & quatre marches maſſives coupées en triangle rectangle, réduites à 13. & 4.
Les ſeize pieces traverſant la cage des eſcaliers à l'endroit des palliers & au haut de chaque étage, pour porter & appuyer les limons, 10. & 8.
Les trente-deux grands poteaux, 5. & 5.
Les deux cens huit potelets tournés, compris ceux au devant des fenêtres, 4. & 4.
Les cours d'apui des eſcaliers, & au devant des fenêtres, 5. & 4.
Les ſolles au devant des mêmes fenêtres pour porter les potelets, 5. & 4.
Les ſoliveaux des palliers & autres, 6. & 4.

BOIS D'ORME AU QUATRIEME PLANCHER, ET AU COMBLAGE.

Les ſoliveaux des chambres des deux quartiers & des corridors, 6. & 4.
Les chevrons, les coyaux, le comblage des fenêtres des galetas, & celui des petites lucarnes, 4. & 3.
Les ruelles ou linteaux aux mêmes fenêtres, 3. & 2.

Cette charpente ſera toiſée pour être réduite au cent de ſolives ſuivant l'uſage, & payée, ſçavoir le bois de chêne ordinaire à un prix, celui des ſommiers de dix pouces d'équarriſſage & au deſſus, à un autre, à cauſe de leurs longueurs & groſſeurs, & les bois d'orme des combles auſſi à un prix particulier; les rateliers des écuries égaux à ceux des Cazernes de ſaint Prix, à la toiſe courante, moyennant quoi l'Entrepreneur ſera tenu à tous les ornemens ordinaires de la charpente, & au rétabliſſement de toutes ouvertures dans les

H ij

murs & dégradations qu'il sera obligé de faire pour placer ces bois, ou qui surviendront par mal-adresse.

VI.

Les planchers des mangeoirs dans les écuries, ceux des chambres, des grandes portes d'entrées, de celles des écuries, &c. seront de bonnes planches d'un pouce franc d'épaisseur, bien séches, sans défauts, ni nœuds vicieux, mises en longueur pour porter sur les gîtes, de la même qualité de bois qu'il est dit ci-devant, bien jointes & équarries, de sorte que les bouts de deux planches couvrent chacune en se joignant, la moitié d'un soliveau, parées & rabottées des deux côtez, s'il est besoin, assemblées à languette & raînure pour les portes, & à joints recouverts d'un quart de pouce au moins pour les planchers, attachées chacune avec de bons clous sur chaque gîte ou soliveau, de longueur convenable, en quantité suffisante, & enfoncés à tête perduë.

Cet ouvrage sera payé à la toise quarrée, le chêne neuf à un prix, & le bois blanc à un autre, les clous, chevilles, & generalement tout ce qui en dépendra, compris.

VII.

La menuiserie qui consistera particulierement en trente-deux portes au quartier des Officiers, les chambranles des cheminées au même lieu, quatre-vingt quatorze croisées aux deux quartiers, les armoires, &c. sera d'un bois de chêne choisi, bon & bien sec, de cinq ans au moins, & des qualités expliquées à l'article 5. de la Charpente, le tout bien uniformement executé suivant les desseins; sera payé à la piece, les portes des chambres d'Officiers à un prix, celles des écuries & chambres des soldats à un autre, les fenêtres à un autre, les chambranles ou bas des cheminées aussi à la piece, & le reste à la toise quarrée.

VIII.

Les plafonds des galetas seront faits de lattes de cœur de chêne, solidement clouées aux gîtes ou soliveaux, sur lesquelles on appliquera deux couches de mortier, la premiere composée d'argile avec un huitiéme de chaux vive, dans laquelle on mêlera de la bourre qu'on aura eu soin de bien battre pour en ôter la poussiere, reprise & renduë unie par dessous; la seconde sera aussi de chaux

Liv. VI. DE LA MANIERE DE FAIRE LES DEVIS. 61

feulement bien éteinte, coulée, & de bourre blanche battuë en quantité fuffifante, le tout broyé enfemble; obfervant de faire ces mortiers trois ou quatre jours avant que de les employer, & de mettre la feconde couche après que la premiere aura été reconnuë fuffifamment féche, fans l'être trop, afin que les deux couches faffent union enfemble.

Cette deuxiéme couche fera proprement cirée & polie à la truelle jufqu'à ce qu'elle ne puiffe plus fendre, pour enfuite être lavée deux fois avec la broffe d'un lait de chaux vive mêlé de petit bleu.

Cet ouvrage fera mefuré & payé à la toife quarrée, tout compris.

Les enduits des chambres & autres feront executés avec les mêmes mortiers & de même façon que les précedens, ayant attention de bien moüiller les paremens pour la premiere couche.

Ils feront auffi payés à la toife quarrée.

I X.

Les carreaux de terre que l'on employera dans les chambres, feront bons, bien cuits, & de même échantillon, de cinq à fix pouces en quarré; ils feront pofés fur une forme de terre graffe d'environ un demi pouce d'épaiffeur, en ligne droite, & en liaifon, fur une couche de mortier égal à celui des maçonneries, bien de niveau, pour être auffi mefurés & payés à la toife quarrée.

X.

La couverture d'ardoife d'Angleterre fera bonne, noire, luifante, & ferme, recoupée fur trois côtez, bien appareillée, pour être pofée au tiers de pureau, ou de fa hauteur, d'alignement, à joints recouverts, clouée de trois bons clous chacune, fur un plancher de bois blanc d'un pouce d'épaiffeur, & des qualités dites à l'article 5. & 6. lefquelles planches auront été bien alignées pour être ajuftées & jointes enfemble fans intervalle, attachées avec trois bons clous fur chaque chevron.

L'Entrepreneur en fera payé à la toife quarrée, plancher & toutes autres fournitures comprifes, mefurées tant plein que vuide pour les fenêtres & autres ouvertures des toits, dont il ne pourra prétendre d'augmentation, non plus que pour les bordures.

X I.

La plomberie au comble de ces Cazernes, aura fur l'enfaîtement une ligne un quart d'épaisseur sur dix-huit pouces de largeur, qui feront neuf pouces de chaque côté, arrêtée avec des crochets de fer de quatre à la toise, ou de pied & demi en pied & demi de distance; il en sera de même des enfaîtemens des fenêtres des galetas, & de celui qui doit en couvrir ou en revêtir le dessus de la maçonnerie.

Le plomb des enfaîtemens des lucarnes aura quinze pouces de large sur une ligne d'épaisseur.

Celui des noquets pour les nouës, & le long des souches des cheminées, de même épaisseur sur neuf pouces de large.

Le plomb pour revêtir les cordons ou la panne de brisis, aura aussi une ligne d'épaisseur sur douze pouces de large, afin de recouvrir quatre pouces au moins partie du premier rang d'ardoise au dessous de la brisure.

Le plomb des arêtiers aura aussi une ligne d'épaisseur sur douze pouces de large.

Celui qui couvrira le pan coupé du côté de la cour, aura pareillement douze pouces de large sur une ligne au moins d'épaisseur.

Le plomb des chaîneaux pour recevoir les eaux sous l'entablement, aura dix-huit pouces de large sur une ligne & demie d'épaisseur, arondis & couverts vis-à-vis les fenêtres des galetas, pour empêcher les ordures que les soldats y pourroient jetter; ils auront un pouce de pente par toise, soutenus par des crochets de fer de pied & demi en pied & demi, afin de les conduire sous l'aplomb des citernaux.

Le plomb des bavettes ou larmieres, par dessus ces chaîneaux & l'entablement, aura trois quarts de ligne d'épaisseur.

Le plomb des descentes dans les citernaux & pour les pompes, de trois pouces de diametre sur deux lignes d'épaisseur, sera attaché à la muraille avec des colliers de fer qui puissent s'ouvrir au besoin.

Tout lequel plomb sera du meilleur que l'on puisse trouver, loyal & marchand, coulé en tables bien unies, soudé avec étain fin à l'ordinaire; il sera pesé au poids de la Ville, & payé au quintal, soudure comprise.

XII.

La ferrure dont on distinguera de deux sortes.

Le gros fer neuf comprend tout ce qui sera employé en gros ouvrages, comme les anneaux en dehors qui seront mis dans les murs de face en bâtissant pour le besoin des Cavaliers, les cinq chaînes qui traverseront en long d'un bout à l'autre dans les dix écuries à hauteur de la naissance des voûtes, sçavoir, sur les deux murs de face, sur le mur d'entrefends, & le milieu des écuries, celles en large sur les cinq mur de refends au même quartier, & ceux des deux bouts; lesquelles chaînes auront un pouce & demi en quarré, ancrées à demie brique des paremens des murs, avec des clefs de même grosseur de quatre à cinq pieds de longueur, bandées au moyen des talons ou crochets faits exprès aux forges, forts & bien soudés à chacune de ces chaînes, compassés pour être au milieu de chaque mur, & d'un coin long d'un pied avec quelques autres petits frappés à chaque endroit entre deux de ces talons ou crochets à force avec un gros marteau, ayant attention de ne faire cette derniere operation, que quand les maçonneries du dessus qui les enfermeront, auront été élevées de cinq à six pieds, même davantage pour les mieux contenir, & de laisser à chaque jonction de ces talons un intervale suffisant pour frapper ces grands coins & petits déja placés, jusqu'à ce que l'on voye la chaîne suffisamment tenduë, car il seroit dangereux de passer outre.

Les autres ancres, molles, bandes, ou plates formes à chaque étage, en bois de chêne dont on a parlé à l'article 5. gonds, crochets, pentures des grandes portes, éguilles des Fleurs de lys, & le reste, lequel sera de bonne qualité, doux, pliant, sans paille, d'un grain fin, clair & pressé, non cassant, & bien forgé suivant les instructions qui seront données, proprement travaillé & mis en œuvre.

Le fer à la lime & d'un grain plus fin & plus pressé, sujet à être limé, devra être travaillé & des qualités dites ci-dessus; il consistera en petits boulons, verroüils à ressorts, gâches, targettes, crochets & équerres des combles, la ferrure des trente-deux portes des chambres d'Officiers, composée chacune de deux pentures, une serrure à tour & demi avec la clef, garnies differemment les unes des autres, un glissoir & un bouton accompagné de sa rosette pour les ouvrir & fermer; les trente du quartier des soldats aussi de differentes garnitures, & celles des dix portes des écuries qui seront à tour seulement, ayant toutes chacunes deux gros verroüils plats ou targettes en dedans.

Les portes des vestibules auront mêmes garnitures, mais plus fortes, afin de mieux résister, sans oublier un crochet à chaque venteaux, afin de les tenir ouverts.

La ferrure des croisées au quartier des Officiers, consistera en six pentures à charnieres, deux verroüils plats, l'un en haut plus long que l'autre en bas, six pattes & un bouton; celle des fenêtres du quartier des soldats, & des écuries, sera de même qualité; desquelles ferrures des portes & fenêtres il sera fait un modéle, qui après avoir été bien examiné & approuvé, servira pour l'adjudication à la piece de chacune de ces ferrures, que l'Entrepreneur sera obligé de mettre en place où on lui indiquera; fournira les clous necessaires à cette fin, qui pour les autres ouvrages, seront pesez avec le reste.

Ces deux sortes de fers seront pesez au poids de la Ville, & payez au quintal, compris toute main d'œuvre, mais à prix differens, la ferrure entiere des portes à la piece, ainsi que celle des croisées, tout compris.

XIII.

La vitrerie pour les croisées sera de verre de France bien blanc & uni, sans pailles ni boudines, mis en plomb tiré d'un tiers de pouce de largeur pour l'encastrement des carreaux, & la facilité de les remplacer lorsqu'ils sont cassez, proprement travaillez, suivant les desseins qu'on donnera.

Il sera mesuré au pied quarré de douze pouces, les verges de fer comprises, que l'Entrepreneur fournira à chaque rang de carreaux, en grosseur suffisante pour bien affermir chaque panneau, & les soutenir contre les plus grands efforts du vent.

XIV.

La peinture d'impression à l'huile pour les portes d'entrées, celle des écuries, les croisées en dehors, la panne de brisis, les lucarnes de bois, & le reste, sera mise en couleur de bois, imprimée de deux couches composées de blanc de cereuse, mêlée d'ocre jaune, ou de telle autre couleur que l'on jugera convenir, de la meilleure, & broyée avec de l'huile de lin, dont la seconde couche ne se mettra que lorsque la premiere sera bien seche.

Cet ouvrage sera mesuré, réduit & payé à la toise quarrée.

XV.

Les trois Fleurs de lys à quatre angles pour les deux coupes, & le milieu de l'équerre de ces cazernes, seront de cuivre jaune, de quatre pieds & demi de hauteur, non compris le globe qui en fera la base; on les executera suivant le dessein, & conformement au modele, en carton qui en a été dressé, bien soudées, & en
outre

outre clouées de clous auſſi de cuivre, rivés de diſtance à autre, pour enſuite être dorées, & poſées dans une éguille de fer qui les traverſera d'un bout à l'autre, ſans bleſſer le métal, compaſſant ſa groſſeur au vuide du collet de ces Fleurs de lys, dont le pied ſera cloüé ſur le bois du comble, & recouvert par le plomb des enfaîtemens.

XVI.

CONDITIONS GÉNÉRALES.

Les Entrepreneurs ſe conformeront aux termes du preſent Devis, & ne pourront commencer aucun travail de quelque nature qu'il puiſſe être, qu'auparavant il n'ait été tracé, alligné & ordonné par M. le Comte de Vauban, Directeur des Fortifications de cette Province, ou en ſon abſence par l'Ingenieur en chef de la Place; & au cas qu'il ſe trouve pendant le cours & après l'achevement du travail quelques mal-façons de leur part, ils ſeront tenus de le refaire à leurs frais, ſans pouvoir prétendre d'être dedommagez: tous leſquels ouvrages ne leur ſeront comptez qu'une fois ſeulement, & payés au prix de l'adjudication qui en aura été faite chaque année.

Les Entrepreneurs ſe fourniront ſans exception de tous les materiaux, outils, échaffauts, ceintres des voûtes, & autres choſes neceſſaires pour l'entiere & parfaite execution de leur entrepriſe, employant le nombre d'hommes ſuffiſant, & qui leur ſera ordonné pour diligenter le travail, afin qu'il ſoit fait en bonne ſaiſon; & au cas de retardement, il en ſera mis à leurs frais, autant qu'il ſera jugé neceſſaire : ſuivront en tout les ordres qu'ils recevront, & les deſſeins qui leur ſeront donnez, n'employant que des materiaux conditionnez comme il eſt dit, qui ſeront ſujets à verification & reception, rejettant tous ceux qui ne ſe trouveront pas des qualités & dimenſions requiſes au preſent Devis, & ne pourront prétendre leur entier & parfait payement qu'après l'achevement & reception d'iceux, qu'ils garantiront pendant un an, à compter du jour qu'ils auront été reçus, & pour ſureté de l'execution d'iceux & des deniers du Roy, qu'ils recevront à compte à fur & à meſure que le travail avancera; ils donneront bonne & ſuffiſante caution.

S'il ſurvient quelque ouvrage extraordinaire & imprévû pendant le cours de l'année; les Entrepreneurs ſeront obligez de le faire par continuation du prix de chaque nature dont ils ſeront convenus ; & si reciproquement on trouvoit à propos de changer, retrancher, ou différer à une autre année quelqu'un de ceux qui sont ordonnez, les Entrepreneurs ne pourront en prétendre aucun dédommagement.

Ils feront transporter toutes les décombres provenantes des constructions ou démolitions de leurs ouvrages, aux lieux qui leur seront indiquez ; & si quelqu'un manque d'avoir achevé son entreprise par negligence, à la fin du mois de Septembre prochain, il sera condamné à une amende proportionnée au travail dont il aura été chargé.

Bien entendu qu'encore que le present Devis comprenne ce qui doit entrer dans la construction totale de ces Cazernes, il ne pourra cependant servir à cette fin, que pour la consommation des fonds qui seront ordonnez chaque année.

Chaque Entrepreneur sera tenu au dédommagement des proprietaires sur les heritages desquels il prendra ou voiturera les materiaux de gré à gré, ou suivant l'estimation qui en sera faite par deux Experts nommez de part & d'autre ; & si il arrive quelques difficultez entre les Entrepreneurs, ou entr'eux & leurs cautions, comptes & décomptes, qui ayent rapport directement ou indirement à l'execution de leurs ouvrages, & que tout ne soit pas assez clairement expliqué par le present Devis, ils se conformeront sans appel à ce qui sera reglé par le Directeur des Fortifications, ou en son absence par l'Ingenieur en chef ; & ils ne pourront sans leur consentement, rendre leurs ouvrages par sous-entreprises, ni s'associer.

Fait à Bethune le vingt-deux Mars mil. sept cent vingt-deux,
    D'ARTEZAY, Ingenieur en Chef.

Quand on fera des Devis, il est à propos de lier les Entrepreneurs, autant qu'il est possible, ainsi qu'on vient de le voir dans les conditions précedentes, afin de prévenir toutes les contestations, & les relâchemens auxquels la plûpart sont assez sujets.

Voici un Devis qui pourra servir de formulaire pour les Magazins à Poudre ; il vient de M. de Muz, Directeur des Fortifications, qui a bien voulu prendre la peine de le composer exprès pour me faire plaisir.

DEVIS POUR LA CONSTRUCTION D'UN
Magazin à Poudre très-solide, de dix toises de longueur fur quatre de large.

Premierement.

PLacer autant que faire fe pourra le Magazin dans un lieu le plus fec, le plus à couvert, & le moins expofé au front des attaques, non plus que fes portes & fenêtres au vent d'Oüeft.

II.

Après que l'Ingenieur en Chef aura diftribué le Plan, Profil & le Devis aux Entrepreneurs, & tracé tout l'interieur des murs, on marquera la largeur de la foüille des terres pour la fondation jufques au bon, vif & folide fond, que nous fuppofons ici de fix pieds de profondeur feulement, & plus ou moins bas s'il en eft neceffaire, fur la largeur de huit pieds dans le fond pour les longs côtez, bien mis de niveau, & les terres coupées à plomb, & étrefillonnées pour qu'il ne s'y faffe point d'éboulement.

III.

Enfuite on pofera de gros moilons ou libages, avec des bons lits, & joints à fec, & on maçonnera au deffus avec pareille matiere en bon mortier, jufques à deux pieds trois pouces de hauteur, bien arafée de pied en pied; après quoi on pofera au deffus une chaîne de deux affifes de briques, traverfant toute la largeur du mur, dont la feconde fera en boutiffe par les deux extremités, & fur laquelle on fera retraite de trois pouces de part & d'autre : on recommencera a élever encore deux pieds trois pouces en moilon, faifant parement bien dreffé & à plomb tant fur le devant que fur le derriere, en forte que l'achevement de toute la hauteur defdits fix pieds, ainfi que de toutes les fondations, foit qu'elles ayent plus ou moins de profondeur, foient terminées par cinq affifes de briques, dont la derniere fera auffi en boutiffe, pour avoir neuf pouces de retraite fur le devant, trois fur le derriere, & réduire les murs des longs côtez à fept pieds d'épaiffeur.

I ij

IV.

On fondera auſſi en même tems, & auſſi bas les piliers buttans, & les murs de face ſous les deux pignons, en y obſervant toutes les bonnes façons, liaiſons & cimetries que ci-devant ; le tout poſé en bon mortier ordinaire, compoſé d'un tiers de bonne chaux éteinte toute vive, & deux tiers du meilleur ſable bien battu, démêlé & corroyé, en ſorte qu'il ne faſſe plus qu'un même corps, & mis en œuvre ſeulement vingt-quatre heures après, & le rabottant & corroyant tout de nouveau, ſans y mettre de l'eau que la premiere fois.

V.

Leſdits piliers buttans auront chacun quatre pieds ſix pouces de larges, ſur ſix pieds ſix pouces de queuë en fondation, réduit enſuite à cinq pieds ſix pouces, & quatre pieds au nœud de leurs paremens, pour avoir deux retraites de trois pouces chacune.

VI.

Les fondations des deux pignons auront chacune cinq pieds de large, & le mur réduit à quatre pieds, à cauſe des retraites du devant & du derriere ; le tout conſtruit en même tems pour faire meilleure liaiſon.

VII.

Si le fond du terrain ſe trouvoit tendre, foible ou douteux, après l'avoir ſondé avec la ſonde à tarriere, on le fortifiera par une grille de charpente de bois de chêne, compoſée de longrines & racinaux de dix pouces quarrés aſſemblée par entailles à queuë d'aronde aux extremités par le devant & le derriere, & tenuës en raiſon avec des bonnes chevilles de fer ébarbellées, enfoncées à tête perduë, après quoi les araſer de moilon ou libage, comme il eſt dit ci-devant.

VIII.

Que s'il y avoit plus de précaution à prendre, il faudroit couvrir toute la ſuperficie de ladite grille, par un plancher de madriers de bois de chêne de ſix pouces d'épaiſſeur, ſur huit, dix & douze de largeur, bien joints l'un contre l'autre, les laiſſant déborder de deux ou trois pouces ſur le devant & le derriere de la fondation, avec une espece de mentonnet, ou bien un hurtoir pour contenir le premier moilon ou libage posé à sec, & l'empêcher de glisser au vuide lorsqu'il seroit chargé.

IX.

Piloter même au dessous de la grille, s'il en étoit necessaire, pour plus de solidité & de sureté, & cela fait selon l'usage du pilotage dont nous ne faisons point le détail.

X.

Toutes ces fondations mises à leur hauteur, on fera courir le niveau tout au tour, après quoi on établira les murs au-dessus, selon les largeurs ci-devant spécifiées, donnant un peu de fruit au parement exterieur, c'est-à-dire, deux ou trois lignes par pied, & le parement interieur bien monté à plomb ; ensuite on posera d'abord cinq assises de pierres dures, non gelisses, ou de graisserie, en tous les paremens exterieurs, dont les carreaux auront dix à douze pouces de face, sur neuf à dix de queuë à joints quarrez & d'équerre ; & de trois en trois carreaux on placera une boutisse à tête quarrée, sur dix-huit à vingt pouces de queuë ; le tout bien essemillé & équarri ; observant que lesdites boutisses ne doivent pas être mises l'une sur l'autre dans les assises au dessus, mais en quinconche ou en échiquier, avec des coins à tous les angles, & aux pieds droits des portes & fenêtres ; le tout en bon mortier de ciment, composé d'un tiers de bonne chaux vive, & de deux tiers de poudre de vieux tuilots, bien pulverisé & passé au tamis, battu, demêlé & corroyé, en sorte qu'ils ne fassent plus qu'un même corps, fait de quinze jours avant que de le mettre en œuvre, pendant lequel tems on le rebattra de nouveau à plusieurs reprises avec la batte de fer, dans un petit bassin ou auget d'un pied quarré fait exprès, avec des planches par les côtez, & un gros madrier dans le fond, & toujours sans y mettre de l'eau que la premiere fois.

XI.

Et comme la plûpart des pierres, & sur tout celles de graisserie, sont fort susceptibles d'impression de la gelée, à cause de la nature de leurs pores ; il faut que le derriere desdites cinq assises,

soit rencontré & maçonné au moins avec deux briques en boutisses, posées en mortier ordinaire.

XII.

Tous les paremens interieurs desdits murs feront de bonnes briques bien cuites & bien moulées, faits par plombées de cinq af-
sises, faisant ensemble un pied de hauteur, y compris le mortier,
dont la premiere aura trois briques & demie, la seconde trois briques, la troisiéme deux briques & demie, la quatriéme deux briques, & la cinquiéme une & demie, afin d'observer une bonne
liaison, & l'intervalle entre lesdites briques, & celles qui ont garni
le derriere de la graisserie, seront maçonnées en mortier posés à
la main, pressés du talon du marteau, en bon moilon ordinaire,
en sorte qu'il souffle de toutes parts, & arasé à chaque pied de
hauteur.

XIII.

Au dessus des cinq assises de graisserie, on fera parement de
briques par plombées, comme ci-devant, & l'entre-deux maçonné en moilon, observant que le dehors & le dedans montent
également, & en même tems avec des coins de grès retournés en
liaison à tous les angles posés en mortier de ciment.

XIV.

Les longs côtez seront élevez de même jusqu'à cinq ou six pieds
plus ou moins, selon le besoin, après quoi ils seront terminez par
cinq assises de briques, traversant d'un parement à l'autre pour
recevoir la naissance de la voûte, dont la derniere assise sera posée par précaution en doüelle & coupe de voussoir, selon le ceintre de la voûte, pour éviter le défaut des cales ou gros mortier
que les Maçons mettent mal à propos sous la premiere brique
qu'ils posent, pour racheter la retombée du ceintre ; le tout à
petits joints, & à petits lits, sans faire de trop gros mortier.

XV.

La voûte sera faite en plein ceintre, comme la plus solide, de
trois pieds & demi d'épaisseur au moins, toute de bonnes briques choisies, bien cuites & bien moulées, frottées & dressées à

Liv. VI. DE LA MANIERE DE FAIRE DES DEVIS. 71

la main l'une contre l'autre, posées à petits joints en bon mortier, fans grumeaux, ni grains de fable, très-bien & également ceintrées dans toute fa longueur & largeur ; tous les materiaux choifis & bien appareillés, c'eft-à-dire, des voufloirs pendans & clavaux conditionnés, & taillés exprès, fi c'eft de pierres.

Mais fi c'eft de briques, comme la meilleure matiere à ce fujet, il faudra d'abord les bâtir par une brique d'épaiffeur, bandée & bien fichée de coins de bois fur la clef, & bien arrondir fon extrados, pour recommencer une feconde voûte, repetées jufqu'à quatre fois l'une fur l'autre, faifant enfemble au moins trois pieds.

XVI.

On élevera en même tems, les pieds droits, les piliers buttans, & les murs des pignons au deffus de la voûte, que l'on terminera en dos d'afne, ou cape de bâtardeau, avec des pentes de part & d'autre, dirigées comme celles des égoûts d'un toit ; le tout en brique fans moilonnage, à caufe de la gelée. Sur la fuperficie defdites pentes, on fera une crémaillerie, dont les intervalles feront proportionnés felon la longueur de la tuile & fon crochet, afin d'obferver le pureau ordinaire, pour quel effet on préferera toujours la tuile au grand moule à celle du petit, l'une & l'autre pofées en bon mortier ordinaire, & encore mieux en mortier de ciment, ou tout au moins moitié de l'un & de l'autre de ces derniers, bien mêlés enfemble, & la couverture faite en bonne faifon.

XVII.

Si on ne veut pas mettre en ufage lefdites crémaillieres, on en caftrera à fec dans la maçonnerie les pannes fablieres ou ventrieres, & les chevrons de bois de chêne, efpacez de quatre à la latte, que l'on laiffera déborder de toute l'épaiffeur de ladite latte, pour recevoir le crochet de la tuile, & pofée en mortier comme ci-devant.

XVIII.

Et fi on vouloit couvrir d'ardoife, au lieu de lattes voliffes, on mettra de bons feüillets de chêne bien fec, cloüés avec deux clous à chaque chevron, avec des contre-lattes de fciage, fur lefquelles on pofera l'ardoife attachée au moins avec trois clous chacune, obfervant toujours le pureau ordinaire ; & en ces deux derniers cas, il faudra abfolument mettre un entablement de pierres de taille, ou de briques de cant, avec une platte forme de charpente au deffus, pour recevoir & retenir les pas des chevrons, au bas defquels on pourra mettre des coyaux ; mais cela eft bien fujet au feu, & empêche de voir les endroits par où les eaux de pluyes peuvent tomber fur la maçonnerie, & la dégrader ; & quant aux couvertures de dales de pierre, non feulement elles chargent trop, mais elles font encore fujettes à s'éclater, & fendre par les neiges & les grandes gelées, & les mortiers s'affament, & c'eft toujours à recommencer à les reparer.

XIX.

Les bayes des deux portes des pignons, auront chacune quatre pieds de large, fur fept & demi de hauteur, voutées en plein ceintre, leurs pieds droits garnis de pierres de taille, avec deux battées ; les deux fenêtres au deffus auront chacune trois pieds de large, fur cinq de hauteur, avec double battée, & voûtées en ceintre furbaiffé.

XX.

Les doubles fermetures des bayes defdites portes, feront faites à deux ventaux avec des planches de bon bois de chêne bien fec, de deux pouces d'épaiffeur, bien jointes à feüilleures l'une contre l'autre, garnies par leurs derrieres de bonnes barres de pareil bois, & bien cloüées avec des clous picarts, rivés par le dedans ; les volets des fenêtres feront fimples, mais avec des bois & planches des mêmes qualités, & les unes & les autres recouvertes avec des lames de tôle de Hollande, cloüées fur les planches, & rivés auffi par le derriere, garnis de leurs gonds, pentures, pivots, ou pioches, avec des crapaudines fellées en plomb dans des dez de grès ; des bonnes ferrures à boffes à doubles tours, toutes differentes, avec des bons & forts verroüils.

XXI.

La voûte bien achevée & couverte, on la laiffera ceintrée pendant cinq ou fix mois, pour donner le tems au mortier de fe confolider & faire corps avec les briques ; après quoi on la déceintrera tout doucement par travée, & non tout à la fois ; on la reparera en tous les lits & les joints avec bon mortier blanc & reciré ; on déblayera les bois & les décombres, faifant place nette.

XXII.

XXII.

Ensuite on mettra tout le solle ou aire du Magasin bien dressé, battu & de niveau un pied plus haut que le rez-de-chaussée, sur lequel on posera des poutrelles de huit pouces quarrés, soit en longrines, ou en traversines, de deux pieds de milieu en milieu, en sorte qu'il ne reste plus que seize pouces d'intervalle entr'elles, dont la hauteur sera arrasée avec des escarbilles, ou mâche-fer provenant des forges des serruriers ou maréchaux ; & après les avoir bien arrangés & battus pour remplir tous les vuides, on remettra du charbon de bois jusqu'à fleur du dessus desdites poutrelles, sur lesquelles on posera le plancher de madriers au moins de deux pouces d'épaisseur bien chevillés, & proprement joints ensemble, ainsi que les chantiers pour ranger les barriques, & le tout de bon bois de chêne bien sec, sans aubier, ni gersures, lequel plancher sera tenu un pied plus haut que le rez-de-chaussée, par lequel on montera par deux marches de six pouces chacune, faisant les seüils des deux portes avec battée par le bas, pour qu'on n'y puisse pas introduire du feu.

XXIII.

Paver sur six pieds de large tout autour dudit Magasin avec des carreaux de grès de sept à huit pouces quarrés à leur face, sur huit à dix de queuë, posés sur un couchis ou forme de sable de huit à neuf pouces de hauteur, bien battus au refus de la demoiselle, & mis en pente de six pouces depuis le parement des gros murs allant vers le petit mur d'enceinte, qui doit être un pied & demi ou deux pieds plus bas avec des petites ouvertures ou tuyaux de deux ou trois pouces, pour servir d'écoulement aux eaux qui tomberont des égouts des toits, pour éviter les humidités ; & si ledit pavé étoit posé en bon mortier de ciment, il seroit encore meilleur.

XXIV.

Ledit petit mur d'enceinte ou d'enveloppe, sera fondé solidement avec deux retraites de trois pouces de part & d'autre, & réduit ensuite à un pied & demi d'épaisseur sur dix à douze pieds de hauteur plus ou moins selon la situation du Magasin, fait en mêmes materiaux que ci-devant.

Toute la maçonnerie qui composera ce Magasin, y compris la voûte & les angles de pierres de taille, sera payée à la toise cube, sans y comprendre aucun vuide.

K

La maçonnerie du petit mur d'enceinte sera payée à la toise quarrée d'un pied & demi d'épaisseur réduite.

Les terres à la toise cube, déblai & remblai compris.

Les bois de charpente payés au cent de solives mises en œuvre.

Les portes à la piece.

Les fenêtres à la piece.

Les gros fers au cent de livres pesant, poids de marc.

Les serrures avec leurs clefs & verroüils à la piece, mises en place.

La tole au cent de livres pesant poids de marc, la pose & clous compris.

Le pavé de grès à la toise quarrée selon sa construction. Au surplus on mettra à l'ordinaire toutes les conditions ausquelles on voudra obliger les Entrepreneurs, ainsi que de fournir bonne & suffisante caution tant pour la sûreté des deniers du Roy qui leur seront délivrés, que pour la garantie de leurs ouvrages un an & jour après leur reception.

Comme il n'y a point de maçonnerie nouvellement faite, qui ne tace, ou ne fasse quelque affaissement, plus ou moins, selon la bonne ou mauvaise qualité des materiaux, j'estime que pour plus de solidité en la construction d'un Magazin à poudre, d'où peut dépendre la conservation ou la perte d'une Place, qu'il ne faudroit rien faire avec précipitation, & qu'après que la fondation seroit mise à *hauteur de la retraite*, la couvrir de gros fumier & de terre au dessus mise en dos d'âne, pour l'écoulement des neiges & eaux des pluyes; afin de laisser reposer, affaisser, & consolider les mortiers pendant six mois, & au printems ensuite la découvrir par un beau tems, la bien balayer, repasser le niveau par tout; & après avoir rétabli ce qui pourroit y avoir de dégradé, élever les murs au dessus jusqu'à la naissance de la voûte, en les arrasant toûjours à même hauteur, après quoi les couvrir & laisser reposer comme ci-devant; l'année ensuite faire la voûte avec toutes ses appartenances, la couvrir de tuile ou d'ardoise, & ne la déceintrer que six mois après, & toûjours par petites travées pour ne lui pas causer de grands ébranlemens, ainsi que cela est arrivé à quelques endroits que la bienseance ne permet pas de citer; faire ensuite son plancher avec les chantiers & son mur d'enceinte ou d'enveloppe.

Fait à saint Quentin, le 22. Janvier 1729. DE MUZ.

Voici le Devis de la Citerne de Calais que j'ai promis dans le quatriéme Livre; il ne contient rien de particulier dont je n'aye fait mention en parlant de la Citerne de Charlemont, mais il servira d'exemple, & pourra avoir son utilité.

DEVIS DE CE QUI EST A FAIRE ET A OBSERVER
pour la construction d'une Citerne qui recevra les eaux de pluye qui tombent sur l'Eglise Paroissiale de Calais.

PREMIEREMENT.

REMUEMENT DES TERRES.

APrès que les alignemens auront été tracés à l'Entrepreneur, pour faire l'excavation & la fouille des terres qu'il faudra ôter, il les enlevera jusqu'à la profondeur du dessus des eaux des puits circonvoisins, les transportera & les applanira le plus uniment que faire se pourra, sur la partie du cimetiere du côté du midi, suivant toute sa longueur & sa largeur, & singulierement dans les endroits les plus bas. *Planche 34.*

Les vieux materiaux provenans de la démolition du petit mur du parvis, les pavés, les arbres & tous autres appartiendront à la Fabrique de ladite Eglise, qui s'en saisira à mesure de la démolition d'iceux, laquelle sera faite par l'Entrepreneur, & les transportera où bon lui semblera, afin que ledit Entrepreneur n'en reçoive point d'embarras après la construction de ladite Citerne ; il remblaira derriere la maçonnerie par dehors & à ses dépens, les trous qu'il conviendra ; lesquelles terres il battera avec une batte du poids de trente livres, & les mettra en état de recevoir le pavé qui sera fait au tour.

CHARPENTE.

Il mettra des madriers ou bordages de bois de chêne de quatre pouces d'épaisseur sur toute la largeur de la maçonnerie des murs de fondation, lesquels seront bien équarris & à vive arête.

MAÇONNERIE.

QUALITÉS DE LA CHAUX.

Elle sera faite avec pierres de la côte de Boulogne du blanc bleu, cuites à propos par gens à ce entendus, & éteintes de même ; laquelle sera bien remuée, brouillée & coulée en bassin pour être mieux détrempée & purgée soigneusement de toutes les pierres qui

K ij

n'auront point été éteintes, ni penetrées par la violence du feu, & par consequent mal cuites.

Qualite's du Sable.

Il sera du plus pur qui se trouvera dans le pays sans mélange, & passé à la claye, laquelle sera fort fine, afin qu'il ne s'y trouve point de galets.

Composition du Mortier.

La chaux & le sable étant preparés, & de la qualité ci-dessus spécifiée, le mortier de toute la maçonnerie de brique en sera composé, sçavoir avec deux cinquiémes de chaux & trois cinquiémes de sable bien broüillés & battus à quatre reprises en quatre jours differens avant la mise en œuvre.

Qualite's de la Brique.

Elle sera toute de même échantillon, la mieux cuite que faire se pourra, & faite avec bonne terre bien maniée & & bien corroyée, & la plus entiere, en sorte que les morceaux n'ayent pas moins que demie brique de long, faute de quoi ils seront rebutés sans être mis en œuvre; l'Entrepreneur fera charger & décharger à la main ladite brique dessus les tombereaux & banneaux qui la voitureront, afin qu'il y en ait moins de cassées

Qualite's du Mortier de Ciment.

Celui qui sera employé aux renduits & citerneaux tant du dedans que du dessus, sera fait avec tuileaux de vieilles tuiles bien cuites, sans qu'il y soit employé aucune brique; il sera bien battu, pulverisé & passé au tamis du Boulanger, & le mortier fait avec deux cinquiémes de chaux vive de Boulogne, & trois cinquiemes dudit ciment, le tout bien battu, & démêlé tous les jours consecutivement jusqu'à ce qu'il soit employé.

Après que les materiaux ci-dessus mentionnés auront été preparés sur les lieux tels, & de la qualité qu'ils sont spécifiés par les articles précedens de ce Devis, & que l'Entrepreneur aura préparé en dernier lieu l'endroit où sera établi la fondation de ladite Citerne, suivant les alignemens qui lui auront été marqués, & qu'il aura creusé la fondation aussi bas qu'il se pourra, après l'avoir bien égalifée, & mife de niveau, il pofera à l'endroit des murs des madriers ou bordages de bois de chêne à vive arête de quatre pouces d'épaiſſeur, fur lefquels la maçonnerie defdits murs fera établie, & en même tems celle du fond de la Citerne fuivant les longueurs, hauteurs & épaiſſeurs marquées au plan & profil qui feront joints au Devis; toute la maçonnerie du fond de la Citerne, des côtés & du mur du milieu, fera faite avec bonne brique & chaux de Boulogne, ainſi qu'il eſt ci-deſſus fpécifié, à la referve du citernage marqué au milieu des murs, qui fera fait avec quatre aſſiſes de briques poſées de plat & à bain de ciment dans toute l'étenduë du fond, obſervant de recouvrir chaque lit de ciment bien & proprement étendu & repaſſé à la truelle, en forte qu'il ne reſte pas la moindre apparence de joints; ce qui fera repeté autant de fois qu'il y aura de lits de briques; le citernage des côtés fera auſſi de briques, mais poſées de cant & en liaifon l'une après l'autre, & chaque lit recouvert & renduit de ciment foüetté, liſſé & repaſſé à la truelle autant de fois auſſi qu'il y aura d'aſſiſes de briques. Comme ce citernage eſt très importans, l'Entrepreneur aura un foin très particulier qu'il foit bien fait, & y veillera ſans ceſſe.

RENDUITS AUTOUR DU DEHORS DE LA CITERNE.

En élevant la maçonnerie des pieds droits & des pignons, il fera fait un renduit par le dehors d'icelle, depuis le bord de la fondation juſqu'à la hauteur des plus hautes eaux de la mer, lorfqu'elle fera mife dans le canal qui paſſe au travers de la Ville en cas de befoin.

Le renduit fera fait avec chaux de Boulogne & fable conditionné comme celui de la maçonnerie, il aura un pouce d'épaiſſeur, & fera paſſé à la truelle, liſſé & reliſſé pour fermer les gerfures, avec un liſſoir de bois ou d'acier bien poli, & en ce faifant il fera employé un lit de chaux, après quoi les terres feront mifes derriere la maçonnerie pour ne pas laiſſer le tems au foleil d'y caufer de nouvelles gerfures.

Après la conſtruction de la Citerne, & que les voûtes auront été déceintrées, les joints du dedans feront creufés & approfondis de quatre lignes avec un petit fer recourbé, & les briques du parement piquées à la pointe du marteau pour donner plus de tenuë au ciment, enfuite de quoi on commencera par en foüetter les joints, & après les avoir remplis, il fera fait un enduit par deſſus de l'épaiſſeur de dix à douze lignes, lequel fera battu contre le mur avec des liſſoirs de buis, ou de fer bien poli; après quoi on le repaſſera tous les jours une fois pendant douze ou quinze jours, jusqu'à ce qu'il soit parfaitement sec, l'arrosant à chaque fois de lait de ciment avec un bouchon ; le mur du milieu sera renduit de même que ceux des côtés, & avant le fond de la Citerne qui ne sera mis que le dernier en état.

Les puits de pompes & les citerneaux seront renduits avec la même précaution que la susdite Citerne.

Le renduit & le citernement de la clôture sera fait avec les mêmes soins, & avec le même mortier que celui du dedans de la Citerne, en le relevant de quinze pouces le long des côtés, & dirigeant les ruisseaux avec pente à une gargoüille qui versera dans un petit citerneau fait exprès.

Après que ce citerneau aura été fait dans les heures du jour que l'ardeur du soleil dominera le moins, & qu'il sera sombre, il sera recouvert avec des paillassons de roseaux, qui seront levés toutes les fois qu'on le relissera, & aussi-tôt remis pour éviter que la grande précipitation du desséchement n'y fasse de gersure, s'il se faisoit en plein soleil.

On le couvrira ensuite par un lit de gros sable tout du long, specialement dans le ruisseau où il faudra le doubler, après quoi le surplus sera rempli de terres qui seront battuës par lits afin de les affermir, & recouvertes avec gazon plat.

Après que la maçonnerie sera élevée au niveau du rez-de-chaussée, le pourtour exterieur d'icelle sera bordé de deux assises de pierre de taille de douze pouces de hauteur au moins, laquelle sera de la carriere de Landretun, ou de la côte de Boulogne, au choix de l'Entrepreneur, dont les pierres seront bien dégauchies & proprement taillées au ciseau & au poinçon, de huit pouces sur le plat & six sur les joints montans, posées en liaison de six pouces au moins à côté de chaque, & avec boutisses de vingt à vingt-deux pouces au moins de queuë, & panneresses de quatorze à seize pouces ; le surplus du parement exterieur de ladite maçonnerie, sera bordé du haut en bas & tout au tour de ladite Citerne avec autant d'assises que besoin sera, de doubles carreaux de Boulogne bien épincés, & proprement mis en œuvre avec les plus petits joints qu'il sera possible, lesquelles assises seront posées de niveau & en bain de mortier de la même qualité que celui de la pierre de taille ; le même Entrepreneur fera aussi les auges, puits, marselles & citernaux avec des entrées dans la Citerne, & petites guerites servant de couvertures & de fenêtres audit puits, à quoi il sera employé la pierre de taille nécessaire, & le tout toisé à la toise cube, de même que la maçonnerie de brique.

Les citerneaux auront trois pieds de diamettre dans œuvre, & les auges seront traversés de barreaux de fer pour poser les seaux dessus, quand on voudra les remplir d'eau; il sera fait un petit cordon de pierre de taille au tour de ladite Citerne à quatre pieds au dessous du couronnement du parapet, dont le parement sera fait avec doubles carreaux de Boulogne, & recouvert par dessus avec une tablette de six pouces d'épaisseur, de douze à quinze pouces de queuë pour les panneresses, & de dix-huit à vingt pour les boutisses, laquelle sera de pierres de taille de la carriere de Landretun, ou de la côte d'Embleteuze, au choix de l'Entrepreneur, proprement taillées au ciseau & au poinçon, & posées en bain de mortier de ciment conditionné comme ci-dessus, ayant deux pouces de saillie, & un pouce de pente sur pied par le dessus.

Le dessus du parapet sera fait avec bonnes briques posées en liaison & en bain de mortier de Boulogne, & le couronnement d'icelui, sauf la tablette, fait avec briques posées de bout & de cant avec pareille pente que celle de ladite tablette, & assises en bain de mortier & de ciment.

Le gravier qui sera mis sur la teiture ainsi qu'il a été dit dans les citerneaux, sera du galet du plus fin & du plus délié, de celui du ban de pierretes hors de la basse Ville, après avoir été passé à la claye fort fine & fort déliée, & ensuite lavé & relavé avec de l'eau douce, jusqu'à ce qu'il la rende aussi claire qu'il l'aura reçûë, après quoi il sera apporté dans des tonneaux recouverts pour empêcher qu'il ne s'y communique aucune saleté, avant que d'être mis sur ladite teiture & dans lesdits citerneaux.

PAVÉ.

Ledit Entrepreneur fera le pavé necessaire au dehors de ladite Citerne, lequel sera de la côte de Boulogne bien épincé, de six à huit pouces de queuë, posé par routes sur douze à quinze pouces d'épaisseur de sable avec les pentes necessaires; observant de le battre avec la demoiselle par deux reprises.

Il livrera & mettra en place les tuyaux de plomb, chaîneaux & cuvettes necessaires pour la conduite des eaux dans ladite Citerne.

Il fournira aussi la soudure nécessaire pour souder lesdits tuyaux, il livrera & mettra en œuvre tout le fer blanc nécessaire aux tuyaux, chaîneaux & autres endroits, au cas qu'il soit trouvé à propos d'y en employer; il livrera pareillement les ferrures des pompes, gonds & autres choses nécessaires à les mettre en place. S'il est jugé à propos par l'Ingenieur en chef d'augmenter ou diminuer les épaisseurs de la maçonnerie, l'Entrepreneur ne pourra pas prétendre qu'il soit rien changé aux dimensions de la toise cube d'icelle, ni qu'il lui soit rien payé de surplus, au cas qu'il y eût donné de plus grandes épaisseurs que celles portées par le plan & profil ci-joint, & au cas qu'il les eût diminuées, cette diminution lui sera déduite sur le toisé. Tous les susdits ouvrages seront rendus faits & parfaits dans le quinziéme d'Août prochain, sujets à visites, reception & toisé. Sçavoir,

Les terres à la toise cube une fois en déblai seulement.

La charpente du bois de chêne mise en œuvre au cent de solives.

La maçonnerie à la toise cube y compris les renduits interieurs & exterieurs.

Toute la pierre de taille, & la graisserie de doubles carreaux, sans que l'Entrepreneur puisse rien prétendre pour le vuide des voûtes, ni pour les frais de la charpente des ceintres qu'il fera à ses dépens.

Le galet mis sur la teiture & dans les citerneaux conditionnés, comme il est dit au Devis ci-dessus, aussi à la toise cube.

Le pavé de graisserie au tour de ladite Citerne, à la toise quarrée.

Le plomb mis en œuvre au cent pesant poids de Paris.

La soudure aussi à la livre & au même poids.

Le fer blanc au pied quarré mis en œuvre.

La ferrure des pompes, gonds & autres ouvrages, au cent de livres pesant, & au même poids; & seront payés,

	Liv.	sols.
Les terres, à	3.	10.
Le cent de solives de bois de chêne,	395.	
Le toise cube de maçonnerie,	61.	
La toise cube de galets,	18.	
La toise quarrée de pavé,	7.	
Le cent de plomb,	20.	
La livre de soudure,		12.
Le pied quarré de fer blanc,		14.
Le cent de gros fer,	18.	

Je crois qu'en voila assez sur les Devis, ce seroit vouloir grossir ce Livre mal-à-propos, que d'en rapporter un plus grand nombre; on trouvera à la fin du second Volume tous ceux qui peuvent appartenir à l'Architecture Hydraulique.

Fin du sixiéme & dernier Livre du premier Volume.

TABLE DES CHAPITRES

ET DES PRINCIPAUX SUJETS

CONTENUS

DANS CE PREMIER VOLUME.

LIVRE PREMIER.

Où l'on enseigne la maniere de se servir des principes de la mécanique pour donner les dimensions qui conviennent aux revêtemens des ouvrages de Fortification, pour estre en équilibre avec la poussée des terres qu'ils ont à soûtenir.

CHAPITRE Premier. *Où l'on donne la maniere de trouver les centres de gravité de plusieurs Figures*, page 5.

CHAP. II. *Où l'on enseigne comme on trouve l'épaisseur des murs que l'on veut mettre en équilibre par leur résistance avec les puissances qui agissent pour les renverser lorsque ces murs sont élevés à plomb des deux côtés.* 11

CHAP. III. *Où l'on détermine quelle épaisseur il faut donner au sommet des murs qui sont élevés à plomb d'un côté & en talud de l'autre, pour que ces murs puissent estre en équilibre par leur résistance avec la poussée qu'ils ont à soûtenir.* 16

CHAP. IV. *De la maniere de calculer la poussée des terres*

Livre VI.

TABLE.

que soûtiennent les revêtemens de Terrasses & de Remparts, afin de savoir l'épaisseur qu'il faut leur donner. 29

Usage d'une Table pour trouver l'épaisseur qu'il faut donner aux revêtemens de Terrasses & à ceux des remparts de Fortification. 43

CHAP. V. De la consideration des murs qui ont des contreforts. 50

Paralelle du profil general de Mr de Vauban, avec les regles des Chapitres précedens. 67

LIVRE SECOND.

Qui traite de la mécanique des Voutes, pour montrer comme s'en fait la poussée & la maniere de déterminer l'épaisseur de leurs Pié-droits.

CHAPITRE I. Où l'on enseigne comme se fait la poussée des Voutes, & où l'on raporte quelques principes tirés de la mécanique pour en faciliter l'intelligence. 2

CHAP. II. De la maniere de calculer l'épaisseur des Pié-droits des Voutes en plain ceintre pour estre en équilibre par leur résistance avec la poussée qu'ils ont à soûtenir. 10

CHAP. III. De la maniere de trouver l'épaisseur des Pié-droits des Voutes surbaissées, en tiers-points, en platte-bande & celle de culées des Ponts de maçonnerie. 30

Table pour connoître la portée des Voussoirs, depuis leur intrados à leur extrados, pour toute sorte de grandeur d'Arche. 52

CHAP. IV. Qui comprend des régles pour trouver l'épaisseur des Voutes de toute sorte d'espece par le seul calcul des nombres pour l'intelligence de ceux qui ne savent pas l'Algebre. 54

TABLE.

LIVRE TROISIE'ME.

Qui comprend la connoissance des matériaux, leur proprieté, leur détail & la maniere de les mettre en œuvre.

CHAPITRE I. Où l'on fait voir les proprietés des differentes sortes de Pierres dont on se sert pour Bâtir.   2

CHAP. II. Où l'on considere les qualités de la Brique & la maniere de la fabriquer.   5

CHAP. III. Où l'on fait voir les qualités de la Chaux & la maniere de l'éteindre.   7

CHAP. IV. Où l'on explique les qualités du Sable, de la Possolanne & du Plâtre.   9

CHAP. V. De la composition du mortier.   14

CHAP. VI. Des détails qui ont raport à la construction de la Maçonnerie.   22

Table de la pésanteur d'un pied cube de plusieurs matieres.   25

Détail de la Chaux & du Sable.   26

Détail de la Brique.   ibid.

Détail du moîlon.   27

CHAP. VII. Qui comprend plusieurs instructions sur l'établissement & la conduite des Travaux.   29

CHAP. VIII. Du transport & remuëment des Terres.   35

CHAP. IX. De la maniere de faire les fondemens des Edifices dans toute sorte d'endroits & principalement dans le mauvais terrein.   47

CHAP. X. Où l'on enseigne comme l'on doit employer les materiaux qui composent la maçonnerie.   67

Explication de plusieurs Tables servant à déterminer les dimensions de toute sorte de revêtement de maçonnerie.   74

CHAP. XI. De la construction des Soûterrains & comme

TABLE.

l'on applique sur leur Voute les chapes de Ciment. 79
CHAP. XII. De la maniere de construire les ouvrages de Terrasses. 84
Reglement de Monsieur le Maréchal de Vauban, pour la conduite des travaux. 90

LIVRE QUATRIE'ME.
Qui traite de la construction des Edifices Militaires & Civils.

CHAPITRE I. Des qualités du bois qui entre dans la Charpente. 2
CHAP. II. Où l'on fait voir la maniere de calculer ou d'estimer la force des principales piéces de Charpente qui s'employent dans les Bâtimens. 7
Principes sur la résistance du bois en general. 8
CHAP. III. Où l'on raporte plusieurs experiences faites sur la force du Bois que l'on aplique ensuite à l'usage qu'on en peut faire dans la construction des Edifices. 15
CHAP. IV. Des bonnes & mauvaises qualités du Fer. 31
CHAP. V. Des Portes que l'on fait aux Villes de Guerre. 35
Construction de la Sinusoïde. 41
Application de la Sinusoïde aux Ponts-Levis qui servent à fermer l'entrée des Villes. 43
CHAP. VI. Des Ponts dormans qui servent à faciliter l'entrée des Villes de Guerre. 49
CHAP. VII. Des Corps de Garde en general, des Guerites & Latrines. 56
CHAP. VIII. De la distribution des ruës dans les Villes de Guerre. 59
CHAP. IX. Des Magasins à Poudre & Arsenaux pour les munitions de Guerre. 62
CHAP. X. Des Cazernes, de l'Hôpital, de la Prison &

TABLE.

des *Maisons de Bourgeois*. 72
Reglemens pour les Particuliers qui bâtissent dans une Place neuve. 77
CHAP. XI. *De la Cantine, de la Glaciere, de la Boulangerie & des moulins à moudre le Bled*. 79
CHAP. XII. *De la Construction des Puits & Citerne*. 82
CHAP. XIII. *Où l'on donne les régles generales que l'on doit observer dans la construction des Bâtimens*. 88
CHAP. XIV. *Qui comprend plusieurs détails necessaires à l'execution des Bâtimens*. 97
Détail de la Charpente, des Combles, des Planchers, de la menuiserie des Portes & Fenêtres. Ibid.
Détail des Couvertures de Thuile & d'Ardoise. 99
Détail de la Vitrerie. 102
Détail du Pavé de Grais, de celui de Brique & de Carreaux. 103

LIVRE CINQUIE'ME.

Où l'on enseigne tout ce qui peut appartenir à la décoration des Edifices.

EXPLICATION *des termes propres aux ordres d'Architecture*. 6
CHAP. I. *Où l'on explique les proprietés des moulures & de leurs ornemens*. 9
CHAP. II. *De la connoissance des cinq ordres en general*. 12
CHAP. III. *De l'ordre Toscan*. 15
CHAP. IV. *De l'ordre Dorique*. 18
CHAP. V. *De l'ordre Ionique*. 22
Maniere de tracer la Volute Ionique. 27
CHAP. VI. *De l'ordre Corinthien*. 29
CHAP. VII. *De l'ordre Composite*. 33
Remarques sur les cinq ordres en general suivies de l'explication de quelques fragmens des plus beaux Edifices antiques.

TABLE.

de Rome. 37

CHAP. VIII. *Des Colomnes & de leurs diminutions, des Persiques & des Cariatides.* 44

Maniere de renfler les Colomnes. 45

CHAP. IX. *De la proportion des Pilastres & des Frontons.* 49

CHAP. X. *Des Peristiles ou Colomnates des Arcades & des Niches.* 55

CHAP. XI. *De l'assemblage des ordres, ou de plusieurs ordres mis les uns sur les autres.* 60

CHAP. XII. *De la distribution & de la décoration des Edifices en general.* 68

LIVRE SIXIE'ME.

Qui comprend la maniere de faire les Devis pour la construction des Fortifications & celles des Bâtimens Civils.

MODELE *de Devis pour une Place neuve telle que le Neuf-Brisack.* 5

Dimensions des parties principales de la Place. 6

Qualité & façon des materiaux qui seront employés ausdits ouvrages. 19

Construction des ouvrages de Fortification. 23

Conditions élementaires du Devis d'un Bâtiment Civil. 41

De la forme des Adjudications, des Formalités qu'on y observe & du stile dans lequel elles sont conçuës. 46

Devis & conditions des Cazernes qui ont été construites à Bethune en 1728. 51

Memoire pour servir à la distribution des bois employés aux Cazernes précedentes. 56

Devis pour la construction d'un magasin à Poudre très-solide de 10 toises de longueur sur 4 de largeur. 67

Devis de la grande Citerne de Calais. 75

Fin de la Table.

APPROBATION.

J'AY lû par l'Ordre de Monseigneur le Garde des Sçeaux, un Manuscrit qui a pour titre *la Science des Ingenieurs dans la conduite des Travaux de Fortification*; & j'ai crû que l'Impression de cet Ouvrage feroit plaisir à ceux qui sont dans ces Travaux, & seroit d'une grande utilité. FAIT à Paris le 25 May 1728. SAURIN.

PRIVILEGE DU ROY.

LOUIS par la Grace de Dieu, Roy de France & de Navarre : A nos Amez & Feaux Conseillers les Gens tenans nos Cours de Parlement, Maître des Requêtes ordinaire de nôtre Hôtel, Grand Conseil, Prevôt de Paris, Baillifs, Senechaux, leurs Lieutenans Civils & autres nos Justiciers qu'il appartiendra ; SALUT. Nôtre très-Cher & bien Amé le Sieur BELIDOR, Commissaire Ordinaire de nôtre Artillerie & membre correspondant des Academies Royales des Sciences de France, d'Angleterre & de Prusse ; Nous ayant fait remontrer qu'il avoit composé un Ouvrage qui a pour titre *la Science des Ingenieurs dans la conduite des Travaux de Fortification*, par ledit Sieur Belidor, qu'il souhaiteroit faire Imprimer & donner au Public, s'il nous plaisoit lui accorder nos Lettres de Privilege sur ce necessaire, offrant pour cet effet de le faire Imprimer en bon Papier & beaux Caracteres, suivant la Feüille Imprimée & attachée pour modele sous le contre-Scel des Presentes. A ces Causes voulant traiter favorablement ledit Exposant, Nous lui avons permis & permettons par ces Presentes, de faire Imprimer ledit Livre cy-dessus specifié, en un ou plusieurs Volume, conjointement ou séparément & autant de fois que bon lui semblera, sur Papier & Caractere conformes à ladite Feüille Imprimée & attachée sous nôtredit contre-Scel & de le vendre, faire vendre & débiter par tout nôtre Royaume pendant le tems de huit années consecutives, à compter du jour de la datte desdites Presentes. Faisons défenses à toutes sortes de Personnes de quelque qualité & condition qu'elles soient d'en introduire d'Impression Etrangere dans aucun lieu de nôtre obéïssance, comme aussi à tous Libraires, Imprimeurs & autres, d'Imprimer, faire Imprimer, vendre, faire vendre, débiter ni contrefaire ledit Livre cy-dessus exposé en tout ni en partie, ni d'en faire aucuns extraits sous quelque prétexte que ce soit d'augmentation, correction, changement de titre ou autrement, sans la permission expresse & par écrit dudit Exposant ou de ceux qui auront droit de lui, à peine de confiscation des Exemplaires contrefaits, de Quinze cens livres d'amende contre chacun des Contrevenans, dont un tiers à Nous, un tiers à l'Hôtel-Dieu de Paris, l'autre tiers audit Exposant, & de tous dépens, dommages & interests. A la charge que ces Presentés seront enregistrées tout au long sur le Registre de la Communauté des Libraires & Imprimeurs de Paris, dans trois mois de la datte d'icelles ; que l'Impression de ce Livre sera faite dans nôtre Royaume & non ailleurs ; & que l'Impetrant se conformera aux Reglemens de la Librairie & nottamment à celui du 10 Avril 1725. & qu'avant que de l'exposer en vente, le Manuscrit ou Imprimé qui aura servi de copie à l'Impression dudit Livre, sera remis dans le même état où l'Approbation aura été donnée, ès mains de nôtre très-Cher & Féal Chevalier Garde des Sceaux de France, le Sieur CHAUVELIN; & qu'il en sera ensuite remis deux Exemplaires dans nôtre Bibliotheque Publique, un dans celle de nôtre Château du Louvre & un dans celle de nôtredit très-Cher & Féal Chevalier Garde des Sceaux de France, le Sieur Chauvelin; le tout à peine de nullité des Presentes : Du contenu desquelles vous Mandons & Enjoignons de faire joüir l'Exposant ou ses Ayans causes, pleinement & paisiblement, sans souffrir qu'il leur soit fait aucun trouble ou empêchement. Voulons que la Copie desdites Presentes qui sera Imprimée tout au long au commencement ou à la fin dudit Livre, soit tenuë pour dûement signifiée & qu'aux Copies collationnées par l'un de nos Amez & Feaux Conseillers & Secretaires, foy soit ajoûtée comme à l'Original. Commandons au Premier nôtre Huissier ou Sergent de faire pour l'execution d'icelles tous Actes requis & necessaires, sans demander autre permission & nonobstant Clameur de Haro, Charte Normande & Lettres à ce contraires. CAR tel est nôtre Plaisir. Donné à Paris le quatriéme jour de Juin l'An de Grace 1728. & de nôtre Regne le treiziéme. Par le Roy en son Conseil. Signé FOUBERT.

Regiftré fur le Regiftre VII. de la Chambre Royale & Syndicale de la Librairie & Imprimerie de Paris, N° 156. folio 134. *conformément au Reglement de 1723. Qui fait deffenfes Art. IV. à toutes perfonnes de quelque qualité qu'elles foient, autres que les Libraires & Imprimeurs, de vendre, débiter & faire afficher aucuns Livres pour les vendre en leurs noms, foit qu'ils s'en difent les Auteurs ou autrement & à la charge de fournir les Exemplaires prefcrits par l'Article CVIII. du même Reglement. A Paris le 25 Juin 1728.* J. B. COIGNARD, *Syndic.*

J'ay cedé au Sieur Claude Jombert, l'aîné, Libraire à Paris, selon les conventions faites par écrit entre Nous, le Privilege General que j'ai obtenu du Roy le 4 Juin 1728. d'un Ouvrage qui a pour titre *la Science des Ingenieurs dans la conduite des Travaux de Fortification.* Pour en joüir comme chose à lui appartenante. Fait à Paris le 8 Avril 1729. BELIDOR.

Regiftré fur le Regiftre VII. de la Communauté des Imprimeurs & Libraires de Paris, page 284. conformément aux Reglemens & notamment à l'Arreft du Conseil du 13 Aouft 1703. A Paris le 8 Avril 1729.

J. B. COIGNARD, *Syndic.*

www.ingramcontent.com/pod-product-compliance
Lightning Source LLC
Chambersburg PA
CBHW050652170426
43200CB00008B/1253